中國學術思想 研究輯刊

初 編

林 慶 彰 主編

第 11 冊

《禮記·禮運》研究

洪 文 郎 著

王船山之《禮》學

林 碧 玲 著

花木蘭文化出版社

國家圖書館出版品預行編目資料

《禮記‧禮運》研究　洪文郎 著／王船山之《禮》學　林碧玲
著 — 初版 — 台北縣永和市：花木蘭文化出版社，2008〔民
97〕
目 2+110 面／序 2+ 目 2+90 面；19×26 公分
（中國學術思想研究輯刊 初編；第 11 冊）
ISBN：978-986-6657-83-2（精裝）
1.〔清〕王夫之　2.禮記　3.學術思想　4.研究考訂
531.27　　　　　　　　　　　　　　　　　　97016128

ISBN - 978-986-6657-83-2

9 789866 657832

中國學術思想研究輯刊
初　編　第十一冊　　　　　　　ISBN：978-986-6657-83-2

《禮記‧禮運》研究
王船山之《禮》學

作　　　者	洪文郎／林碧玲
主　　　編	林慶彰
總 編 輯	杜潔祥
出　　　版	花木蘭文化出版社
發 行 所	花木蘭文化出版社
發 行 人	高小娟
聯絡地址	台北縣永和市中正路五九五號七樓之三
	電話：02-2923-1455／傳真：02-2923-1452
網　　　址	http://www.huamulan.tw 信箱 sut81518@ms59.hinet.net
印　　　刷	普羅文化出版廣告事業
封面設計	劉開工作室
初　　　版	2008 年 9 月
定　　　價	初編 28 冊（精裝）新台幣 46,000 元

《禮記・禮運》研究

洪文郎　著

作者簡介

洪文郎，臺灣高雄人。民國 91 年畢業於中國文化大學中國文學研究所碩士班，翌年考入該校博士班。曾任職教育部國語推行委員會「異體字字典」編輯工作、經國管理暨健康學院兼任講師。現為中國文化大學中文系文學組‧華岡藝術學校兼任教師、《中華詩學》執行編輯。曾參與行政院國科會研究計劃「全球華語文數位學習及教學之設計、開發與檢測華語字詞數位學習及線上檢測研究」（93-94 年度），以及語文工具書編輯工作。

提　　要

　　「禮」是人與人、人與家、國、天下，以及天地萬物之間的一種理想的對待方式。透過「禮」，人可以和他人以及家、國、天下，乃至天地萬物達成一種和諧的狀態。〈禮運〉一篇所揭櫫的就是一個理想中的政治形態，以及在這種理想的政治形態中，人與對象之間的理想的對待關係。本題的寫作即是期望能從「禮」所架構的世界中，尋繹「禮」的真實意義，對「禮」的精意有所抉發；並以此來作為探討「禮」的構作原則與古代社會關係的基礎。

　　本文在寫作上共分七章。第一章為「緒論」部分，說明本文寫作的旨趣。第二章為「《禮記》概說及〈禮運篇〉之性質」，試著從名義的釐定來探討《禮記》一書的形成過程，並對歷來〈禮運篇〉的研究作一檢討。第三章為「『大同』與『小康』」，先對「大同」與「小康」一節的真偽問題作一澄清，然後探討「大同」與「小康」的區別問題。第四章為「從禮之初到禮之大成」，討論禮「從其初」的意義及宗廟祭祀所透顯的禮意。第五章為「僭禮與禮的制作」，對僭禮的行為及禮的制作問題進行討論。第六章為「禮的普及與和諧關係的建構」，探討如何普及禮以及建構和諧的關係。第七章「結論」。

　　在研究的方法上，本文的研究是希望能在不背離文章的原意上，合理地詮釋傳統的文獻。期望在研究過程中，能夠在充分地理解原文的基礎上，去賦予古典文獻一個現代的詮釋。這種詮釋不只是對文獻的理解，更是探討賦予古典文獻現代意義的可能性。

目

次

第一章　緒　論

　　在《左傳》裡面有一段話說明「禮」的重要，以及「禮」所包含的範圍的廣大。《左傳・昭公二十五年》：

> 子大叔見趙簡子，簡子問揖讓、周旋之禮焉。對曰：「是儀也，非禮也。」簡子曰：「敢問，何謂禮？」對曰：「吉也聞諸先大夫子產曰：『夫禮，天之經也，地之義也，民之行也。』天地之經，而民實則之。……」〔註1〕

這裡說明「禮」是包含天地而為百姓行事的準則。由此可見「禮」的重要，及其範圍的廣大。也就是由於「禮」的重要以及無所不包，所以，近人論「禮」或以為「禮」幾乎可以等同於中國的「文化」。潘重規先生即說：

> 禮這個字，在我們典籍中所看到的涵義，實在可以說是「大含元氣，細入無間」，舉凡政令、制度、民風、禮儀無一不可稱為禮。不論是精神的物質的，包括人與人，人與物，人與超自然等的合理關係，無一不屬於禮的範圍。我們簡直可以說中國之「禮」幾乎等於中國「文化」。〔註2〕

而錢穆先生在論「禮」的時候，則更直指「禮」就是「中國的核心思想」。他說：

> 中國文化是由中國士人在許多世紀中培養起來的，而中國的士人是相當具有世界性的。……中國士人不管來自何方都有一個共同的文

〔註1〕〔晉〕杜預注、〔唐〕孔穎達疏：《左傳・昭公二十五年》（十三經注疏本），卷五十一，（臺北：藝文印書館，民國86年8月初版十三刷），頁888。

〔註2〕潘重規：〈儒家禮學之精義〉，（香港《人生》半月刊，第二十二卷第二五六期，民國50年7月1日），頁2。

化。……對中國人來說，文化是宇宙性的，所謂鄉俗、風情和方言
只代表某一地區。要理解這一區別必須理解「禮」這個概念。……
它是整個中國人世界裡一切習俗行為的準則。……無論在哪兒，「禮」
是一樣的。「禮」是一個家庭的準則，管理著生死婚嫁等一切家務和
外事。同樣，「禮」也是一個政府的準則，統轄著一切內務和外交，
比如政府與人民之間的關係，徵兵、簽訂和約和繼承權位等等。要
理解中國文化非如此不可，因為中國文化不同於風俗習慣。……中
國文化中還有一個西文沒有的概念，那就是「族」。……通過家族，
社會關係準則從家庭成員延伸到親戚。只有「禮」被遵守時，包括
雙方家庭所有親戚的「家族」才能存在。換言之，當「禮」被延伸
的時候，家族就形成了，「禮」的適用範圍再擴大就成了「民族」。
中國人之所以成為民族就因為「禮」為全中國人民樹立了社會關係
準則。……中國的核心思想就是「禮」。〔註3〕

　　在錢穆先生所說的這段話中，有兩點特別值得加以注意。第一，他說「中
國文化是由中國士人在許多世紀中培養起來的」；第二，他說「只有『禮』被
遵守時，包括雙方家庭所有親戚的『家族』才能存在。……中國人之所以成
為民族就因為『禮』為全中國人民樹立了社會關係準則。」這裡的意思是「禮」
的存在或者說是成立，在於關涉到有關這「禮」的任何一方都遵守這「禮」。
第一點的說法和一般人所認知的「文化是人類集體活動的產物」有別。不過，
我們或許應該從另一個角度來思考這個問題：人類文化的演進，是有賴於一
些有識之士在人類遇到困境時，能夠貢獻智慧，來加以適當的處置。而第二
點則說明了「禮」的成立是來自於各方的遵守，而最終則成為各方彼此對待
關係的準則，亦即「禮」是用來架構一套對待關係的準則。

　　因此，透過以上的認識，我們如果想要了解中國的文化，透過「禮」來
了解是一個可行的方式。當然，了解中國的文化並不是最終的目的；最終的
目的還是在了解這套建構中國文化的「禮」，是如何地在過往的生活中調適
人與各種對象之間的關係。這也就是我們經由以上的探討所可以知道「禮」
的重要性所在。

〔註 3〕此段引文為鄧爾麟根據錢穆先生口述，用自己的語言所記錄下來的。見〔美〕
　　　　鄧爾麟著、藍樺譯：《錢穆與七房橋世界》，（北京：社會科學文獻出版社，1998
　　　　年第二版第一次印刷），頁8～9。

　　「禮」的重要性，在〈禮運篇〉中講得極為透澈。〈禮運〉一篇在《禮記》一書中可以說是一篇通論禮意的文章。但是歷來有關〈禮運篇〉的研究，若不是著重在篇首的「大同」與「小康」的探討，即是將焦點放在〈禮運篇〉是否是儒家之論的爭議上。贊成是儒家之論的，則每將篇首的文字加以調整，以符合己說；反對是儒家之論，認為是屢雜了「道」、「墨」之說的學者，則又不甚提倡此篇。而傳統的篇章注疏，又是隨文釋義，不太能夠完整、系統地對「禮」的課題作一研究。因此，針對〈禮運篇〉中對「禮」的探討的深刻，實在必須再重新對「禮」作一通盤的了解。期望能在研究中，對「禮」的精意有所抉發；並以此來作為探討「禮」的構作原則與古代社會關係的基礎。

　　本論文在篇章的安排上，大致是以〈禮運篇〉行文的次序為主，討論的章節依次是：第一章「緒論」，說明寫作的旨趣；第二章「《禮記》概說及〈禮運篇〉之性質」，對《禮記》一書及〈禮運篇〉歷來的研究作一檢討；第三章「『大同』與『小康』」，討論「大同」與「小康」一節的真偽及其區別問題；第四章「從禮之初到禮之大成」，討論禮「從其初」的意義及宗廟祭祀所透顯的禮意；第五章「僭禮與禮的制作」，對僭禮的行為及禮的制作問題進行論述；第六章「禮的普及與和諧關係的建構」，探討如何普及禮以及建構和諧的關係；第七章「結論」。在研究的方法上，是以傳統的文獻為主，以近人的論著為輔展開的。因為在進行相關文獻的閱讀過程中，每每發現近人所作的相關研究工作，雖時有創見，發古人之所未發；但多是沿著近人的私見而行，離古人之意恐遠。因此，每每不愜於心。因為這個緣故，所以本論文在寫作上，參考的文獻主要是傳統的典籍，也就是希望能在不背離原意上去合理地詮釋傳統的文獻。期望在研究過程中，在充分地理解原文的基礎上去賦予古典文獻一個現代的詮釋。這種詮釋不只是對文獻的理解，更是探討賦予古典文獻現代意義的可能性。

第二章　《禮記》概說及〈禮運篇〉之性質

第一節　《禮記》概說

　　我們從現今所存兩漢時代的文獻中可以發現，當時的人對我們所慣稱的「三禮」（即《周禮》、《儀禮》、《禮記》）中的書籍，稱謂往往不一，名實又復不同；也因此衍生出許多認識上的混淆。所以，本文試著從名義上的釐定，來探討《禮記》一書的形成過程。

　　首先要區別的是《禮經》和《禮記》的問題。

一、《禮經》

　　漢代學者所傳習的《禮》，我們根據班固的《漢書・藝文志・六藝略》所載有關禮的典籍來看，所謂的「經」有三種：（一）《士禮》；（二）「禮古經」；（三）《周官經》。《漢書・藝文志・六藝略》說：

　　　　《禮古經》五十六卷，《經》（七十）〔十七〕篇。……《周官經》

　　　　六篇。〔註1〕

這裡所謂的《經》十七篇，根據《六藝略》「禮類」書籍後面的說明文字來看，即是指魯高堂生所傳的《士禮》十七篇。後面的說明文字說：

〔註 1〕〔漢〕班固：《漢書》，卷三十，（臺北：鼎文書局，民國 86 年 10 月九版），頁 1709。洪業在〈禮記引得序〉一文中，曾對兩漢學者所傳習的《禮》，作過討論。他即指出，兩漢學者所傳習的《禮》，所謂的經有三種：《士禮》、「禮古經」、《周官》。見《洪業論學集》，（北京：中華書局，1981 年第一版第一次印刷），頁 197～205。

　　　　漢興，魯高堂生傳《士禮》十七篇。〔註2〕

因此，我們由《漢志》著錄的情形來看，可以得到《禮經》著錄的事實。底
下，即根據這個事實展開討論。

（一）《士禮》

　　據《史記‧儒林傳》的說法，《禮》的經文在孔子的時代就已不完備；又
經過秦火，傳到漢代的僅剩下《士禮》。《史記‧儒林傳》說：

　　　　諸學者多言禮，而魯高堂生最本。《禮》固自孔子時而其經不具，及

　　　　至秦焚書，書散亡益多，於今獨有《士禮》，高堂生能言之。〔註3〕

這《禮》以武帝時，魯高堂生最得其本；而殘存的經文在當時稱《士禮》。至
於高堂生所傳的《士禮》及其篇數，《漢書‧藝文志》曾說：

　　　　漢興，魯高堂生傳《士禮》十七篇。訖孝宣世，后倉最明。戴德、

　　　　戴聖、慶普皆其弟子，三家立於學官。〔註4〕

這十七篇的《士禮》傳到漢宣帝的時候，后倉是最明瞭高堂生所傳的《士禮》
的人，而他的弟子戴德、戴聖、慶普等人因而相繼講學於學官。

　　我們知道西漢從武帝立五經博士以來，諸經立於學官的都是今文家之
學。而漢初高堂生所傳的《士禮》十七篇，是用當時的文字，也就是隸書寫
成，所以是今文經。戴德等人既爲禮經博士，則其所講授的《士禮》亦即是
《禮經》。另外，我們由《漢志》所著錄的名稱來看，《漢志》說：

　　　　《禮》古經五十六卷，《經》十七篇。〔註5〕后氏、戴氏。

可見，當時所謂的《士禮》即爲《禮經》無疑。因此，《士禮》在當時的環境
下，本可以有《禮》或《禮經》之稱。

　　《士禮》除了稱爲《禮》之外，還有《禮記》、《今禮》、《曲禮》等名稱。
《後漢書‧盧植傳》：

　　　　（靈帝）時始立太學《石經》，以正《五經》文字，植乃上書曰：「臣

　　　　少從通儒故南郡太守馬融受古學，頗知今之《禮記》特多回冗。臣前

　　　　以周禮諸經，發起粃謬，敢率愚淺，爲之解詁，而家乏，無力供繕〔寫〕

〔註2〕同註1，《漢書‧藝文志》，卷三十，頁1710。

〔註3〕〔漢〕司馬遷著、裴駰等三家注：《史記》，卷一二一，（臺北：鼎文書局，民
　　　國84年10月九版），頁3126。

〔註4〕同註1，《漢書‧藝文志》，卷三十，頁1710。

〔註5〕此從宋劉敞之說改「七十」爲「十七」。見《漢書》後所附之〈校勘記〉。同
　　　註3，頁1781。

上。願得將能書生二人，共詣東觀，就官財糧，專心研精，合《尚書》

章句，考《禮記》失得，庶裁定聖典，刊正碑文。」〔註6〕

這裡所謂的｜今之《禮記》」，即是立於學官之《禮》。〔註7〕所說的「刊正碑文」之事，指的是刻熹平石經之事。熹平石經於《禮》僅有《儀禮》(《士禮》)，〔註8〕所以這裡所說之《禮記》即是指《士禮》。

此外，《士禮》又有《今禮》、《曲禮》之稱，這些都可以在鄭玄爲《三禮》所作的注解中找到。〔註9〕

至於我們今天所稱的《儀禮》，他的名稱是什麼時候才有的呢？關於這一點，清代的段玉裁曾經作了一番考證。他在《經韵樓集》卷二〈禮十七篇標題漢無儀字說〉提到：

> 鄭注儀禮十七卷，貫公彥爲疏者，每卷標題首云〈士冠禮〉第一，次云《儀禮》，次云鄭氏注。陸德明《經典釋文·敘錄》亦云，鄭某注儀禮十七卷。儀禮之名古矣。今按，鄭君本書但云《禮》，無「儀」字，可考而知也。〈禮器〉曰：「經禮三百，曲禮三千。」注云：「經禮謂《周禮》，其官有三百六十。曲猶事也，事禮謂《今禮》也。禮篇多亡，本數未聞，其中事儀三千。」按云《今禮》者，謂當漢時所存《禮》十七篇也。不云《禮》，云《今禮》者，恐讀者不了，故加「今」字，便易了也。……〈禮器〉注「今禮」二字可證，鄭本不偁《儀禮》。凡鄭《詩》箋、《三禮》注引用十七篇，多云〈士冠禮〉、〈鄉飲酒禮〉、〈聘禮〉、〈燕禮〉，每舉篇名，未嘗偁《儀禮》。〔註10〕

段玉裁是從鄭玄注《三禮》及箋《詩》的文字中做出當時《禮經》並無稱爲《儀禮》的論斷。但是我們從《後漢書》鄭玄的本傳中卻明明可以看到「儀禮」的稱謂，這又該作何解釋呢？《後漢書·鄭玄傳》說：

> 門人相與撰玄荅諸弟子問《五經》，依《論語》作《鄭志》八篇。凡

〔註6〕〔南朝·宋〕范曄著、〔唐〕李賢等注：《後漢書》，卷六十四，(臺北：鼎文書局，民國85年11月八版)，頁2116。

〔註7〕同註1，洪業：《洪業論學集·禮記引得序》，頁199。

〔註8〕參見錢玄：《三禮通論》，(南京：南京師範大學出版社，1996年10月第一版第一次印刷)，頁5。

〔註9〕有關《今禮》、《曲禮》等名稱，可以參見本頁所引用段玉裁的〈禮十七篇標題漢無儀字說〉，及第14頁所引鄭玄《三禮目錄》。

〔註10〕見〔清〕段玉裁：《經韵樓集·禮十七篇標題漢無「儀」字說》，收入《段玉裁遺書》下冊，(臺北：大化書局，民國66年5月景印初版)，頁888。

> 玄所注《周易》、《尚書》、《毛詩》、《儀禮》、《禮記》、《論語》、《孝
> 經》、《尚書大傳》、《中候》、《乾象歷》，又著《天文七政論》、《魯禮
> 禘祫義》、《六藝論》、《毛詩譜》、《駁許慎五經異義》、《荅臨孝存周
> 禮難》，凡百餘萬言。〔註11〕

關於這一點，段玉裁的解釋是：

> 鄭君本傳曰鄭所注《周易》、《尚書》、《毛詩》、《儀禮》、《禮記》、《論
> 語》、《孝經》、《尚書》、《中候》、《乾象厤》。按此不應遺《周禮》。
> 疑「儀禮禮記」四字，乃「周官禮禮記」五字轉寫之誤。劉子元引
> 《晉中經簿》，《周易》、《尚書》、《尚書中候》、《尚書大傳》、《毛詩》、
> 《周禮》、《儀禮》、《禮記》、《論語》，凡九書。」皆云鄭注。此「儀」
> 字，恐亦子元意增。……大約梁、陳以後，乃爲此偁。蔚宗在宋時
> 但云《禮》而已。〔註12〕

也就是說，他認爲有《儀禮》之稱，是在梁、陳以後的事。

不過，我們從文獻上來考察，這樣的說法似乎還有商榷的餘地。《晉書‧
荀崧傳》曾提到，晉元帝時，簡省博士，設「《周易》王氏、《尚書》鄭氏、《古
文尚書》孔氏、《毛詩》鄭氏、《周官》《禮記》鄭氏、《春秋》《左傳》杜氏服
氏、《論語》《孝經》鄭氏博士各一人」，總共九人，其中「《儀禮》、《公羊》、
《穀梁》及鄭《易》」都省略不置。荀崧以爲不可，於是上疏說：

> ……今九人以外，猶宜增四。願陛下萬機餘暇，時垂省覽。宜爲鄭
> 《易》置博士一人，鄭《儀禮》博士一人，《春秋》《公羊》博士一
> 人，《穀梁》博士一人。〔註13〕

由此可知，東晉時代已經有《儀禮》之稱。因此，宋范曄著《後漢書》時，
稱鄭玄注《儀禮》，這是不值得奇怪的；而《中經簿》作於晉初，稱《儀禮》
或許也有這個可能，因爲那時候距離荀崧的時代是非常接近的。〔註14〕

（二）「禮古經」

漢初以隸書所書寫的《士禮》是今文經，至於「禮古經」則是指武帝時

〔註11〕同註6，《後漢書‧鄭玄傳》，卷三十五，頁1212。

〔註12〕同註10，段玉裁：《經韵樓集‧禮十七篇標題漢無「儀」字說》，頁888～889。

〔註13〕〔唐〕房玄齡等：《晉書‧荀崧列傳》，卷七十五，（臺北：鼎文書局，民國69
年8月三版），頁1976～1978。

〔註14〕同註1，洪業：《洪業論學集‧儀禮引得序》，註釋9，頁46。

發現的以古文所書寫的五十六篇《禮》。《漢書‧藝文志》曾著錄這五十六篇
的《禮》：

> 《禮古經》五十六卷……。〔註15〕

至於這五十六篇的《禮》，有關它的來歷及其說明，《漢志》則說：

> 禮古經者，出於魯淹中及孔氏，與十七篇〔註16〕文相似，多三十九
> 篇。及《明堂陰陽》、《王史氏記》所見，多天子諸侯卿大夫之制，
> 雖不能備，猶瘉倉等推《士禮》而致於天子之說。〔註17〕

對於這多出來的三十九篇《禮》古經，劉歆則稱之為「逸禮」。《漢書‧劉歆
傳》說：

> 及魯恭王壞孔子宅，欲以為宮，而得古文於壞壁之中，《逸禮》有三
> 十九，《書》十六篇。天漢之後，孔安國獻之，遭巫蠱倉卒之難，未
> 及施行。及《春秋》左氏丘明所修，皆古文舊書，多者二十餘通，
> 藏於祕府，伏而未發。〔註18〕

這《逸禮》三十九篇，應當就是指五十六篇的《禮》古經，扣除與十七篇《士
禮》相同的部分，所得的三十九篇。因為是在十七篇之外的，所以稱之為《逸
禮》。

　　由於漢代立於學官的都是今文經，但是這三十九篇的《逸禮》是古文經，
所以無法立於學官。一直到王莽當國，《逸禮》才得以立於學官。《漢書‧儒
林傳‧贊》說：

> 平帝時，又立《左氏春秋》、《毛詩》、《逸禮》、古文《尚書》，所以
> 周羅遺失，兼而存之，是在其中矣。〔註19〕

　　到了王莽失敗後，光武中興，立了今文經十四博士，所以古文經又被排
除在學官之外。至於這《逸禮》是不是從此就全部亡佚於東漢呢？根據洪業
的考證，他以為：

> 自平帝以來，學者之習古經有二十餘年者矣，一旦廢棄，勢在必
> 爭。……章帝建初八年（八三）「迺詔諸儒各選高才生，受《左氏》、
> 《穀梁春秋》、《古文尚書》、《毛詩》；由是四經遂行於世」……然

〔註15〕同註1，《漢書‧藝文志》，卷三十，頁1709。
〔註16〕從劉敞說「學七十」當作「與十七」。同註3，〈校勘記〉，頁1781。
〔註17〕同註1，《漢書‧藝文志》，卷三十，頁1710。
〔註18〕同註1，《漢書‧劉歆傳》，卷三十六，頁1969。
〔註19〕同註1，《漢書‧儒林傳‧贊》，卷八十八，頁3621。

《禮古經》不在此類古經之內，且迄東漢全代未聞有請立《逸禮》
博士者，……竊疑《逸禮》未嘗盡亡於東漢，殆爲「今禮」學者所
分輯於所傳授之經記中耳。曹、董之流爲禮博士，而以博通今古，
常預朝廷禮議，能毋習《逸禮》乎？假若學官之業固亦兼及《逸禮》；
則《逸禮》不必別成專科，以爭博士一席矣。〔註20〕

　　他以爲從平帝以來，學者學習古經也經歷了二十多年的時間，一旦被廢，
一定會力爭到底；而且，章帝時，又曾選高才生受《左氏》、《穀梁春秋》、《古
文尚書》、《毛詩》，因此這四經就得以行之於世。但是東漢全代卻未曾聽說有
請立《逸禮》博士的。況且，當時學者又多是博通今古。所以，他以爲《逸
禮》應該已經分輯在學者所傳授的經記之中，自然就沒必要再別成專科，另
立博士。而《禮》學今古的界限也因此逐漸消失了。及鄭玄注《三禮》，溝通
今古文，而集通學之大成。所以《逸禮》存不盡存，亡不盡亡，就是因爲這
個緣故。

（三）《周官》

　　我們今天所稱的《周禮》，在漢代原名《周官》，屬古文經。《史記‧封禪
書》引用這本書時，正作《周官》。〈封禪書〉說：

　　　《周官》曰，冬日至，祀天於南郊，迎長日之至；夏日至，祭地祇。
　　　皆用樂舞，而神乃可得而禮也。〔註21〕

而《漢書‧藝文志》著錄這本書時，也作《周官》。〈藝文志〉說：

　　　《周官》經六篇。王莽時劉歆置博士。
　　　《周官》傳四篇。〔註22〕

那麼這本書是在什麼時候才改爲《周禮》的呢？我們知道，《漢書‧藝文志》
是本劉歆的《七略》而來的；而《漢志》所著錄的書名是《周官》。根據〈藝
文志〉所說，劉歆的《七略》是在哀帝時奏上的：

　　　會向卒，哀帝復使向子侍中奉車都尉歆卒父業。歆於是總群書而奏
　　　其《七略》，……。〔註23〕

〔註20〕同註1，洪業：《洪業論學集‧禮記引得序》，頁203～204。

〔註21〕同註3，《史記‧封禪書》，卷二十八，頁1357。

〔註22〕同註1，《漢書‧藝文志》，卷三十，頁1709。

〔註23〕同註1，《漢書‧藝文志》，卷三十，頁1701。又〈劉歆傳〉卷三十六，也說：
　　　「哀帝初即位，大司馬王莽舉歆宗室有材行，爲侍中太中大夫，遷騎都尉、

因此，可以得知，至少在哀帝時，還是只有《周官》的稱謂。到了平帝元始五年（西元 5 年），當時擔任大司馬的王莽曾上奏建議更改祭禮，他說：

> 《周官》天墜之祀，樂有別有合。……〔註24〕

而到了王莽居攝三年（西元 8 年），王莽之母功顯君死，劉歆和博士諸儒七十八人討論王莽應該爲其母服什麼喪服時，他們上奏時就引用了《周禮》的書名。《漢書·王莽傳》說：

> ……攝皇帝遂開祕府，會群儒，制禮作樂，卒定庶官，茂成天功。聖心周悉，卓爾獨見，發得《周禮》，以明因監，則天稽古，而損益焉，……《周禮》曰：「王爲諸侯緦縗」，「弁而加環絰」，……〔註25〕

又，荀悅《前漢紀·孝成皇帝紀》也說：

> 歆以《周官》十六篇〔註26〕爲《周禮》，王莽時，歆奏以爲禮經，置博士。〔註27〕

因此，我們可以知道，《周官》改爲《周禮》應當是在平帝元始五年（西元 5 年）至王莽居攝三年（西元 8 年），這三年之間；而爲《周禮》設置博士，也在同時。〔註28〕

王莽時，爲古文《周禮》立了博士，也就是說《周禮》正式取得了「經」的地位；一直到光武中興，古文經才又被擯於學官之外。

二、《禮記》

我們今天以「禮記」一名，來稱呼小戴所傳的四十九篇的禮《記》，這是在鄭玄《三禮》注流行後才有的說法；至於在戴聖當時，是不是就眞的有這四十九篇稱爲「禮記」的書，則還需要更一步的考證來證實。

皮錫瑞在《經學通論》中曾對「禮經」和「禮記」名稱的區別及其演變，作過一番說明，他說：

奉車光祿大夫，貴幸。復領《五經》，卒父前業。歆乃集六藝群書，種別爲《七略》。」，頁 1967。

〔註24〕 同註1，《漢書·郊祀志》，卷二十五下，頁 1265。

〔註25〕 同註1，《漢書·王莽傳》，卷九十上，頁 4091。

〔註26〕 據《漢志》所著錄，《周官》當爲「六篇」；今作「十六篇」，疑「十」爲衍文，當刪。

〔註27〕 〔漢〕荀悅：《前漢紀》（《四部叢刊》本），卷二十五，（臺北：臺灣商務印書館，出版年月不詳），頁 173。

〔註28〕 同註1，洪業：《洪業論學集·禮記引得序》，頁 205～206。

> 漢所謂《禮》，即今十七篇之《儀禮》，而漢不名《儀禮》。專主經言，
> 則曰「禮經」，合記而言，則曰「禮記」。許慎、盧植所稱「禮記」，
> 皆即《儀禮》與篇中之記，非今四十九篇之《禮記》也。其後「禮
> 記」之名，爲四十九篇之《記》所奪，乃以十七篇之「禮經」別稱
> 《儀禮》；又以《周官經》爲《周禮》，合稱《三禮》。蓋以鄭君並注
> 三書，後世盛行鄭注，於是三書有《三禮》之名〔註29〕

他在這裡討論到的是《三禮》名稱的起源，但從這裡我們可以知道，我們通常所稱呼的「禮記」的名稱，要作爲一個專名來指稱《禮記》一書，至少也要到有《三禮》注之後。至於「禮記」一詞，它所指稱的內容到底是什麼，我們不妨從文獻上來考察。

「禮記」一詞，在漢代連稱來使用，最早，我們可以在《史記‧孔子世家》中找到。〈孔子世家〉說：

> 孔子之時，周室微而禮樂廢，《詩》《書》缺。追跡三代之禮，序《書
> 傳》，上紀唐虞之際，下至秦繆，編次其事。曰：「夏禮吾能言之，
> 杞不足徵也。殷禮吾能言之，宋不足徵也。足，則吾能徵之矣。」
> 觀殷夏所損益，曰：「後雖百世可知也，以一文一質。周監二代，郁
> 郁乎文哉。吾從周。」故《書傳》、《禮記》自孔氏。〔註30〕

這裡所稱的「禮記」乃是泛指記禮的書，而不是我們今天所謂的《禮記》。

另外，又有泛指某一內容的著述。《漢書‧郊祀志》說：

> 右將軍王商、博士師丹、議郎翟方進等五十人以爲《禮記》曰「燔
> 柴於太壇，祭天也；瘞薶於大折，祭地也。」兆於南郊，所以定天
> 位也。祭地於大折，在北郊，就陰位也。郊處各在聖王所都之南北。
> 《書》曰「越三日丁巳，用牲於郊，牛二。」周公加牲，告徒新邑，
> 定郊禮於雒。明王聖主，事天明，事地察。天地明察，神明章矣。
> 天地以王者爲主，故聖王制祭天地之禮必於國郊。〔註31〕

文中的「禮記」是泛稱說禮的篇章；而《漢書‧藝文志》在禮家所著錄的「《記》

〔註29〕〔清〕皮錫瑞：《經學通論‧三禮‧論漢初無三禮之名儀禮在漢時但稱禮經今注疏本儀禮大題非鄭君自名其學》，（臺北：臺灣商務印書館，民國 78 年臺五版），頁 1。

〔註30〕同註 3，《史記‧孔子世家》，卷四十七，頁 1935～1936。

〔註31〕同註 1，《漢書‧郊祀志》，卷二十五下，頁 1254。

百三十一篇。七十子後學者所記也。」〔註32〕也是同屬此類的篇章。這一類的記，又是如何形成的呢？所謂「記」是對「經」而言的，最早的「記」是附於「經」之末，主要是用來闡明經義和補充經義不足的地方。如我們今天所見的《儀禮》，它的篇末往往就附有「記」。《儀禮・士冠禮》：

> 記。冠義。始冠，緇布之冠也。大古冠布，齊則緇之。〔註33〕

這一類附於經後的「記」，有解說禮意的，有補經不足的，也有補足禮制的。後來這一類的「記」脫離了經後，而有單獨成篇的形式。因為不再附經，所以內容也不限於和禮經有關，於是就成為記禮的雜文。如我們前面所說的那些記禮的篇章。一直到最後，各家對這些記禮的雜文有所取捨，也就形成了各種不同的傳本。如今本《禮記》就是這些雜文的結集。〔註34〕

　　就我們前面所作的討論，「禮記」一詞，即使到了鄭玄的時候，也都還未專指今本的《禮記》（鄭玄的《三禮》注中，有時也以《禮記》來稱呼《儀禮》的篇名）。那麼今本的《禮記》作為一本書的專名，是在什麼時候呢？以下就針對這個問題作一探討。

　　至今可見最早明確地指出《禮記》的傳授者，以及篇數的，是鄭玄的《六藝論》。他說：

> 今禮行於世者，戴德、戴聖之學也。……戴德傳《記》八十五篇，
> 則《大戴禮》是也；戴聖傳《禮》四十九篇，則此《禮記》是也。
>
> 〔註35〕

這裡說戴聖所傳的四十九篇是《禮記》，似乎《禮記》之書在戴聖當時就已存在。果真如此的話，那麼班固的《漢書》應該會有相關的記錄。可是我們查閱《漢書・藝文志》卻不見著錄《禮記》這部書，只著錄古文《記》一百三十一篇；而〈儒林傳〉也只是記錄了后倉說《禮》，授聞人通漢、戴德、戴聖、慶普，之後《禮》才有所謂的大戴、小戴、慶普之學。由此看來，《禮記》這部書在當時是不是存在，還是有問題的。因為《漢志》根據班固所說是據劉

〔註32〕同註1，《漢書・藝文志》，卷三十，頁1709。

〔註33〕〔漢〕鄭玄注、〔唐〕賈公彥等疏：《儀禮》（十三經注疏本），卷三，（臺北：藝文印書館，民國86年8月初版十三刷），頁33。

〔註34〕以上有關「記」的演變，可參閱周何：《禮學概論》，（臺北：三民書局，民國87年1月初版），頁112～113。

〔註35〕見〔漢〕鄭玄注、〔唐〕孔穎達等疏：《禮記》（十三經注疏本），卷一，「禮記」下疏所引，（臺北：藝文印書館，民國86年8月初版十三刷），頁11。

歆的《七略》而來的，而劉歆的《七略》又是在劉向《別錄》的基礎上種別群書而成的。劉向的校書是在成帝的時侯。成帝河平三年（西元前 26 年），派陳農求遺書於天下，詔光祿大夫劉向校經傳諸子詩賦。〔註36〕劉向死後，當時的皇帝哀帝才又叫劉歆接替父業，直到書成奏上，這時大概已在哀帝時代（哀帝在位時間從西元前 7 年～1 年）。〔註37〕至於戴德和戴聖二人，他們的生卒年月不詳；但是據《漢書·儒林傳》所載，他們曾以博士的身分而論於石渠閣。〔註38〕石渠會議的召開是在宣帝甘露三年（西元前 51 年），《漢書·宣帝紀》說：

> （甘露）三年……詔諸儒講《五經》同異，太子太傅蕭望之等平奏
> 其議，上親稱制臨決焉。乃立梁丘《易》、大小夏侯《尚書》、穀梁
> 《春秋》博士。〔註39〕

因此，我們可以知道，二戴在參加石渠會議之前，既已立為博士，且在宣帝時，三家又已立於學官；〔註40〕而下距《七略》在哀帝時奏上，又已數十年之久，則《禮記》若已成書講授，那麼劉歆的《七略》是不可能不著錄的。所以，《禮記》在當時是不是已經成書，是值得懷疑的。

另外，我們從今本《禮記》的內容來看，基本上是混雜著今古文的篇章的，如《奔喪》、《投壺》兩篇即是輯自《禮》古經。孔穎達在《禮記正義》這兩篇的篇名下都引到鄭玄的《三禮目錄》。〈奔喪〉第三十四說：

> 名曰〈奔喪〉者，以其居他國，聞喪奔歸之禮。此於《別錄》屬喪
> 服之禮矣，實逸《曲禮》之正篇也。〔註41〕

又，〈投壺〉第四十說：

> 名曰〈投壺〉者，以其記主人與客宴飲，講論才藝之禮也。此於《別
> 錄》屬吉禮，亦實《曲禮》之正篇。〔註42〕

此所謂《曲禮》即《士禮》，不見於今本《儀禮》，都是輯自《禮》古經。這裡就有一個可疑的地方：既然《禮記》是成書於戴聖當時，而戴聖又是立於

〔註36〕同註1，《漢書·成帝紀》，卷十：「（河平）三年……光祿大夫劉向校中秘書，
　　　　謁者陳農使，使求遺書於天下。」，頁310。
〔註37〕見前引《漢志》及註23所引〈劉歆傳〉文。
〔註38〕同註1，參見《漢書·儒林傳》，卷八十八，頁3615。
〔註39〕同註1，《漢書·宣帝紀》，卷八，頁271～272。
〔註40〕見前所引《漢志》之文。
〔註41〕同註35，《禮記·奔喪》，卷五十四，頁910。
〔註42〕同註35，《禮記·投壺》，卷五十八，頁965。

學官的今文學家，那麼爲何由戴聖所編輯的《禮記》會有今古文混雜的情形呢？也就是由於以上兩點，讓人不由得懷疑起戴聖當時，是不是眞的編輯過《禮記》這部書。

我們今天之所以會認爲戴聖當時眞有《禮記》一書，除了前面所引鄭玄《六藝論》中的說法之外，另一個重要根據就是孔穎達《禮記正義》中曾引鄭玄《三禮目錄》，其中就敘述了劉向《別錄》所著錄的《禮記》篇目。也就是因爲如此，論者每以爲劉向的時代就已經得見《禮記》這部書了。關於這一點，洪業以爲這是後人的誤解，他說：

> 竊疑劉向《別錄》中並未著錄四十九篇之戴《記》。《漢志》之「記一百三十一篇」本出於劉歆之《七略》，而《七略》殆沿《別錄》耳。《別錄》於記一百三十一篇下，容或繫以敘錄，類別而區分之，爲通論若干篇，制度若干篇，祭祀若干篇，吉禮若干篇，喪服若干篇等耳。鄭玄沿舊說盡隸戴《記》四十九篇於向所著錄各書，其隸《月令》及《明堂位》於「明堂陰陽」，隸《樂記》於「樂記」，蓋指三十三篇之《明堂陰陽》及《樂》類二十三篇之《樂記》也。推求鄭及舊說之意，殆亦知此三篇者不在一百三十一篇之內；不然者，《月令》及《明堂位》當屬於制度，而《樂記》當屬通論也。《禮古經》在《漢志》中既與《記》分列，則其在《別錄》中當亦如此。然則《奔喪》、《投壺》二篇，不宜在一百三十一篇之內矣。鄭氏似亦曾致疑於此，故於《奔喪》條下敘及《別錄》編類，稍有微辭。顧乃歸咎於禮家之好事，而不知其實出於舊說之爲崇也。《喪服四制》條下猶留「舊說」二字，此晉、隋之間刪削未盡之痕跡耳。執此以例其餘四十八條，可也。〔註43〕

他以爲劉向當時並未著錄四十九篇的《禮記》，而只是爲一百三十一篇的《記》作了敘錄。鄭玄他所說的某篇於《別錄》屬某，也不是根據《別錄》來說的。鄭玄只是根據舊說，把四十九篇的《禮記》隸屬於劉向所著錄的各書。更何況，他所說的某篇於《別錄》屬某，也並不即是說屬於《禮記》中的某篇。這其中還有些篇章，可能也不在劉向所著錄的《記》一百三十一篇中。

如果洪業的說法成立的話，那麼《禮記》並不是戴聖時所編，應該是沒

〔註43〕同註1，洪業：《洪業論學集·禮記引得序》，頁214。

有什麼疑問了。但是，在《後漢書》中，卻明明記載有關四十九篇《禮記》的說法，這又該作何解釋呢？《後漢書・橋玄傳》說：

> 橋玄字公祖，梁國睢陽人也。七世祖仁，從同郡戴德學，著《禮記章句》四十九篇，號曰「橋君學」。成帝時為大鴻臚。祖父基，廣陵太守。父肅，東萊太守。〔註44〕

在班固《漢書・儒林傳》中，橋仁並不是從戴德學。〈儒林傳〉說：

> 大戴授琅邪徐良斿卿，為博士、州牧、郡守，家世傳業。小戴授梁人橋仁季卿、楊榮子孫。仁為大鴻臚，家世傳業，榮琅邪太守。由是大戴有徐氏，小戴有橋、楊氏之學。〔註45〕

所以橋仁是不是為《禮記》作了四十九篇的章句，這裡應該持保留的態度。

又，《後漢書・曹襃傳》說：

> 襃博物識古，為儒者宗。十四年，卒官。作《通義》十二篇，演經雜論百二十篇，又傳《禮記》四十九篇，教授諸生千餘人，慶氏學遂行於世。〔註46〕

曹襃傳的是慶氏學，而慶普在宣帝時與大、小戴同立於學官；這樣的話，是不是慶普也傳了四十九篇的《禮記》呢？

如今我們比較確定是，鄭玄曾經注了四十九篇的《記》；而這些《記》的傳授者，就鄭玄《六藝論》所說，是「戴聖傳《禮》四十九篇，則此《禮記》是也。」《後漢書・儒林傳》也說：

> 中興，鄭眾傳《周官經》，後馬融作《周官傳》，授鄭玄，玄作《周官注》。玄本習《小戴禮》，後以古經校之，取其義長者，故為鄭氏學。玄又注小戴所傳《禮記》四十九篇，通為《三禮》焉。〔註47〕

這樣的話，是不是范曄附會鄭玄所注的四十九篇的《記》，所以才將這四十九篇之數繫於其他各家之上的呢？〔註48〕當然這也不無可能，因為從我們前面所論，范曄的記載的確有許多矛盾之處。

再回到我們對《禮記》傳授者的問題上，經由我們前面的論證，這四十九篇的《禮記》是不是為戴聖所傳，仍是有疑問的。而且，「禮記」一名，在

〔註44〕同註6，《後漢書・橋玄傳》，卷五十一，頁1695。
〔註45〕同註1，《漢書・儒林傳》，卷八十八，頁3615。
〔註46〕同註6，《後漢書・曹襃傳》，卷三十五，頁1205。
〔註47〕同註6，《後漢書・儒林傳》，卷七十九下，頁2577。
〔註48〕同註1，洪業：《洪業論學集・禮記引得序》，頁219。

鄭玄注《禮記》之時，也還不是今本的《禮記》所專有；因爲鄭玄本身仍然
以「禮記」一名，來稱呼《士禮》中的篇名。就我們所知，《士禮》而有「儀
禮」之稱，也是晉代以後的事了。而「禮記」要專稱今本《禮記》，也可能要
等到鄭玄注《三禮》之後，到晉代之前的這段時間。我們看《經典釋文·敘
錄》中所引晉陳邵的《周禮論·序》所說：

> 後漢馬融、盧植考諸家同異，附戴聖篇章，去其繁重，及所敘略，
> 而行於世，即今《禮記》是也。〔註49〕

即是稱經馬融、盧植所刪削後的戴聖篇章爲《禮記》。

　　經由以上的討論，我們可以比較確定的是，今本《禮記》若眞要說是戴
聖所編，那就必須再提出更多的證據來加以證明才是。而且，即使眞的是戴
聖所編，但也絕不會是戴書之舊。

第二節　〈禮運篇〉之性質

　　〈禮運〉一篇，就《禮記正義》引鄭玄《三禮目錄》的說法，在劉向《別
錄》中是屬於「通論」。

> 按鄭《目錄》云：「名曰『禮運』者，以其記五帝三王相變異、陰陽
> 轉旋之道，此於《別錄》屬通論。」〔註50〕

這是我們目前可見，最早對〈禮運〉一篇所作的概括性的描述。這裡所作的
分類，依我們前節所論，不必是劉向對〈禮運〉一篇所作的分類；但是，就
這一篇而言，將它歸爲「通論」，大體來說是正確的。因爲我們可以從〈禮
運〉所討論的對象中看出，「禮」在這一篇中的重要；所以從它是通論禮意
的這一點來說，將它列爲「通論」，並無不妥。不過，歷來討論這篇的學者，
討論的焦點，往往並不止於此。有些人是對這篇的作者、或者是思想源流方
面有所爭議；有些人則是認爲篇中有些地方有「錯簡」的現象；有些人則將
對〈禮運〉一篇的討論，擴大到與〈禮器〉和〈郊特牲〉兩篇合在一起解釋。
〔註51〕由於這些說法，通常牽涉到討論者對〈禮運〉一篇所持的基本立場不

〔註49〕〔唐〕陸德明：《經典釋文》，卷一，（臺北：鼎文書局，民國61年9月初版），
　　　　頁11。

〔註50〕同註35，《禮記·禮運》，卷二十一，頁412。

〔註51〕有關這幾點的討論，可以參閱王夢鷗：《禮記校證·禮運禮器郊特牲校證前
　　　　記》，卷五，（臺北：藝文印書館，民國65年12月初版），頁141～146。

同，而產生了不同的詮釋結果。因此，我們如果要對〈禮運篇〉作出合理的解釋，勢必要先對這些說法有所了解，才不致於不自覺地產生一些誤解，而影響解釋的正確性。以下就針對這些說法稍作釐清。

一、有關作者、思想源流的討論

這一部分，我們可以從三方面來加以說明，即是將對作者、思想源流的討論分為儒家、道家與墨家三家。

以為是儒家的作品的，如認為這篇是子游所作的。《朱子語類》記錄朱子與時人的問答時，即說胡明仲認為〈禮運〉是子游所作：

> 「〈禮運〉言三王不及上古事。人皆謂其說似莊老。」先生（朱子）曰：「〈禮運〉之說有理，三王自是不及上古。胡明仲言，恐是子游撰。」以前有「言偃」云云。
>
> 問：「〈禮運〉似與《老子》同？」（朱子）曰：「不是聖人書。胡明仲云：『〈禮運〉是子游作，〈樂記〉是子貢作。』計子游亦不至如此之淺。」〔註52〕

我們從篇首有「言偃在側曰」等語，大概可以窺見這種說法的原因；因為「言偃」是子游的名字，他自稱自己的姓名而不稱字，這是很正常的。在朱子與時人的問答中我們也可以發現，不僅提問者以為〈禮運〉似乎與老莊之說相似，而且朱子也不認為〈禮運〉是聖人所為。

另外，也有以為這篇作品不是出於子游，而是子游門人所記的，如陳澔《禮記集說》就說：

> 疑出於子游門人之所記。閒有格言，而篇首大同、小康之說，則非夫子之言也。〔註53〕

為什麼他會認為這篇文章是子游門人所記，而且篇首的大同、小康之說，也不是孔子所說的話呢？我們細看他在正文的注解中所說的話，或許可以知道個大概。陳澔在首段中，引石梁王氏的意見說：

> 以五帝之世為大同，以禹、湯、文、武、成王、周公為小康，有老

〔註52〕〔宋〕黎靖德編：《朱子語類‧禮四‧小戴禮‧禮運》，卷八十七，（臺北：文津出版社，民國75年12月），頁2240。

〔註53〕〔宋〕陳澔：《禮記集說‧禮運》，卷四，（上海：上海古籍出版社，1996年3月第一版第十次印刷），頁120。

　　氏意。而註又引以實之，且謂禮爲忠信之薄，皆非儒者語。所謂「孔

　　子曰」，記者爲之辭也。〔註54〕

所謂「註又引以實之，且謂禮爲忠信之薄」，指的是鄭玄的注。在這裡石梁王氏的意見是：他認爲篇首的話，可能是出自老氏；因此，如果要他承認這篇文章是儒家的作品，他就不能不懷疑它不是出於子游所記，而應該是子游的弟子羼雜了一些老氏的思想，才會有這種說法的。所以，我們可以知道，在認爲這篇作品不是子游所作的同時，已經有人懷疑這篇文章可能羼雜了道家的思想。

　　宋代的黃震在他的著作《黃氏日抄》中，也有類似的看法，他說：

　　〈禮運〉記五帝三王相變易、陰陽轉移之道，故以「運」名。雖思

　　太古而悲後世，其主意微近於老子，而終篇混混爲一，極多精語。

　　〔註55〕

他所說的「雖思太古而悲後世」，不出前面所引石梁王氏的看法，即是以五帝爲大同，以三王爲小康，不免有薄三王、厚五帝，看輕禮制的意思。而清代的姚際恆，他的態度更爲堅決。他直接指出這篇作品根本就是老莊之徒所作的，後代的儒者僅僅因爲篇名中有「禮」字，就採用其中的說法。他說：

　　此周秦間子書，老莊之徒所撰，〈禮運〉乃其書中之篇名也。後儒寡

　　識，第以篇名言禮，故採之。後來二氏多竊其旨，而號爲吾儒者亦

　　與焉，詳篇內。誠恐惑世亂道之書也。〔註56〕

　　除了認爲〈禮運篇〉的思想有道家成分之外，也有人以爲篇中的某些言論，甚至還是墨氏之論。宋代的呂祖謙在寫給朱熹的一封信中就提到說：

　　比看胡文定《春秋傳》，多拈出〈禮運〉「天下爲公」意思。蠟賓之

　　歎，自昔前輩共疑之，以爲非孔子語。蓋不獨親其親，子其子，而

　　以堯、舜、禹、湯爲小康，眞是老聃、墨氏之論。胡氏乃屢言《春

　　秋》有意於天下爲公之世；此乃綱領本源，不容有差，不知嘗致思

　　否？〔註57〕

〔註54〕同註52，陳澔：《禮記集說・禮運》，卷四，頁120。

〔註55〕〔宋〕黃震：《黃氏日抄・讀禮記五》，卷十八，（臺北：大化書局，民國73
　　　年12月再版），頁262。

〔註56〕〔清〕姚際恆：《禮經通論輯本》（上），收入《姚際恆著作集》第二冊，（臺
　　　北：中央研究院中國文哲研究所，民國83年6月初版），頁335。

〔註57〕〔宋〕呂祖謙：《呂東萊文集・與朱侍講》，卷三，收入《叢書集成初編》第

他在這裡引「不獨親其親，子其子」，而以爲是「墨氏之論」，大概是認爲這與墨家的「兼愛」思想有關。

除了將〈禮運篇〉歸爲儒家、道家之說，以及認爲篇中雜有墨家之論以外，另外，還有學者以爲〈禮運篇〉是因爲漢初崇尚黃老，所以戴聖就將五千言的大旨附會孔子的言論而成的。清代的陸奎勳在《戴禮緒言》中就說：

> （〈禮運〉）舊謂子游之徒記錄孔子語。余觀首章，以五帝爲大公，三王爲小康，蓋緣漢初崇尚黃老，故戴氏撮五千之大旨，而附會爲聖言。不可信也。「夏時坤乾」、「魯之郊禘非禮」此二條出自孔子，其餘醇駁互見。若「藏身之固」，「家國、天下之肥」，「太一」、「四靈」之類，非本戰國諸子，即用秦漢緯書，研經者當別白觀之〔註58〕

而清代的黃式三在《經說》中也有類似的看法，不過他以爲〈禮運篇〉不是列、莊之說，而是漢儒根據列、莊之意，顛倒了孔子的話。他說：

> 〈禮運〉言大同、小康，非分皇古、三代之優劣也。……舊說尊皇古、卑三代，是漢儒據列、莊之意，傎倒孔子之言耳。〔註59〕

我們從前面所論可以知道，他們要不是將〈禮運〉這一篇歸之於「純粹」的一家之言，就是認爲〈禮運〉這一篇羼雜了其它非儒家思想的成分。也就是說如果〈禮運〉不歸之於儒家，就一定是道家，似乎不可能同時有兩家之說的存在；而即便同時有兩家之說存在的事實，他們也必定在儒家本位的立場上加以批判。當然這些對作者及思想源流的探討，總還是必須想出方法解決的；因此，有人就試著從文句的錯置上來加以考量。

二、有關章句安排的討論

清代的王夫之就以爲〈禮運〉篇前二章「其中錯簡相仍，復多淆譌」。〔註60〕所以，他就對其中的文句作了一些更動。這裡先列今本〈禮運〉的

二三八七冊，（北京：中華書局，1985年），頁63。

〔註58〕〔清〕陸奎勳：《戴禮緒言》，卷二，收入《四庫全書存目叢書‧經部》第一○二冊，（臺南縣：莊嚴出版社，民國86年2月初版一刷），頁16。

〔註59〕〔清〕黃式三：《經說‧禮運非列莊說》，卷五，收入《儆居遺書‧儆居集》（清光緒十四年續刊本），頁14～15。

〔註60〕〔清〕王夫之：《禮記章句‧禮運》，卷九，（臺北：廣文書局，民國56年7月初版），頁1。

原文，然後再說明他改動的次序。

> 今大道既隱，天下爲家，各親其親，各子其子，貨力爲己，大人世
> 及以爲禮，城郭溝池以爲固。禮義以爲紀，以正君臣，以篤父子，
> 以睦兄弟，以和夫婦，以設制度，以立田里，以賢勇知，以功爲己。
> 故謀用是作，而兵由此起。禹、湯、文、武、成王、周公，由此其
> 選也。此六君子者，未有不謹於禮者也。以著其義，以考其信，著
> 有過，刑仁講讓，示民有常。如有不由此者，在執者去，眾以爲殃，
> 是謂小康。〔註61〕

他將「以賢勇知，以功爲己。故謀用是作，而兵由此起」移到「城郭溝
池以爲固」下、「禮義以爲紀」之上。〔註62〕所以，他批評後世的註疏家說：

> 後之爲註疏者，不能涵泳以得其旨趣，而立大同小康抑揚之論，以流
> 於老莊之說。王氏、陳氏遂疑其非先聖之格言，其亦未之察矣。今爲
> 定其錯簡，通其條貫，庶幾大義昭明，而謗誣者其可息與！〔註63〕

也就是說，他以爲之所以有人會認爲〈禮運篇〉中有老莊之說的存在，這完
全是因爲錯簡造成的；後代的註疏家因爲不了解這一點，才會有種種的誤解
產生。

在王夫之之後的姜兆錫也主張移易文句。他說：

> 今味文義，「禮義以爲紀」以下七句，當在「謹於禮者也」之下。記
> 者蓋緣上文「以爲」二字，文勢相類而錯簡也。此殆非小誤，宜正
> 之。……末後增小康一句，其病滋多。〔註64〕

他不但認爲應該改動文句，而且對於文末的「是謂小康」一句，也認爲是徒
增困擾。因爲有大同、小康之分，不免讓人有禮爲道德之衰、忠信之薄，而
應該回歸大同之世的印象。這樣一來就有所謂的菲薄禮意、老莊之見的說法
出現了。

而在他同時還有任啓運，他認爲「故謀用是作，而兵由此起」十字，應
該移到「貨力爲己」下、「大人世及以爲禮」上。而「禮義以爲紀，以正君臣，
以篤父子，以睦兄弟，以和夫婦」五句，應該移到「未有不謹於禮者也」下、

〔註61〕 同註35，《禮記・禮運》，卷二十一，頁413～414。
〔註62〕 同註60，王夫之：《禮記章句・禮運》，卷九，頁2。
〔註63〕 同註60，王夫之：《禮記章句・禮運》，卷九，頁7。
〔註64〕 〔清〕姜兆錫：《禮記章義・禮運》，卷四，收入《續修四庫全書》第九八冊，
　　　　（上海：上海古籍出版社，出版年月不詳），頁730。

「以著其義」上。〔註65〕

以上有關作者、思想源流以及文句錯置的問題，到了邵懿辰的時候，他就提出了較爲全面性的解釋。他在《禮經通論》中說：

〈禮運〉一篇，先儒每歎其言之精而不甚表章者，以不知首章有錯簡，而疑其發端近乎老氏之意也。今以「禹、湯、文、武、成王、周公，由此其選也。此六君子者，未有不謹於禮者也」二十六字，移置「不必爲己」之下，「是故謀閉而不興」之上，則文順而意亦無病矣。就本篇有六證焉：

先儒泥一「與」字，以「大道之行」屬「大同」，「三代之英」屬「小康」。不知「大道之行」概指其治功之盛，「三代之英」切指其治世之人，「與」字止一意，無兩意，而下句「有志未逮」正謂徒想望焉，而莫能躬逢其盛也。否則，「有志未逮」，當作何解？證一也。

「今大道既隱」，以周爲今猶可，以夏、商爲今可乎？既曰「未逮」，又曰「今」，自相矛盾。證二也。

禮爲忠信之薄，則子游宜舉大道爲問，而曰「如此乎禮之急也」，不承「大同」而偏重「小康」，則文義不屬。證三也。

「講信修睦」，後文三見，皆指聖人先王，而非遠古，果有重五帝、薄三王之意，後文何無一言相應乎？證四也。

五帝官天下，三王家天下，本戰國時道家之說，而漢人重黃老者述之。實則五帝不皆與賢，堯舜以前皆與子也。「天下爲公」，即後文所謂「以天下爲一家」，「中國爲一人」者。「不獨親其親，子其子」，謂「老吾老，以及人之老；幼吾幼，以及人之幼」。「老有所終」以下六句，皆人情之所欲，即「人情以爲田」，而「大同」即「大順」也。「天下爲家」，則指東遷以後，政教號令不行於天下，國異政而家殊俗，並無與子、與賢之意。「選賢與能」對「世及」而言。「世及」者，若《春秋》譏世卿，雖有聖人，無自進身，異於周初建官惟賢、位事惟能耳。證五也。

「我欲觀夏道」，「我欲觀殷道」，「我觀周道」，三「道」字正承「大道」而言。果「大道既隱」，又何觀焉？後文「大柄」、「大端」、「大

〔註65〕〔清〕任啓運：《禮記章句‧禮運》，卷九，收入《續修四庫全書》第九九冊，（上海：上海古籍出版社，出版年月不詳），頁343。

實」，即「大道」也。證六也。〔註66〕

　　邵懿辰從章句的安排上，來解決作者以及思想上的問題，並進一步駁斥了所謂老氏、墨氏之說。這一點，可以從〈禮運篇〉中重禮的說法，以及「不獨親其親，子其子」是由親及疏的主張中看出來。值得注意的是，邵懿辰在開頭曾提到之前的儒者，雖然知道〈禮運〉這一篇有很多精采的議論，但是因爲懷疑它有老氏之意，而不太表彰它。而邵懿辰將原因歸之於是他們不知道這是錯簡所造成的。言下之意，邵懿辰似乎也曾和那些儒者一樣，面臨同樣的問題，因此，在反覆琢磨之下，他從章句的更動上來證成他的主張。這樣看來，對於章句安排的討論，似乎也是站在儒家的立場上，想要來證明〈禮運〉一篇是儒家的作品。

三、有關〈禮運〉、〈禮器〉和〈郊特牲〉三篇關係的討論

　　前面所討論的範圍，還僅僅只是限於〈禮運〉一篇；到了後來，有人以爲〈禮運篇〉似乎不是一個完整的篇章，而應該是某個篇章中被割裂的一部分。這樣一來，就將討論的範圍擴大到與〈禮運〉相關的其他篇章了。

　　邵懿辰就認爲，〈禮運〉、〈禮器〉和〈郊特牲〉三篇是有關係的。他在討論孔門子游傳禮的時候就說到：

> 聖門子夏傳《詩》，子游傳《禮》，此學者之恆言也。……而子游特受〈禮運〉精微之說，其徒又爲〈檀弓〉上、下等篇，記行禮節目甚詳。〈禮運〉自稱言偃，則全篇皆子游所記孔子之言也。〈禮器〉、〈郊特牲〉本一篇，書以文多分之，摘篇首三字爲名。或以〈郊特牲〉專論祭者，非也。注疏已謂與上篇聯屬矣。皆子游門人所記以釋〈禮運〉之意。〔註67〕

他以爲〈禮運〉是子游記錄孔子所說的話而成的，而〈禮器〉、〈郊特牲〉兩篇，則又是子游的門人所記，用來闡發〈禮運〉一篇的意思的。他特別提到在注疏中已經有和上篇聯屬的說法。

　　俞樾也是從這裡發現到〈禮運〉和〈禮器〉的關係的。他在〈群經賸義〉

〔註66〕〔清〕邵懿辰：《禮經通論・論禮運首段有錯簡》，收入《皇清經解續編》，卷一二七七，第十八冊，（臺北：藝文印書館，民國54年10月初版），頁14444。
〔註67〕同註66，邵懿辰：《禮經通論・論聖門子游傳禮》，收入《皇清經解續編》，卷一二七七，第十八冊，頁14445。

中說：

> 《禮記‧禮器篇》發端即云：「禮器是故大備。」此語甚不可解。「禮
> 器」二字，文義未明；即繼之曰「是故大備」，鶻突甚矣。古書無此
> 文法也。及讀鄭注曰：「禮器，言禮使人成器，如耒耜之為用也，『人
> 情以為田』，『修禮以耕之』，此是也。大備，自耕至於食之而肥。」
> 賈疏〔註68〕云：「此『大備』者，則上〈禮運〉所云，自『人情以為
> 田』，『修禮以耕之』至『食而弗肥』是也。」夫《禮記》每篇各有
> 當篇之意，何鄭注必引上篇為說。愚疑〈禮運〉、〈禮器〉兩篇本是
> 一篇，因篇帙太長，故分而為二。《別錄》以〈禮運〉屬通論，〈禮
> 器〉屬制度，各題篇名，遂不可合并矣。鄭君猶知其說，故於篇首
> 連屬上篇言之。〔註69〕

他以為〈禮運〉和〈禮器〉兩篇本來是一篇，只不過因為篇帙太長了，所以
才分為兩篇的。

　　另外一位討論到〈禮運〉、〈禮器〉和〈郊特牲〉三篇的關係的是廖平。
他在《分撰兩戴記章句》中說：

> 記有一篇誤為數篇者當合之。〈禮運〉、〈禮器〉、〈郊特牲〉三篇當合
> 為一篇。〔註70〕

因為他認為〈禮運〉、〈禮器〉和〈郊特牲〉三篇，是一篇誤為三篇，所以應
該把它們合為一篇才對。他就取這三篇合解，作《禮運禮器郊特牲訂》這篇
文章。

　　這種對篇章的討論，似乎更能夠將關注的焦點，回歸到篇章的主要大意
上，也就是有關「禮」的這一課題上；而不再是僅僅將討論的焦點，放在思
想的駁雜與否上了。

　　其實，我們從前面黃震和邵懿辰所說的話來看，不難知道他們都認為〈禮
運篇〉中有極多精要的語句。這所謂的精要的語句，有一部分應當是指篇中
討論禮的地方。〔註71〕也就是說，一般儒者除了對有些語句以為是非儒者之

〔註68〕此處當作「孔疏」。
〔註69〕〔清〕俞樾：〈群經賸義‧禮器是故大備〉，收入《春在堂全書》第三冊《俞
　　　　樓雜纂》，卷二十，（臺北：中國文獻出版社，民國57年9月初版），頁1877。
〔註70〕廖平：《分撰兩戴記章句‧篇章類‧合篇》，《六譯館叢書》八十九種，第三十
　　　　一冊，（成都：存古書局，民國10年），頁4。
〔註71〕黃震說：「……如論禮，則謂禮者，『固人肌膚之會，筋骸之束』：皆千萬世名

言外，對於討論禮的部分，並不加以否定。而且，前面所討論的部分，大致上都只是篇首的大同與小康的部分。但是這只是〈禮運篇〉的一小部分；〈禮運〉一篇，從「小康」以後大致上都是在強調「禮」的重要的。因此，我們並不能因為這篇思想來源有可疑之處，就對它討論「禮」的部分加以否定。這樣的話，我們要怎樣來看待〈禮運〉這一篇文章呢？

對於〈禮運〉這一篇文章論說的主旨，孫希旦以為：

> 禮運者，言禮之運行也。蓋自禮之本於天地者言之，四時五行，亭毒流播，秩然燦然，而禮制已自然運行於兩間矣。然必為人君者體信達順，然後能則天道，治人情，而禮制達於天下，此又禮之待聖人而後運行者也。周衰禮壞，孔子感之而歎，因子游之問，而為極言禮之運行，聖人所恃以治天下國家者以告之。〔註72〕

所以，我們可以知道〈禮運〉的主旨所在，就是它是一篇說「禮」的作品。皮錫瑞就以為《禮記》之中有些篇章論說的精采，甚至可以單行；而〈禮運〉一篇「說禮極精」，也應該分篇別出。〔註73〕

也許我們可以說，〈禮運〉本身就是一篇思想駁雜的作品，它反映的是某一時空之下的思想。因此，如果我們可以把關注的焦點，或者說把研究的對象集中在「禮」上，而不僅僅因為其中有些文句不似某家之言，就加以駁斥。那麼，我們就可以比較客觀地還原文章的原貌，而不致於強要以某種思想來作解釋，因而扭曲了文章的原意。而且，對這種融合多家思想的討論，或許更能豐富「禮」的內涵，加深這一課題的研究。

言。」同註55，黃震：《黃氏日抄・讀禮記五》，卷十八，頁262。

〔註72〕〔清〕孫希旦：《禮記集解・禮運》，卷二十一，（臺北：文史哲出版社，民國79年8月文一版），頁581。

〔註73〕同註29，《經學通論・三禮・論禮記義之精者本可單行王制與禮運亦可分篇別出》，頁79。

第三章　「大同」與「小康」

第一節　「大同」與「小康」一節的眞僞問題

　　《禮記・禮運篇》開頭的「大同」與「小康」一節，歷來討論的不乏其人；尤其，篇中所揭示的世界「大同」之意，在近代更是廣為人知，被視為政治的最高理想。但是，篇中思想的歸屬，以及文句是否錯亂等問題，卻一再受到學者的質疑，而有種種不同的討論。因此，在對「大同」與「小康」展開討論之前，應該對這些問題稍作澄清。

一、思想歸屬問題

　　由於《禮記》一書，歷來即被視為儒家的經典，所以，一般在討論這本書時，往往是站在儒家的立場上來加以陳述；而對〈禮運〉這一篇的討論，自然也不能例外。因此，我們就可以知道，儒者在討論「大同」與「小康」這一節的問題時，他們的出發點也必然是儒家的。對這一節的思想歸屬問題，除了儒者所立足的儒家立場之外，另外所牽涉到的其他兩家，分別是道家與墨家。

　　我們首先來看看問題的產生。鄭玄在〈禮運篇〉的「小康」下的注語說：「康，安也。大道之人以禮，於忠信為薄，言小安者失之，則賊亂將作矣。」〔註1〕又在「故謀用是作，而兵由此起」下的注解說：「以其違大道敦朴之本

〔註1〕　見〔漢〕鄭玄注、〔唐〕孔穎達等疏：《禮記・禮運》（十三經注疏本），卷二十一，（臺北：藝文印書館，民國86年8月初版十三刷），頁414。

也。教令之稱，其弊則然。《老子》曰：『法令滋章，盜賊多有』。」〔註2〕他又說，〈禮運〉是「記五帝三王相變異，陰陽轉旋之道」，而稱「大道」是「五帝時也」。〔註3〕孔穎達在注《禮記》時，區別「大同」與「小康」的時代說：「自『大道之行』至『是謂大同』，論五帝之善。自『大道既隱』至『是謂小康』，論二王之後。」〔註4〕也就是說，鄭玄在理解經文時，本來就存在著老氏之說；而孔穎達則是區分「大同」為「五帝之善」，「小康」為「三王之後」。如此，大同與小康不僅有時代上的不同，而且更有層次上的差別。這樣一來，後人在理解上，也很容易落入這樣的思考。

宋代的陳澔在《禮記集說》中引石梁王氏的意見說：

> 以五帝之世為大同，以禹、湯、文、武、成王、周公為小康，有老
> 氏意。而註又引以實之，且謂禮為忠信之薄，皆非儒者語。〔註5〕

宋代的黃震也持有這種看法，他在《黃氏日抄》中說：

> 〈禮運〉記五帝三王相變易、陰陽轉移之道，故以「運」名。雖思
> 太古而悲後世，其主意微近於老子，……。〔註6〕

他們都認為篇中有老氏之意。我們可以理解這種說法的來源。在今本《老子》一書中〈第十八章〉說：

> 大道廢，有仁義；慧智出，有大偽；六親不和，有孝慈；國家昏亂，
> 有忠臣。〔註7〕

又，〈第三十八章〉說：

> 失道而後德，失德而後仁，失仁而後義，失義而後禮。夫禮者，忠
> 信之薄而亂之首。〔註8〕

也就是因為〈禮運篇〉中有「大道之行」與「大道既隱」來分別「大同」與

〔註2〕同註1，《禮記・禮運》，卷二十一，頁413。

〔註3〕同註1，《禮記・禮運》，卷二十一，頁412。

〔註4〕同註1，《禮記・禮運》，卷二十一，頁412。

〔註5〕〔宋〕陳澔《禮記集說・禮運》，卷四，（上海：上海古籍出版社，1996年3月第一版第十次印刷），頁120。

〔註6〕〔宋〕黃震：《黃氏日抄・讀禮記五》，卷十八，（臺北：大化書局，民國73年12月再版），頁262。

〔註7〕〔魏〕王弼注、樓宇烈校釋：《老子道德經注》，收入《王弼集校釋》，（臺北：華正書局，民國81年12月初版），頁43。這裡所引的文句，王弼本和帛書甲、乙本在〈十八章〉的部分稍有不同，但並不影響文意；〈三十八章〉的部分則全部相同。

〔註8〕同註7，王弼：《老子道德經注》，頁93。

「小康」的時代；所以，他們會以為，既然五帝之世為「大同」，是代表著大
道運行的時代，那麼，禹、湯、文、武、成王、周公的「小康」時代，大道
已經廢弛，自然也就是「大道廢，有仁義」，「禮為忠信之薄」的時代。因此，
他們會主張這裡有老氏之意，而且不是儒者之言了。

　　至於以為其中文句，有些出自墨家之說的，如宋代的呂祖謙在寫給朱熹
的信中說：

　　　蜡賓之歎，自昔前輩共疑之，以為非孔子語。蓋不獨親其親，子其

　　　子，而以堯、舜、禹、湯為小康，真是老聃、墨氏之論。〔註9〕
他所謂的「墨氏之論」，指的是〈禮運〉中論大同之世有「人不獨親其親，不
獨子其子」的文句。

　　墨子認為聖人在治理天下的時候，要試著去觀察亂是從何而起的。他認
為亂是起於人不相愛。由於人和人不相愛，所以小自個人，大至國家，都只
知道賊害他人以求自利，而亂就是從此而起的。如果天下之人能夠兼相愛，
國和國不相攻伐，家與家不相亂，沒有盜賊的存在，君臣父子都能夠孝慈的
話，那麼天下就能夠大治了。不過，要如何兼相愛交相利呢？他說：

　　　視人之國若視其國，視人之家若視其家，視人之身若視其身。〔註10〕
他要人對待別人的家，就如同是對待自己的家一樣；對待別人，就如同對待
自己一樣。這種「兼愛」思想，就如同是〈禮運篇〉中所提到的「人不獨親
其親，不獨子其子」。因此，後人才會以為這是「墨氏之論」。

　　我們細看前面所論，首先對儒道以及儒墨之言，稍作區別。

　　老子對待「大道」、「仁義」、「禮」等的態度，基本上跟儒家是不同的。
我們就《史記‧老子韓非列傳》所載可以知道，老子是「周守藏室之史」，也
就是掌管藏書室的史官。〔註11〕又《漢書‧藝文志》也說：「道家者流，蓋出
於史官，歷記成敗存亡禍福古今之道，然後知秉要執本，清虛以自守，卑弱
以自持」。〔註12〕或許正是來自這種對過往歷史演變的洞澈，使他對人世保持

〔註 9〕　〔宋〕呂祖謙：《呂東萊文集‧與朱侍講》，卷三，收入《叢書集成初編》第
　　　　　二三八七冊，（北京：中華書局，1985 年），頁 63。
〔註10〕　〔清〕孫詒讓：《墨子閒詁‧兼愛中》，卷四，（臺北：華正書局，民國 84 年 9
　　　　　月），頁 95。
〔註11〕　〔漢〕司馬遷著、裴駰等三家注：《史記》，卷六十三，（臺北：鼎文書局，民
　　　　　國 84 年 10 月九版），頁 2139。
〔註12〕　〔漢〕班固：《漢書》，卷三十，（臺北：鼎文書局，八十六年 10 月九版），頁
　　　　　1731。

著冷靜旁觀的態度，而能夠提出一些嚴峻的批判。因此，他看待所謂「仁義」、「禮」等，往往就是站在批判性的立場上提出針砭，而主張唯「道」是從。那麼儒家又是怎麼看待這些問題呢？

儒家對這些問題的看法，我們不妨先從《論語》中孔子和曾子的對答中開始。《論語‧里仁》：

> 子曰：「參乎！吾道一以貫之。」曾子曰：「唯。」子出。門人問曰：
> 「何謂也？」曾子曰：「夫子之道，忠恕而已矣。」〔註13〕

孔子之「道」難言，所以曾子答以「忠恕」。朱熹對「忠」、「恕」二字的解釋為「盡己之謂忠，推己之謂恕。」〔註14〕也就是說，曾子對孔子之「道」的理解，是要從自己本身做起，然後再推己及人。當然，我們可以知道，從自己推擴到他人、家國天下乃至天地萬物，這就是仁心的表現。而「禮」在儒家的思想中，更是修飭自己、規範人際關係、治理天下以及對待天地萬物的儀則。因此，可以說儒家是肯定人在天地間的作用，透過這一系列的製作，人便可以和天地萬物和諧共存，達到平天下的理想。但這一系列人為的製作，卻正是道家所反對的。所以，我們從這裡就可以看出儒家和道家的不同所在。

而儒家和墨家的不同又在哪裡呢？我們以前面所引墨家的「兼愛」思想為例。墨子看到天下之亂，是起於人不相愛，所以，他要人「兼相愛」。他這樣主張當然沒錯，但問題是要人一視同仁地看待他人，這在一般人來說，是難以做到的。因為，一般人總是對待自己超過他人的。現在他強要大家平等對待，可說是強人所難。

從這一點上看，儒墨是大不相同的。儒家只是要人從對待自己親近的人開始，然後再擴大到他人。所以《莊子‧天下篇》批評墨子說：

> 以此教人，恐不愛人；以此自行，固不愛己。……其道大觳，使人
> 憂，使人悲，其行難為也，恐其不可以為聖人之道，反天下之心，
> 天下不堪。墨子雖能獨任，奈天下何！〔註15〕

既然儒道與儒墨之間有這樣顯著的區別，那麼，我麼要如何看待「大同」與「小康」這一節的思想歸屬問題呢？如果，我們不是站在儒家的立場上來

〔註13〕〔宋〕朱熹：《四書章句集注》，卷二，（高雄：復文圖書出版社，民國74年9月初版），頁72。

〔註14〕同註13，朱熹：《四書章句集注》，卷二，頁72。

〔註15〕〔清〕郭慶藩：《莊子集釋‧天下篇》，卷十下，（臺北：華正書局，民國80年8月），頁1074～1075。

回答這一個問題的話，事實上，每一種思想都有可能。就儒家的立場，他們可以先入為主地以為這篇是儒家之作，然後再將所謂「非儒者語」的這部分透過串釋，合理化為儒家之言。另一方面，他們也可能會因為文章中屢雜了其他思想，就對這篇作品存疑。這在我們之前的討論中都可以見到。但是，我們若從其他立場上來評估這節文字，我們也可以說，所謂「老氏意」、「墨氏之論」，也未嘗不是思想融和的結果。在思想的互相滲透之中，某家思想滲入了另一家思想，造成了這樣的結果。另外，值得注意的一點是，即使就儒家內部而言，它本身也是會隨著時代而演變的，先秦的儒者和漢代的儒者就未必相同。所以，針對這一問題，我們不妨站在一個開放性的立場上來加以評估。也許這樣更能符合、貼近思想的原意。

二、錯簡問題

〈禮運〉「大同」、「小康」一節，常有人認為文中有錯簡，以致經文每不可通，而主張應當改動文句。關於這一點，皮錫瑞就以為：

> 移易經文，動言錯簡，乃宋明人習氣，不可為訓。〔註16〕

為什麼這麼說呢？一般在校書上，最忌諱的就是只憑主觀的判斷，就任意的改動古書。因為有時候原書本來就沒有錯誤，但是經過改易之後，反而造成錯誤。這種例子，在明代讀書、刻書的人，最為常見。所以清代的學者，大力糾正這種弊病，而抱持著十分謹慎的態度，來處理古書上有疑問的地方，決不輕易地改動古書。〔註17〕而陳垣在《校勘學釋例》中，根據他校勘《元典章》的經驗，也提出「校法四例」，他說：

> 昔人所用校書之法不一，今校《元典章》所用者四端：一為對校法。即以同書之祖本或別本對讀，遇不同之處，則注於其旁。……凡校一書，必須先用對校法，然後再用其他校法。
>
> 二為本校法。本校法者，以本書前後互證，而抉摘其異同，則知其中之繆誤。……此法於未得祖本或別本以前，最宜用之。……
>
> 三為他校法。他校法者，以他書校本書。凡其書有采自前人者，可

〔註16〕 〔清〕皮錫瑞：《經學通論·三禮·論禮記義之精者本可單行王制與禮運亦可分篇別出》，（臺北：臺灣商務印書館，民國78年10月臺五版），頁80。

〔註17〕 張舜徽：《中國古代史籍校讀法》，（臺北：里仁書局，民國77年10月20日初版），頁169。

以前人之書校之，有爲後人所引用者，可以後人之書校之，其史料
有爲同時之書所並載者，可以同時之書校之。……

四爲理校法。段玉裁曰：「校書之難，非照本改字不譌不漏之難，定
其是非之難。」所謂理校法也。遇無古本可據，或數本互異，而無
所適從之時，則須用此法。此法須通識爲之，否則鹵莽滅裂，以不
誤爲誤，而糾紛愈甚矣。故最高妙者此法，最危險者亦此法。〔註18〕

由此也可以知道，校書是要依據一套科學方法來從事的；尤其，遇到沒有古
本可據的情形，而必須要採用「理校法」時，更須謹愼爲之。

因此，我們在面對〈禮運〉「大同」與「小康」一節的錯簡問題時，也同
樣必須要有這樣謹愼的態度。底下，我們就來看看認爲有錯簡問題的學者，
如何來面對經文錯置的問題，以及他們爲什麼要改動經文，而改動經文之後
的結果，又代表了什麼意義。

首先，我們看清代的王夫之的意見。王夫之將「大道既隱」一段中的「以
賢勇知，以功爲己。故謀用是作，而兵由此起」移到「城郭溝池以爲固」之
下、「禮義以爲紀」之上。他移易的經文，只在「大道既隱」一段。我們從他
的注解中可以知道，他並不認爲「大同」、「小康」的時代，五帝與三王有高
下之別，而是認爲五帝與三王時代人民有淳、薄的不同，所以各因其民情的
不同，來設典禮。他說：

大道之行，民淳則政可簡爲之，上者恭己無爲，而忠信親睦之道自
孚於下。三代以降，時移俗異，民流於薄，而精意不足以喻。故王
者敷至道之精華，制爲典禮，使人得釋回增美，而與於道。蓋其術
之不同，由世之升降，而非帝王之有隆汙也。能逮夫三代之英，則
大道之行不遠矣。

而他對「大同」的解釋則是「上下同於禮之意」；「小康」則是民不能安之義，
似乎是連上爲句，指的是若不能用禮，則民不能安，並不是與「大同」相對。
因此，他對「大同」與「小康」一節所表達的意思，認爲是：

皆言大道之行、三代之英相爲表裏，所以齊天下，而共由於道。其
繼世爲功，而不可廢者，有如此。

所以，他批評後世的註疏家說：

〔註18〕陳垣：《校勘學釋例》，（上海：上海書店出版社，1997 年 7 月第一版第一次印
刷），頁 118～122。

後之為註疏者，不能涵泳以得其旨趣，而立大同小康抑揚之論，以流
於老莊之說。王氏、陳氏遂疑其非先聖之格言，其亦未之察矣。今為
定其錯簡，通其條貫，庶幾大義昭明，而謗諈者其可息與！〔註19〕

在王夫之之後的姜兆錫則以為：

《家語》無「禮義以為紀」至「兵由此起」十句。今味文義，「禮義
以為紀」以下七句，當在「謹於禮者也」之下。記者蓋緣上文「以
為」二字，文勢相類而錯簡也。此殆非小誤，宜正之。……小康謂
不如大同之世，《家語》亦無此句。陳氏曰：「此亦上之世貴德，其
次務施報往來之意。故言大道為公之世，不規規於禮，禮乃道德之
衰，忠信之薄，然其說大約出於老莊之見，非先聖格言也。」……
末後增小康一句，其病滋多。……學者以《家語》參定其文而慎論
之，可矣。〔註20〕

他不但以為應該改動文句，而且對於文末的「是謂小康」一句，似乎認為應
當刪去，以免徒增困擾。因為有大同、小康之分，不免讓人以為禮為道德之
衰、忠信之薄，而為老莊之言了。

而在他同時還有任啟運，他認為「故謀用是作，而兵由此起」十字，應
該移到「貨力為己」下、「大人世及以為禮」上。而「禮義以為紀，以正君臣，
以篤父子，以睦兄弟，以和夫婦」五句，應該移到「未有不謹於禮者也」下、
「以著其義」上。他主張不應有「大同」與「小康」之別，且「是謂小康」
四字，應該刪去。他說：

禮自天高地下，萬物散殊，已行乎其間，豈至三代而後有。特大同
之世，人心沕穆，日由禮而不知，至三代乃覺聖人以是為教耳。……
至「大同」、「小康」之說，王石梁訾為近于老莊。但孔子謂韶盡善，
武未盡善；孟子謂堯舜性之，湯武反之。聖人分上下不同，則治化
亦異，但總是天理上事，與私心詐力迴殊。後人非湯武者，純度以
後世私心；護湯武者，又不識聖人分上階級，均無當耳。……通篇
文勢，前後呼吸，「是謂大順」纔與「是謂大同」相應。《家語》原

〔註19〕以上有關王夫之的論述，見《禮記章句‧禮運》，卷九，（臺北：廣文書局，
　　　　民國56年7月初版），頁1～4，7。
〔註20〕〔清〕姜兆錫：《禮記章義‧禮運》，卷四，收入《續修四庫全書》第九八冊，
　　　　（上海：上海古籍出版社，出版年月不詳），頁730。

文可據也。記者不解，忽竄入「是謂小康」一句，致前後全不相應。
故愚謂刪此四字即得。〔註21〕

邵懿辰對文句移易的意見，與前面幾人有所不同。前面所述，都主張在「大道既隱」一段移動經文；而邵懿辰改動的範圍，則擴大到「大道之行」一段。他在《禮經通論》中說：

〈禮運〉一篇，先儒每歎其言之精而不甚表章者，以不知首章有錯簡，而疑其發端近乎老氏之意也。今以「禹、湯、文、武、成王、周公，由此其選也。此六君子者，未有不謹於禮者也」二十六字，移置「不必爲己」之下，「是故謀閉而不興」之上，則文順而意亦無病矣。……先儒泥一「與」字，以「大道之行」屬「大同」，「三代之英」屬「小康」。不知「大道之行」概指其治功之盛，「三代之英」切指其治世之人，「與」字止一意，無兩意，而下句「有志未逮」正謂徒想望焉，而莫能躬逢其盛也。否則，「有志未逮」，當作何解？證一也。「今大道既隱」，以周爲今猶可，以夏、商爲今可乎？既曰「未逮」，又曰「今」，自相矛盾。證二也。

禮爲忠信之薄，則子游宜舉大道爲問，而曰「如此乎禮之急也」，不承「大同」而偏重「小康」，則文義不屬。證三也。

「講信修睦」，後文三見，皆指聖人先王，而非遠古，果有重五帝、薄三王之意，後文何無一言相應乎？證四也。

五帝官天下，三王家天下，本戰國時道家之說，而漢人重黃老者述之。實則五帝不皆與賢，堯舜以前皆與子也。「天下爲公」，即後文所謂「以天下爲一家」，「中國爲一人」者。……「天下爲家」，則指東遷以後，政教號令不行於天下，國異政而家殊俗，並無與子、與賢之意。「選賢與能」對「世及」而言。「世及」者，若《春秋》譏世卿，雖有聖人，無自進身，異於周初建官惟賢、位事惟能耳。證五也。

「我欲觀夏道」，「我欲觀殷道」，「我觀周道」，三「道」字正承「大道」而言。果「大道既隱」又何觀焉？後文「大柄」、「大端」、「大

〔註21〕〔清〕任啓運：《禮記章句‧禮運》，卷九，收入《續修四庫全書》第九九冊，（上海：上海古籍出版社，出版年月不詳），頁343，353。

－34－

實」，即「大道」也。證六也。〔註22〕

是邵懿辰的說法，主要在駁斥〈禮運篇〉為老氏之說的說法；並證明五帝、三王並無不同，三王之世並非「大道既隱」所指稱的時代。

我們從以上的討論可以知道，他們基本上都是站在儒家的立場上，對有「老氏之意」的經文，加以改動。我們暫且將他們分為兩組：一組是只在「大道既隱」一段調整經文；另一組則是將經文的改動範圍擴大到「大道之行」一段。

第一組是王夫之、姜兆錫與任啓運。他們都不主張有「大同」與「小康」的區別；只是在作法上，前者將「小康」連上為讀，另作他解；後二者則主張將「小康」刪去。而對改動後經文的解釋，王夫之認為五帝、三王沒有不同，只是人民的淳、薄有異。任啓運則認為同為聖人，亦有上下之別，但同為天理上事。

第二組是邵懿辰。因為他直接將經文中的「禹、湯、文、武、成王、周公」等句，移到上段，因此，五帝與三王也就同屬大道之行的時代，也就沒有五帝、三王誰厚誰薄的問題。

我們可以知道，將五帝、三王分屬大同與小康的時代，這正是他們認為有「老氏之意」的地方。因為就老子而言，禮為忠信之薄，如將他們分屬兩個時代，那顯然就有薄三代之意。所以，從前面所論可知，在第一組中，他們將「故謀用是作，而兵由此起也」這一段話，從「禹、湯、文、武、成王、周公，由此其選也」之上調開，這樣就避免了讓這六個人成為這句話的對象。而姜兆錫雖然沒有將這句話移開，但是他認為《家語》本來就沒有這句話，言下之意，他似乎也是認為，這句話是後人增入的。而第二組的邵懿辰，他既然主張將「禹、湯、文、武、成王、周公」等句，移到上一段，自然也就消除了所謂「老氏之意」了。

經過這樣的分析之後，我們可以發現，錯簡問題大體上是要消除在儒家經典中羼有他家學說的疑慮。只是這疑慮的產生，是不是由於他們心中對儒家思想存有一種固定不變的印象而來的？或者是他們忽略了這篇作品的複雜性？這就需要再作斟酌了。

〔註22〕〔清〕邵懿辰：《禮經通論‧論禮運首段有錯簡》，收入《皇清經解續編》，卷一二七七，第十八冊，（臺北：藝文印書館，民國54年10月初版），頁14444。

〈禮運〉「大同」與「小康」經文	大道之行也，天下爲公，選賢與能，講信脩睦。故人不獨親其親，不獨子其子。使老有所終，壯有所用，幼有所長，矜寡孤獨廢疾者，皆有所養。男有分，女有歸，貨惡其棄於地也，不必藏於己，力惡其不出於身也，不必爲己。是故謀閉而不興，盜竊亂賊而不作。故外戶而不閉，是謂大同。 今大道既隱，天下爲家，各親其親，各子其子，貨力爲己，大人世及以爲禮，城郭溝池以爲固。禮義以爲紀，以正君臣，以篤父子，以睦兄弟，以和夫婦，以設制度，以立田里，以賢勇知，以功爲己。故謀用是作，而兵由此起。禹、湯、文、武、成王、周公，由此其選也。此六君子者，未有不謹於禮者也。以著其義，以考其信，著有過，刑仁講讓，示民有常。如有不由此者，在執者去，眾以爲殃，是謂小康。			
移易經文	「以賢勇知，以功爲己。故謀是作，而兵由此起」移到「城郭溝池以爲固」之下、「禮義以爲紀」之上。	《家語》無「禮義以爲紀」至「兵由此起」十句。「禮義以爲紀」以下七句，當在「謹於禮者也」之下。記者蓋緣上文「以爲」二字，文勢相類而錯簡也。 末後增小康一句，其病滋多。	「故謀用是作，而兵由此起」十字，應該移到「貨力爲己」下、「大人世及以爲禮」上。而「禮義以爲紀，以正君臣，以篤父子，以睦兄弟，以和夫婦」五句，應該移到「未有不謹於禮者也」下、「以著其義」上。應刪「是謂小康」。	以「禹、湯、文、武、成王、周公，由此其選也。此六君子者，未有不謹於禮者也」二十六字，移置於「不必爲己」之下「是故謀閉而不興」之上。
改易者	王夫之	姜兆錫	任啓運	邵懿辰
對大同與小康的看法	大道之行民淳，三代以降民薄。非帝王之有隆汙。皆言大道之行、三代之英相表裡，所以齊天下，共由於道。	小康謂不如大同之世，《家語》無此字。末增小康，其病滋多。	聖人分上下不同，治化亦異，總是天理上事。「是謂小康」四字當刪。	五帝、三王同爲大道之行時代。

三、孔子與言偃論「大同」、「小康」一事的眞僞問題

　　牽涉到「大同」思想的另一個重要問題是：孔子是不是曾經向言偃（字子游）說過「大同」與「小康」的問題？

　　〈禮運篇〉一開始就有一段話，記錄孔子與言偃的問答：

　　昔者仲尼與於蜡賓，事畢，出遊於觀之上，喟然而嘆。仲尼之嘆，
　　蓋嘆魯也。言偃在側，曰：「君子何嘆？」〔註23〕

――――――――――――――――――
〔註23〕同註1，《禮記‧禮運》，卷二十一，頁412。

接著，就是孔子向他說明「大同」與「小康」的言論。如果真的如所記錄的一樣，那麼孔子對言偃講「大同」與「小康」應該是沒有什麼疑問，而這篇文章的思想也應該能代表孔子的思想才對。但是，問題就出在如果孔子真的說過這些話，而且又是對言偃所說；根據考證言偃那時不過是個小孩子，孔子如何會向他說出這一番大道理呢？關於這一點，我們又該做何解釋呢？

曾對這個問題作過考證的錢穆先生說：

> 按：孔子反魯，子游年二十三。蓋其從遊當在孔子反魯後也。閻若璩《四書釋地三續》：「孔子厄於陳蔡，年六十三，時子游年僅十八，子夏年十九耳，而既以文學名。」此閻氏誤讀《論語》從我於陳蔡以下兩章為一章，故云爾。又《家語》：「孔子為魯司寇，與於蜡，既賓，事畢，乃出遊於觀之上，喟然而歎。言偃侍。」〈禮運〉注：亦謂：「孔子仕魯，在助祭之中。」考孔子年五十一為司寇，子游年六歲，孔子五十五歲去魯，子游年十歲，孔子與語大同小康，有是理乎？後人猶有信〈禮運〉大同為真孔子當日之言者，皆坐不知論世考年之咎。〔註24〕

錢先生所謂孔子與子游年齡的根據，是來自於《史記‧仲尼弟子列傳》的記載：

> 言偃，吳人，字子游。少孔子四十五歲。〔註25〕

孔子生於魯襄公二十二年（西元前 551 年）。〔註26〕他五十一歲為魯司寇，所以子游應當為六歲；五十五歲去魯，子游應當為十歲。因此，就錢穆先生的說法，孔子為司寇這段時間，子游最多不出十歲，實在不太可能對他談論什麼「大同」、「小康」之事。所以，他並不相信這種說法。不過對於錢穆先生的意見，也有人不表贊同。高葆光先生就曾表達過這種看法。〔註27〕

高葆光先生首先質疑的是《史記》的記載，他認為子游少孔子四十五歲的說法有誤。因為就《論語》所記，子游曾經當過武城宰（〈雍也篇〉），如果

〔註24〕錢穆：《先秦諸子繫年‧孔子弟子通攷》，（臺北：東大圖書股份有限公司，民國 79 年 9 月再版），頁 72。

〔註25〕同註 11，《史記》，卷六十七，頁 2201。

〔註26〕同註 24，《先秦諸子繫年‧孔子生年攷》，頁 1～2。

〔註27〕高葆光：〈禮運大同章真偽問題〉，（臺北《大陸雜誌》，第十五卷第三期，民國 46 年 8 月），頁 75～76。

從孔子的卒年（七十三歲）〔註28〕來算的話，子游當武城宰的年齡，最多不出二十八歲。而古人有四十出仕的說法，也就是說，他認為子游出仕的年齡不合古人的習慣；而且這麼年輕，學業未成，恐怕也不能擔當治民的大任，也不見得會得到孔子的稱許。所以，他認為《史記》的記載有誤。

另外一點，就是關於子游是否曾經和孔子一同遭受陳、蔡之厄的問題。因為我們如果根據錢穆先生的意見，孔子遭受陳、蔡之厄、在陳絕糧的時間是魯哀公六年（西元前489年），〔註29〕當時孔子六十三歲，則子游當為十八歲。所以錢穆先生認為子游還年輕，應該未從孔子同去。但是高葆光先生則認為，正因為子游曾和孔子一同遭遇陳、蔡之厄，所以子游當時的年齡自然不會太小，那麼孔子對子游論「大同」與「小康」的年齡自然可以再往上推，這樣「大同」與「小康」的眞實性也就不容懷疑。

其實這是牽涉到《論語・先進篇》有關「從我於陳、蔡」和「德行」等四科這兩段的分章問題。《論語・先進篇》說：

> 子曰：「從我於陳、蔡者，皆不及門也。」德行：顏淵，閔子騫，冉伯牛，仲弓。言語：宰我，子貢。政事：冉有，季路。文學：子游，子夏。〔註30〕

就錢穆先生的意見，這是應該分為兩章；也就是自「德行」以下自成一章。〔註31〕如此，子游也就不一定是孔子所說，從他於陳、蔡時的弟子了。所以這分章的問題，一時之間也是很難論定的。

至於高葆光先生所提的另一個駁論是，孔子參與蜡祭助祭的時間，不一定是要在孔子為司寇的時候；也可以是他最後返魯的期間。因為根據《左傳》記載，孔子在返魯致仕期間，既然可以與聞朝政，當然也就可以參與蜡祭。

由於贊成與反對的說法，都言之成理；因此，在疑問未定之前，比較可行的作法是暫時擱置那些一時之間還難以論定的問題，而只就篇章中具體呈現的思想內容來加以討論；最後再透過討論所得的結果，來論定這些懸置的問題。以免在未進行論題正式的討論之前，即因前提認定的錯誤，而導致研

〔註28〕同註24，《先秦諸子繫年・孔子卒年攷》，頁58～60。

〔註29〕同註24，《先秦諸子繫年・孔子在陳絕糧攷》，頁45～47。

〔註30〕同註13，《四書章句集注》，卷六，頁123。

〔註31〕錢穆先生在《論語新解》中，則不分為兩章。但他以為「德行」以下非孔子語，乃記者因孔子言而附記及之。《論語新解》，（臺北：東大圖書股份有限公司，民國80年8月二版），頁376。

究進路的偏差，影響結論的有效性；甚至，因爲問題的難以解決，而延滯了整個論題的進行。

第二節 「大同」與「小康」

我們在上一節中，討論過鄭玄與孔穎達兩人都將〈禮運篇〉的中「大道之行」的時代與「大道既隱」的時代，區分爲五帝和三王的時代。因而，開啓了後人所謂厚五帝、薄三王，以及有「老氏之意」的爭議。但是，當我們回過頭來檢視「五帝」與「三王」的問題時，卻又發現所謂的「五帝」的說法，在孔子的時代是否已經存在，又是一個大問題。

徐旭生曾在〈五帝起源說〉中，討論了「五帝」的問題。他認爲五帝的說法是到了戰國後期才盛行起來的，他說：

> 直到春秋及戰國前期還沒有見到五帝的說法：在《左傳》、《國語》、《論語》、《墨子》、《孟子》等書中全不見有五帝的名稱，就是顯明的證據。《周禮・春官・外史》下雖説有「掌三皇五帝之書」的記載，可是《周禮》並不是「周公致太平之書」，卻是戰國時代的「一家之言」，現在差不多已經得到歷史界公同的承認。到戰國後期五帝的説法才盛行起來。〔註32〕

因此，在孔子的時代是沒有所謂的「五帝」之說的。這樣看來，鄭玄以及孔穎達的理解是有問題的。如果要承認他們的說法，那麼〈禮運篇〉的時代勢必要再往後推至戰國後期。所以，如果認爲〈禮運篇〉的「大同」與「小康」之說，是孔子對言偃所說的；那麼，「大道之行」所指稱的時代，就不會是五帝之時；如果孔子不曾說過這段話，那麼這就是出於後人的附會。不過，不管這真實性如何，我們從篇章上還是看不出有五帝和三王對舉的事實。

那麼，接下來要討論的問題便是：三王時代是不是爲「大道既隱」的時代？而如果答案是肯定的話，那麼「禮」是否又是如老子所說是「忠信之薄」呢？也就是有沒有菲薄禮意之意呢？在回答這些問題之前，我們先試著從儒學內部來回答相關問題。

〈禮運〉這一篇作品，前人曾經以爲和《春秋》有相通之處。如宋代的

〔註32〕徐旭生：《中國古史的傳說時代》，（臺北：里仁書局，民國88年1月20日初版），頁273。

呂祖謙在寫給朱熹的一封信中就提到說：

> 比看胡文定《春秋傳》，多拈出〈禮運〉「天下為公」意思。蜡賓之歎，
> 自昔前輩共疑之，以為非孔子語。蓋不獨親其親，子其子，而以堯、
> 舜、禹、湯為小康，真是老聃、墨氏之論。胡氏乃屢言《春秋》有意
> 於天下為公之世；此乃綱領本源，不容有差，不知嘗致思否？〔註33〕

這裡提到胡文定的《春秋傳》，他認為《春秋》一書有意於天下為公之世。但
是這種說法又該從何說起呢？這裡，我們就必須了解一下漢代公羊家的意見。

《春秋》一書是孔子晚年的著作，〔註34〕歷來研究孔子的，總是不能不
提到《春秋》。而他們看重《春秋》，除了因為是孔子親身的著作之外，更看
重的是《春秋》裡面所寄託的微言大義。孟子曾說：

> 世衰道微，邪說暴行有作，臣弒其君者有之，子弒其父者有之。孔
> 子懼，作《春秋》。《春秋》，天子之事也。是故孔子曰：「知我者其
> 惟《春秋》乎！罪我者其惟《春秋》乎！」〔註35〕

他又說：

> 王者之跡熄而《詩》亡，《詩》亡然後《春秋》作。晉之《乘》，楚
> 之《檮杌》，魯之《春秋》，一也。其事則齊桓、晉文，其文則史。
> 孔子曰：「其義則丘竊取之矣。」〔註36〕

這是孟子看重孔子《春秋》的地方。他認為《春秋》是寄託了孔子的大義。
在漢代的董仲舒也接受了這樣的意見。司馬遷的〈太史公自序〉說：

> 余聞董生曰：「周道衰廢，孔子為魯司寇，諸侯害之，大夫壅之。孔
> 子知言之不用，道之不行也，是非二百四十二年之中，以為天下儀
> 表，貶天子，退諸侯，討大夫，以達王事而已矣。」子曰：「我欲載
> 之空言，不如見之於行事之深切著明也。」夫《春秋》，上明三王之
> 道，下辨人事之紀，別嫌疑，明是非，定猶豫，善善惡惡，賢賢賤

〔註33〕 同註9，《呂東萊文集・與朱侍講》。

〔註34〕 《春秋》一書是否為孔子所作，長久以來都還存在著正反不同的意見。但因
為本文主要是從儒學內部確實存在的說法（如公羊家之說）來加以陳述，自
然不能排除「《春秋》為孔子所作」這種說法存在的事實。有關對孔子曾作《春
秋》一書提出懷疑的說法的，如民國以後錢玄同的〈答顧頡剛先生書〉、〈論
春秋性質書〉（以上見《古史辨》第一冊）、〈重論經今古文學問題〉（見《古
史辨》第五冊），以及楊伯峻的《春秋左傳注》（〈前言〉部分），可參閱。

〔註35〕 同註13，《四書章句集注・孟子集注・滕文公下》，卷六，頁272。

〔註36〕 同註13，《四書章句集注・孟子集注・離婁下》，卷八，頁295。

不肖，存亡國，繼絕世，補敝起廢，王道之大者也。《易》著天地陰陽四時五行，故長於變；《禮》經紀人倫，故長於行；《書》記先王之事，故長於政；《詩》記山川谿谷禽獸草木牝牡雌雄，故長於風；《樂》樂所以立，故長於和；《春秋》辯是非，故長於治人。是故《禮》以節人，《樂》以發和，《書》以道事，《詩》以達意，《易》以道化，《春秋》以道義。撥亂世反之正，莫近於《春秋》。〔註37〕

可見我們對孔子《春秋》一書中的微言大義，是不可以忽略的。

至於漢代公羊家的說法又是怎樣呢？公羊家說《春秋》有「張三世」之說。何休的《春秋公羊經傳解詁》說：

於所傳聞之世，見治起於衰亂之中，用心尚麤觕，故內其國而外諸夏，先詳內而後治外。……於所聞之世，見治升平，內諸夏而外夷狄。……至所見之世，著治大平，夷狄進至於爵，天下遠近小大若一。〔註38〕

照公羊家的說法，《春秋》二百四十二年的史事可以分為三個階段，這三個階段以孔子本身的出生為基點，由近及遠分為所見之世（又稱太平世）、所聞之世（又稱升平世）、所傳聞之世（又稱據亂世）。就史實而言是愈後愈亂，然而就孔子在《春秋》中所寄託的理想制度而言，是愈後愈治。也就是說研究《春秋》，必須看重孔子在《春秋》一書中所寄託的義法。雖然公羊家的說法，被有些人斥為荒誕無稽，但我們從前面所引孟子以及司馬遷的言論看來，也並不能說他們全是嚮壁虛造、無中生有。〔註39〕

到了康有為就本著公羊家之說，作《禮運注》。他說：

孔子三世之變，大道之真，在是矣；大同小康之道，發之明而別之精，古今進化之故，神聖憫世之深，在是矣；相時而推施，並行而不悖，時聖之變通盡利，在是矣。是書也，孔氏之微言真傳，萬國之無上寶典，而天下群生之起死神方哉！〔註40〕

〔註37〕 同註11，《史記》，卷一百三十，頁3297。

〔註38〕 〔漢〕何休解詁、〔唐〕徐彥疏：《春秋公羊傳‧隱公元年》（十三經注疏本），卷一，（臺北：藝文印書館，民國86年8月初版十三刷），頁17。

〔註39〕 有關孔子與《春秋》的關係，以及《公羊春秋》的相關論述，可參閱錢穆：〈孔子與春秋〉，收入《兩漢經學今古文平議》，（臺北：東大圖書股份有限公司，民國78年11月臺三版），頁235～283。

〔註40〕 康有為：《禮運注‧敍》，（北京：中華書局，1987年9月第一版第一次印刷），頁236。

這是他從〈禮運〉中所得到的見解。由此，他更以爲群經諸傳所發明的，都是小康之道。雖然孔子有志於大同之世，但因爲生當亂世，亂猶未撥，所以只能循序而行，以進於大同。這也就是本篇除了首段所說大同之旨外，其他所論，以及群經所發明的都是小康之論，而很少發明大同之道的緣故。

如果事實眞如他所說，那他又是怎樣來理解「大同」與「小康」呢？他說：

> 孔子之道有三世，有三統，有五德之運，仁智義信，各應時而行運。
> 仁運者，大同之道；禮運者，小康之道。撥亂世以禮爲治，故可以
> 禮括之。〔註41〕

至於所謂「大道」，就是「人理至公，太平世大同之道也」；「三代之英」就是「升平世小康之道也」。禹、湯、文、武、成王、周公，也同樣未能行大道，只是在亂世之中，較爲文明而已。他們所行的文明之法，就是「隆禮」。他說：

> 由禮而謹修之，故於五德之運，未能至仁運、智運，而僅當禮之運
> 而已。不獨未能至仁運、智運也，即義運、信運亦未之至，但以禮
> 爲經，而著其義、考其信而已。……禮運之世，乃當升平，未能至
> 大同之道，然民得以少安。若失之，則禍亂繁興，故次於大同，而
> 爲小康也。〔註42〕

照他所說，三王之世也是未能實行大道，算不上是「大同」時代，只能算是「小康」；而小康時代是以禮爲治的。這一切都是應時而運。所以，他說：

> 然聖人不能爲時，雖蒿目憂其患，而生當亂世，不能驟踰級超，進
> 而至太平。若未至其時，強行大同，強行公產，則道路未通，風俗
> 未善，人種未良，且貽大害。故祇得因其俗，順其勢，整齊而修明
> 之。故禹、湯、文、武、周公之聖，所爲治化，亦不出此，未能行
> 大道也。不過選於亂世之中，較爲文明而已。〔註43〕

所以，康有爲雖然以爲三代之世爲「大道既隱」，以禮爲治的小康時代，但他認爲這也是不得不然的作法。因此，他並不認爲有所謂菲薄之意。

那麼，公羊家這種理解方式，究竟是不是合於孔子的原意呢？我們如果從〈禮運〉「大同」與「小康」的文意上來理解，而不論其是否爲公羊家之說，則蕭公權的說法，似乎可以作爲參考。他說：

〔註41〕同註40，《禮運注》，頁238。

〔註42〕同註40，《禮運注》，頁239～242。

〔註43〕同註40，《禮運注》，242頁

> 大同之義，高尚優美，雖越出孔子雅言之範圍，尚不與儒學之宗旨相
> 反背。例如稱天下爲公，斥世及爲禮，〔註44〕殆即引伸以德取位之教。
> 不獨親其親，子其子，殆脫化於泛愛之言。大同似仁道之別名，小康
> 近從周之大意。彼此雖有程度之差，而內容無品質之別。〔註45〕

　　因此，既然儒學的內部本來就有公羊家之類的理解方式，我們也就不見
得要從道家的方式來理解〈禮運篇〉中的「大同」與「小康」的問題；更不
用說因爲它有「老氏之意」就要來加以詆斥。當然，這還是會牽涉到這是不
是合於孔子之意的爭論。這一部分的爭議，我們就不妨視爲是不同時代對經
學的不同理解。我們如果能就〈禮運篇〉的本文作如實的理解，反而比較能
貼近思想的本意，保存時代的原貌。至於與孔學的差異之處，自然也還是可
以指出的。

　　以下針對「大同」與「小康」的原文，作一比較，將性質類似的概念或
詞語加以對照呈現，以明「大同」與「小康」的差異之處。

	「　大　同」	「　小　康」
1	大道之行也，天下爲公，	今大道既隱，天下爲家，
2	選賢與能，講信修睦。	大人世及以爲禮，城郭溝池以爲固。禮義以爲紀，
3	故人不獨親其親，不獨子其子。	各親其親，各子其子，
4	使老有所終，壯有所用，幼有所長，矜寡孤獨廢疾者，皆有所養。男有分，女有歸，	以正君臣，以篤父子，以睦兄弟，以和夫婦，以設制度， 以立田里，以賢勇知，以功爲己。
5	貨惡其棄於地也，不必藏於己，力惡其不出於身也，不必爲己。	貨力爲己，
6	是故謀閉而不興，盜竊亂賊而不作。故外戶而不閉，	故謀用是作，而兵由此起。
7	是謂大同。	禹、湯、文、武、成王、周公，由此其選也。此六君子者，未有不謹於禮者也。以著其義，以考其信，著有過，刑仁講讓，示民有常。如有不由此者，在執者去，眾以爲殃，是謂小康。

〔註44〕 孔穎達說：「世及，諸侯傳位自與家也。父子曰世，兄弟曰及，謂父傳與子，
　　　　無子則兄傳與弟也，以此爲禮也。」見《禮記‧禮運》（十三經注疏本），卷
　　　　二十一，頁414。同註1。
〔註45〕 蕭公權：《中國政治思想史》，上冊，（臺北：聯經出版事業公司，1998年10
　　　　月初版第十一刷），頁72。

　　以上的表格，「大同」的部分，經文的次序完全不加以調整，僅分項說明；「小康」的部分，則爲了對照方便起見，在第三及第五項的部分，由第一項之下分出。經由這樣的分項對照，我們可以看出，第一項的部分，大道的「行」與「隱」的差別，在於一爲公，一爲私，這也是從以下各項的對照中可以看出的。第二項的部分，我們可以視爲有關政治、社會、經濟方面一切施作的原則的對照。這個部分，可說是第三至第五項的原則說明，重點是在「小康」的部分，突出了「禮」。第三至第五項是政治、社會、經濟的設想。第六、第七項則是施行效果以及定義的說明，在「小康」的部分，說明禹、湯、文、武、成王、周公都是以禮爲治的。

　　這樣的對照結果，我們可以看出「大同」與「小康」是明確區分爲兩個不同的階段的。「大同」與「小康」的最大區別是，一爲公，一爲私。也可以說「公」和「私」是造成「大同」與「小康」的原因。即使是以禮爲治的三代之王，也僅僅是列於「小康」，而並非「大同」時代。雖然，這與我們對三王的一般印象有別，但是如前所說，這並非有菲薄之意，而僅僅是所處的時代有異，所不得不然的作法。能如此理解，我們也才可以對〈禮運篇〉中言禮的部分加以申說。

第四章　從禮之初到禮之大成

第一節　禮「從其初」的意義

　　我們從「大同」與「小康」一節中可以發現，「小康」時代是以禮爲治的；雖然如此，並不見得就有菲薄禮的意思。其中的原由，在上一章中已經詳細說明過，這裡便不再細說。也就是因爲「禮治」在「小康」時代是不得不然的做法，因此，〈禮運篇〉在篇首之後，都是在說明「禮」的。既然要說「禮」，自然就要對「禮」的產生與「禮」的制作有一些了解。因此，在孔子對言偃說了「大同」與「小康」之後，就對言偃說明禮「從其初」的意義。

> 夫禮之初，始諸飲食，其燔黍捭豚，汙尊而抔飲，蕢桴而土鼓，猶
> 若可以致其敬於鬼神。及其死也，升屋而號，告曰：「皋某復！」然
> 後飯腥而苴孰，故天望而地藏也。體魄則降，知氣在上。故死者北
> 首，生者南鄉。皆從其初。〔註1〕

　　人對於鬼神和死者，因爲有種種不同的情感，所以必須藉著各種不同的表現方式，來傳達內心的不同感受；因此，各種不同的「禮」也就由此產生。《漢書・禮樂志》說：

> 人性有男女之情，妒忌之別，爲制婚姻之禮；有交接長幼之序，爲
> 制鄉飲之禮；有哀死思遠之情，爲制喪祭之禮；有尊尊敬上之心，

〔註1〕見〔漢〕鄭玄注、〔唐〕孔穎達等疏：《禮記・禮運》（十三經注疏本），卷二十一，（臺北：藝文印書館，民國86年8月初版十三刷），頁416。

爲制朝覲之禮。〔註2〕

宋代的鄭樵在《禮經奧旨・禮以情爲本》中也說：

> 禮本於人情，情生而禮隨之。古者民淳事簡，禮制未有，然斯民不
> 能無室家之情，則冠婚之禮已萌乎其中；不能無交際之情，則鄉射
> 之禮已萌乎其中；不能無追慕之情，則喪祭之禮已萌乎其中：自是
> 已還，日趨乎文。〔註3〕

孔子在這裡提到的是喪、祭的問題。他認爲最原始的祭禮，是從飲食上
來表現人對鬼神的敬意；也就是用飲食來祭祀鬼神。就因爲飲食對人的重要，
所以，人也以這最重要的「飲食」來表達對鬼神的敬意。因此，即使祭祀的
形式對後人來說是極其簡陋的，但對當時的人來說，仍不失其敬意。

只是對於祭祀鬼神的意義，這裡並未說明；不過，在《禮記》的〈祭義
篇〉中，有一段孔子與弟子的問答，說明了祭祀鬼神的意義。〈祭義〉說：

> 宰我曰：「吾聞鬼神之名，不知其所謂。」子曰：「氣也者，神之盛
> 也。魄也者，鬼之盛也。合鬼與神，教之至也。眾生必死，死必歸
> 土，此之謂鬼。骨肉斃於下，陰爲野土。其氣發揚于上，爲昭明，
> 焄蒿悽愴，此百物之精也，神之著也。因物之精，制爲之極，明命
> 鬼神，以爲黔首則，百眾以畏，萬明〔民〕以服。」〔註4〕

這裡說「合鬼與神，教之至也」、「明命鬼神，以爲黔首則，百眾以畏，萬民
以服」。這大概是本著以「神道設教」來制作祭祀的。以神道來設教，這恐怕
是後來的事；最初的祭祀，應該還是出自於對鬼神的敬畏。

另外，有關喪禮的問題。人死了之後，由於魂氣上升於天，魄氣下降於
地，所以向天上招魂，而將遺體埋藏在地下。登上屋頂，北面向天上招魂，
等到魂氣不再歸來，才在死者的口中塞入生的稻米等等東西；要埋葬的時候，
又送死者一些用草葉包裹的熟食，使他不致挨餓。這種種的儀式，在《禮記・
檀弓下》也有一番說明：

> 喪禮，哀戚之至也。節哀，順變也。君子念始之者也。復，盡愛之
> 道也，有禱祠之心焉。望反諸幽，求諸鬼神之道也。北面，求諸幽

〔註2〕 〔漢〕班固：《漢書》，卷三十，（臺北：鼎文書局，八十六年10月九版），頁
　　　 1027～1028。

〔註3〕 〔宋〕鄭樵：《禮經奧旨》（《叢書集成簡編》本），（臺北：商務印書館，民國
　　　 55年），頁5。

〔註4〕 同註1，《禮記・祭義》，卷四十七，頁813～814。

　　之義也。拜、稽顙，哀戚之至隱也。稽顙，隱之甚也。飯用米、貝，
　　弗忍虛也。不以食道，用美焉爾。〔註5〕

因爲在喪禮中，孝子面對親人的死亡，心情是極爲悲哀的；所以，爲了不使
孝子因此而哀傷過度，反而損害了父母所賦與的身體，就必須要用一些禮節
來節制孝子的悲哀，讓他能面對這種突然的變故。而這種種儀節的設置，莫
不有的它的意義所在。

　　有關於人死之後的招魂之禮，又稱爲「復」，在《儀禮・士喪禮》中就記
載了「復」禮的儀式：

　　復者一人，以爵弁服，簪裳于衣，左何之，扱領于帶。升自前東榮，
　　中屋，北面招以衣，曰：「皋某復！」三。降衣于前。受用篋，升自
　　阼階，以衣尸。復者降自後西榮。〔註6〕

《禮記・喪大記》也有相關的記載：

　　復，有林麓則虞人設階，無林麓則狄人設階。小臣復，復者朝服。
　　君以卷，夫人以屈狄，大夫以玄赬，世婦以襢衣；士以爵弁，士妻
　　以稅衣。皆升自東榮，中屋履危，北面三號。卷衣投於前，司服受
　　之，降自西北榮。〔註7〕

　　「復」禮的進行，是由死者生前的侍者拿著死者的禮服，由屋檐的東面
架上梯子，登上屋脊的中央，面朝北方拿著死者的禮服大聲招喚死者的名字
三次；然後由屋檐前面扔下，由下面的人接住，覆蓋在死者的身上。最後，
招魂的人，再由西北方下來。這就是「復」禮的大致過程。

　　至於所謂「體魄則降，知氣在上」又是怎麼回事呢？人活著的時候有魂
有魄，死後魂氣則歸於天，體魄則歸於地。所以《禮記・郊特牲》說：

　　魂氣歸于天，形魄歸于地。〔註8〕

「知氣」即是魂氣。但是，一旦人死了之後，形骸復歸於土，則稱此復歸於
土的「魄」爲「鬼」；而稱升於天的「魂」爲「神」。我們在前面所引的〈祭
義篇〉中的文字，可以看出「魂魄」與「鬼神」的區別所在。因爲人已經死
了，所以不再稱爲「魂魄」而稱爲「鬼神」。前面所引〈祭義篇〉的文字所說

〔註5〕　同註1，《禮記・檀弓下》，卷九，頁167～168。
〔註6〕　〔漢〕鄭玄注、〔唐〕賈公彥等疏：《儀禮・士喪禮》（十三經注疏本），卷三
　　　　十五，（臺北：藝文印書館，民國86年8月初版十三刷），頁408～409。
〔註7〕　同註1，《禮記・喪大記》，卷四十四，頁762。
〔註8〕　同註1，《禮記・郊特牲》，卷二十六，頁507。

的意義，就是要把人死之後分開的魂魄（即鬼神），透過種種的設計，再讓它們聚合起來，而仍像生前一般。這也是祭義的所在。〔註9〕

前面孔子對言偃說明喪、祭之禮，最後接著說「皆從其初」。這「從其初」的意思，或許只是在表明喪、祭之禮的種種儀式，都來自於古初，是前代所留下來的。如果是這樣的話，似乎沒有什麼大義可說。但是，如果再從底下的文字來看，或許能將它的意義看得更明確一些。〈禮運篇〉說：

> 昔者先王未有宮室，冬則居營窟，夏則居橧巢。未有火化，食草木
> 之實，鳥獸之肉，飲其血，茹其毛，未有麻絲，衣其羽皮。後聖有
> 作，然後脩火之利，范金，合土。以爲臺榭，宮室，牖戶。以炮，
> 以燔，以亨，以炙。以爲醴酪。治其麻絲，以爲布帛，以養生送死，
> 以事鬼神上帝，皆從其朔。〔註10〕

這裡所提到的各種衣、食、住所的不同，反映物質生活的演進。但是它說「以養生送死，以事鬼神上帝，皆從其朔」，不管物質生活如何演進，可是爲著養生送死、祭祀鬼神上帝的意義都是跟以前的時代一樣的。這就是說，禮儀可以隨時而變，但是禮意則不變。這反映的是「禮」的制作的原則。

但是這種「從其初」、「從其朔」的事實，也透顯了另一層意義：不忘其初。爲什麼呢？

《禮記·禮器篇》說：

> 禮也者，反本脩古，不忘其初者也。故凶事不詔，朝事以樂。醴酒
> 之用，玄酒之尚。割刀之用，鸞刀之貴。莞簟之安，而藁鞂之設。
> 是故，先王之制禮也，必有主也，故可述而多學也。〔註11〕

「反本」就是反其本性，「脩古」就是脩習其古；因爲能夠「反本脩古」，所以說是不忘其初。就以「凶事不詔，朝事以樂」來說，這兩者是返其本性的意思。人一旦遭遇到喪親之事，自然而然就會悲從中來，並不需要等到別人詔告，就會有哀戚之心；而朝廷聚會一定會奏樂以合歡情。這些都是爲了迎合人的本心。而在祭祀的時候，雖然醴酒比玄酒甘美，但是卻以玄酒爲上，以醴酒爲次。宗廟割牲不用鋒利的割刀，卻用比較古老而且又鈍的鸞刀。祭

〔註 9〕 有關鬼神觀的種種敘述，參見錢穆：《靈魂與心·中國思想史中之鬼神觀》，（臺北：聯經出版事業公司，民國 83 年 8 月初版第八刷），頁 59～110。
〔註10〕 同註1，《禮記·禮運》，卷二十一，頁 417。
〔註11〕 同註1，《禮記·禮器》，卷二十四，頁 469。

祀時，不用精細柔軟的莞簟，卻用像稾鞂這樣粗糙的席子。這一切都是爲了「脩古」之意。因此，「反本脩古」是制禮時的主意所在。

　　就如同在本節開始時所提到的，人因爲有種種不同的情感，所以才有種種不同的禮的產生，這是爲了返其本性而作的。而禮的種種儀節的制作，又不能離開原始的禮意，因此在儀節的設計上會因時而有不同，同時在儀節的安排上還會蘊涵「脩古」之意。這些都說明了，古代所傳下來的禮儀，無不蘊涵了深邃的立意。我們必須藉著自己志意感情的投入，並且實際經由對儀式的參與、進行，喚起我們對行禮對象的情感，才能達到禮所要傳達的意義。

第二節　宗廟祭祀所透顯的禮意

　　我們在上一節中，曾引〈祭義篇〉的文字，說明了祭祀鬼神的意義，認爲合鬼與神而祭，是設教的極則；以此爲教，可以讓百姓有一個依循的原則，使那些百姓能夠畏懼、懾服。但是這種設教的方式是建立在百姓的恐懼的心理上，並不能讓人對鬼神的信仰擺脫迷信的行爲。因此，聖人並不以爲這就是一種理想的信仰，必須在鬼神的祭祀之中，導入一些合理的成分，才可以端正鬼神的信仰。所以〈祭義篇〉接下來即說明爲鬼神設立宗廟之事：

　　　聖人以是爲未足也，築爲宮室，設爲宗祧，以別親疏遠邇，教民反古復始，不忘其所由生也。眾之服自此，故聽且速也。〔註12〕

從宗廟的祭祀中可以辨別親疏遠近，並達到「教民反古復始，不忘其所由生」的目的。這就隱含了宗廟祭祀的設計，必須在儀式的安排上，讓參與祭祀者在祭祀的活動中，能夠體認到宗廟祭祀的意義。那宗廟祭祀的活動又是如何呢？

　　現在就以〈祭統篇〉所載，說明祭祀活動的過程。

　　〈祭統篇〉說：

　　　天子親耕於南郊，以共齊盛。王后蠶於北郊，以共純服。諸侯耕於東郊，亦以共齊盛。夫人蠶於北郊，以共冕服。天子、諸侯非莫耕也，王后、夫人非莫蠶也。身致其誠信，誠信之謂盡，盡之謂敬，敬盡然後可以事神明，此祭之道也。

〔註12〕同註1，《禮記‧祭義》，卷四十七，頁814。

及時將祭,君子乃齊。……是故先期旬有一日,宮宰宿夫人,夫人亦散齊七日,致齊三日。君致齊於外,夫人致齊於内,然後會於大廟。君純冕立於阼,夫人副褘立於東房。君執圭瓚祼尸,太宗執璋瓚亞祼,及迎牲,君執紖,卿、大夫從,士執芻。宗婦執盎,從夫人,薦涗水;君執鸞刀,羞嚌;夫人薦豆,此之謂夫婦親之。

及入舞,君執干戚就舞位。君為東上,冕而摠干。率其群臣,以樂皇尸。是故天子之祭也,與天下樂之。諸侯之祭也,與竟内樂之。冕而摠干,率其群臣,以樂皇尸,此與竟内樂之之義也。……夫祭有餕,餕者祭之末也,不可不知也。是故古之人有言曰,「善終者如始,餕其是已」。是故古之君子曰「尸亦餕鬼神之餘」也,惠術也,可以觀政矣。是故尸謖,君與卿四人餕。君起,大夫六人餕,臣餕君之餘也。大夫起,士八人餕,賤餕貴之餘也。士起,各執其具以出,陳于堂下,百官進,徹之,下餕上之餘也。凡餕之道,每變以眾,所以別貴賤之等,而興施惠之象也。是故以四簋黍見其脩於廟中也。廟中者,竟内之象也。祭者,澤之大者也。是故上有大澤,則惠必及下,顧上先下後耳,非上積重而下有凍餒之民也。是故上有大澤,則民夫人待于下流,知惠之必將至也,由餕見之矣。故曰「可以觀政矣。」〔註13〕

在正式的祭祀活動開始之前,首先主祭者（如天子、諸侯等）必須親自耕作以準備祭祀用的飯食;王后（或夫人）也必須親自養蠶以作為祭服之用。之所以如此,並不是沒有人為他們耕田或養蠶,而是為了表達他們對祭祀的誠心。接著在祭祀前,還有齋戒的準備工作以整齊心志、身體;最後,才是正式的祭祀活動。

正式的祭祀活動開始,大家先在太廟内集合。典禮開始,由國君行祼尸之禮,〔註14〕接著迎牲、薦牲;然後國君率群臣樂舞以樂皇尸;最後則是行

〔註13〕 同註1,《禮記·祭統》,卷四十九,頁831～833。

〔註14〕 《周禮·春官·大宗伯》:「以肆、獻、祼享先王。」鄭玄注:「祼之言灌,灌以鬱鬯,謂始獻尸求神時也。」賈公彥疏:「凡宗廟之祭,迎尸入户,坐於主北。先灌,謂王以圭瓚酌鬱鬯以獻尸,尸得之,瀝地祭訖,啐之,奠之,不飲。尸為神象灌地,所以求神,故云始獻尸求神時也。」因此,祼尸就是以圭瓚酌鬱鬯以獻尸。見〔漢〕鄭玄注、〔唐〕賈公彥等疏:《周禮·春官·大宗伯》(十三經注疏本),卷十八,(臺北:藝文印書館,民國86年8月初版十三刷),頁273～274。

「餕」禮，分食祭品。這是祭祀的大致經過。

有了以上對宗廟設計的意義，以及對宗廟祭祀的說明之後，我們再回過頭來看看在〈禮運篇〉中對宗廟祭祀的說明。

在〈禮運篇〉中，孔子對言偃說明禮「從其初」的意義後，接著就舉宗廟祭祀加以解釋：

> 故玄酒在室，醴醆在戶，粢醍在堂，澄酒在下。陳其犧牲，備其鼎俎，列其琴、瑟、管、磬、鍾、鼓，脩其祝、嘏，以降上神，與其先祖，以正君臣，以篤父子，以睦兄弟，以齊上下，夫婦有所，是謂承天之祜。
>
> 作其祝號，玄酒以祭，薦其血毛，腥其俎；孰其殽，與其越席，疏布以冪，衣其澣帛，醴醆以獻，薦其燔炙。君與夫人交獻，以嘉魂魄。是謂合莫。然後退而合亨，體其犬豕牛羊，實其簋、簠、籩、豆、鉶、羹。祝以孝告，嘏以慈告，是謂大祥。此禮之大成也。〔註15〕

這裡所說的祭祀過程，與前面所引〈祭統篇〉中的說明大致相同。首先，我們先就祭祀所用的酒類，以及擺設的不同，這其中所含的意義加以說明。

一、宗廟祭祀所陳設的酒類及其擺設的意義

有關祭祀所陳設的酒類，我們可以從《周禮・天官・酒正》中的記載來加以敘述。《周禮・天官・酒正》說：

> 辨五齊之名：一曰泛齊，二曰醴齊，三曰盎齊，四曰緹齊，五曰沈齊。辨三酒之物，一曰事酒，二曰昔酒，三曰清酒。〔註16〕

鄭玄注「五齊」說：

> 泛者，成而滓浮泛泛然，如今宜成醪矣。醴，猶體也，成而汁滓相將，如今恬酒矣。盎，猶翁也，成而翁翁然蔥白色，如今酇白矣。緹者，成而紅赤，如今下酒矣。沈者，成而滓沈，如今造清矣。自醴以上尤濁，縮酌者。盎以下差清。其象類則然，古之法式，未可盡聞。〔註17〕

是這裡所謂的「五齊」，都是未經過濾的濁酒。而所謂的「三酒」呢？鄭玄注

〔註15〕同註1，《禮記・禮運》，卷二十一，頁417～419。

〔註16〕同註14，《周禮・天官・酒正》，卷五，頁76～77。

〔註17〕同註14，《周禮・天官・酒正》，卷五，頁76。

說：

> 鄭司農云：「事酒，有事而飲也。昔酒，無事而飲也。清酒，祭祀之
> 酒。」玄謂事酒，酌有事者之酒，其酒則今之醳酒也。昔酒，今之
> 酋久白酒，所謂舊醳者也。清酒，今中山冬釀，接夏而成。〔註18〕

這裡的敘述，似乎還不太容易了解；因此，我們可以再參考一下賈公彥的疏：

> 先鄭云「有事而飲」者，謂於祭祀之時，乃至卑賤執事之人，祭末
> 並得飲之。「昔酒，無事而飲」者，亦於祭末，群臣陪位不得行事者，
> 並得飲之。「清酒，祭祀之酒」者，亦於祭祀之時，賓長獻尸，尸酢
> 賓長，不敢與王之臣共器尊，同酌齊，故酌清以自酢，故云祭祀之
> 酒。故〈司尊彝〉云「皆有罍，諸臣之所酢」。此三酒，皆盛於罍尊
> 在堂下。但此清酒受尸酢，故以祭祀言之。「玄謂事酒，酌有事者之
> 酒」者，先鄭云「有事而飲」，據有事時飲之。後鄭云「酌有事者之
> 酒」，謂有事之人，但是有事之人雖不當祭時，亦酌酒與之。是就足
> 先鄭義也。〔註19〕

因此，「事酒」、「昔酒」的用途，也就是在祭祀之末，不管是否參與行事的執
事或陪位之臣，都可以飲用；只是「清酒」是在祭祀時賓長獻尸，尸酢賓長
時所飲之酒。至於「五齊」與「三酒」有何差別呢？宋代的陳祥道在《禮書》
中說：

> 濁莫如五齊，清莫如三酒。祭祀有五齊，以神事之也；有三酒以人
> 養之也。……〈酒正〉言凡祭祀則天地、宗廟、社稷諸神之祭，皆
> 有五齊、三酒。〔註20〕

而賈公疏則說：

> 五齊、三酒俱用秫稻麴蘗。又三酒味厚，人所飲者也；五齊味薄，
> 所以祭者也。是以下經鄭玄注云：「祭祀必用五齊者，至敬不尚味，
> 而貴多品。」五齊對三酒，酒與齊異，通而言之，五齊亦曰酒，故
> 《禮‧坊記》云「醴酒在室，醍酒在堂」是也。〔註21〕

是在這裡，五齊、三酒的區別，雖同樣用於祭祀，但是五齊專用於享鬼神，

〔註18〕 同註14，《周禮‧天官‧酒正》，卷五，頁77。
〔註19〕 同註14，《周禮‧天官‧酒正》，卷五，頁77。
〔註20〕 〔宋〕陳祥道：《禮書‧五齊三酒》（北京圖書館古籍珍本叢刊），卷八十四，
　　　　 （北京：書目文獻出版社，出版年月不詳），頁330。
〔註21〕 同註3，《周禮‧天官‧酒正》，卷五，頁77。

三酒則爲人所飲用。

五齊、三酒之外，又有玄酒。《禮記・玉藻》：

> 凡尊，必上玄酒。〔註22〕

爲什麼叫做「玄酒」呢？孔穎達說：

> 玄酒，謂水也。以其色黑謂之玄。而大古無酒，此水當酒所用，故謂之玄酒。以今雖有五齊、三酒，貴重古物，故陳設之時，在於室內而近北。〔註23〕

孔穎達在這裡不但說明了所謂「玄酒」就是水，因爲太古時候沒有酒，所以用玄酒來祭祀，它的作用就如同我們今天的酒一樣；同時也指出祭祀時由於重古，所以在陳設器物時，也以較古之物設於較尊之處。也就是他說明了祭祀時器物陳設的意義所在。

在我們前面所引用的〈玉藻篇〉的文字中，鄭玄在「玄酒」下也注說：

> 不忘本也。〔註24〕

他的意思就如我們在〈禮器篇〉所見，〈禮器篇〉說：

> 禮也者，反本脩古，不忘其初者也。故凶事不詔，朝事以樂。醴酒之用，玄酒之尚……。〔註25〕

醴酒的甘美是超過玄酒的，但是以玄酒爲尊，所以反而置於玄酒之下。這是爲了脩古之意。另外在〈郊特牲〉中也說：

> 酒醴之美，玄酒、明水之尚，貴五味之本也。〔註26〕

大抵也不出我們在前面所論「不忘其初」的意思。

現在我們就可以針對〈禮運篇〉中「玄酒在室，醴醆在戶，粢醍在堂，澄酒在下」以下這一段文字，作一說明。有關玄酒及其與陳設的處所的關係，前面已經說明過了；現在再對其它幾種酒類及其陳設位置作一解釋。

根據鄭玄的注解，「醆」與我們前面所說的「五齊」中的「盎齊」相同；「澄」與「沈齊」相同。〔註27〕在這裡提到的這幾種酒類及其陳設的意義，孔穎達作了說明：

〔註22〕同註1，《禮記・玉藻》，卷二十九，頁550。
〔註23〕同註1，《禮記・禮運》，卷二十一，頁417。
〔註24〕同註1，《禮記・玉藻》，卷二十九，頁550。
〔註25〕同註1，《禮記・禮器》，卷二十四，頁469。
〔註26〕同註1，《禮記・郊特牲》，卷二十六，頁502。
〔註27〕同註1，《禮記・禮運》，卷二十一，頁417。

> 醴，謂醴齊。醆，謂盎齊。以其後世所爲，賤之，陳列雖在室內，
> 稍南近戶。故云「醴醆在戶」。皇氏云「醴在戶內，醆在戶外」，義
> 或然也。……「粢醍在堂」者，以卑之，故陳列又南近戶而在堂。「澄
> 酒在下」者，澄，謂沈齊也。酒，謂三酒：事酒、昔酒、清酒之等，
> 稍卑之，故陳在堂下也。〔註28〕

由此，我們可以知道，雖然醴、醆與澄同爲濁酒，比不上三酒；而玄酒爲水，
並不是酒，但是因爲脩古、貴古之意，所以它們的陳設位置要比三酒來得尊
貴。也就是同爲濁酒，最濁、最古的爲最尊，設於戶；其它的則分別設於堂
或堂下。至於玄酒則設於最尊的室內。這就是我們在前節所論，「不忘其本」
的意思。

　　以上，我們對宗廟祭祀所用的酒類，以及它們擺設的意義加以說明之後；
接著，我們再對宗廟祭祀的實際過程詳細說明。

二、宗廟祭祀所完成的人與鬼神之間的互動

　　有關〈禮運篇〉中所陳述的宗廟的祭祀過程，這裡，我們再引原文來作
說明：

> 作其祝號，玄酒以祭，薦其血毛，腥其俎；孰其殽，與其越席，疏布
> 以冪，衣其澣帛，醴醆以獻，薦其燔炙。君與夫人交獻，以嘉魂魄。
> 是謂合莫。然後退而合亨，體其犬豕牛羊，實其簠、簋、籩、豆、鉶、
> 羹。祝以孝告，嘏以慈告，是謂大祥。此禮之大成也。〔註29〕

　　祭祀開始，先作祝號以告鬼神來饗；然後設置玄酒來祭祀鬼神；接著薦
血腥，就是行朝踐之禮；再來是將牲體合在一起烹煮，也就是行饋食之禮；
最後祝傳達鬼神之意以祝福主人。這就是禮的一個圓滿的結束。所謂「朝踐」
之禮，指的是在宗廟祭祀的時候，開始薦血腥之事。《周禮‧春官‧司尊彝》
說：

> 其朝踐，用兩獻尊。〔註30〕

鄭玄注解說：

> 朝踐，謂薦血腥、酌醴，始行祭事。后於是薦朝事之豆籩，既又酌

〔註28〕同註1，《禮記‧禮運》，卷二十一，頁417。
〔註29〕同註1，《禮記‧禮運》，卷二十一，頁419。
〔註30〕同註14，《周禮‧春官‧司尊彝》，卷二十，頁305。

獻。〔註31〕

賈公彥疏說：

王出迎牲之時，祝延尸向戶外戶牖之間，南面。后於是薦朝事八豆八籩。王迎牲入廟，卿大夫贊幣而從，牲麗於碑，王親殺，大僕贊王牲事，取血，以告殺；取毛，以告純；解而腥之爲七體，薦於神。坐訖，王以玉爵酌醴齊，以獻尸，后亦以玉爵酌醴齊，以獻尸。此謂經朝踐用兩獻尊也。〔註32〕

因此，「朝薦」之禮，也就是王殺牲取血、取毛，然後薦上牲體；最後再以玉爵酌醴齊獻尸。

而所謂的「饋食」之禮，則是指開始以熟食、黍稷來祭祀。鄭玄在《儀禮・特牲饋食禮》「特牲饋食之禮不諏日」下注解說：

祭祀自孰始曰饋食。饋食者，食道也。〔註33〕

《周禮・春官・大宗伯》說：

以肆獻祼，享先王，以饋食，享先王。〔註34〕

鄭玄注說：

肆者，進所解牲體，謂薦孰時也。獻，獻醴，謂薦血腥也。祼之言灌，灌以鬱鬯，謂始獻尸求神時也。……祫言肆獻祼，禘言饋食者，著有黍稷。互相備也。〔註35〕

賈公彥疏說：

祫言肆獻祼，明禘亦有之。禘言饋食，食是黍稷，則祫亦有黍稷矣。著，明也。明有黍稷互相備也。〔註36〕

又，孔穎達在〈禮運〉中的注解也說：

「然後」至「大祥」……此論祭饋之節，供事鬼神及祭末獻賓，并祭竟燕飲饗食賓客兄弟。……「然後退而合亨」者，前明薦爓既未孰，今至饋食，乃退取鼎爓肉，更合亨之。今熟擬更薦尸。〔註37〕

〔註31〕同註14，《周禮・春官・司尊彝》，卷二十，頁305。
〔註32〕同註14，《周禮・春官・司尊彝》，卷二十，頁306。
〔註33〕同註6，《儀禮・特牲饋食禮》，卷四十四，頁519。
〔註34〕同註14，《周禮・春官・大宗伯》，卷十八，頁273。
〔註35〕同註14，《周禮・春官・大宗伯》，卷十八，頁273。
〔註36〕同註14，《周禮・春官・大宗伯》，卷十八，頁274。
〔註37〕同註1，《禮記・禮運》，卷二十一，頁420。

所以，「饋食」也就是取煮熟的牲肉、黍稷等來獻尸。

經過了一連串的祭祀活動來表達人對鬼神的敬意之後，使得鬼神非常愉悅，溝通了人與鬼神之間的情感；而人亦得到了鬼神的降福，祭禮也因此而完成了。孫希旦說：

> 蓋朝踐之時，禮質而物未備，體嚴而情未洽，足以盡敬，而未足以
> 盡愛也；至饋食而盡飲食之道以事鬼神，然後皇尸醉飽，神惠周浹，
> 祭之情文至是而備，故曰「大祥」。〔註38〕

祭禮所表現的人對鬼神的敬意，以及鬼神對人的慈愛之意，溝通了人與鬼神之間的情感，展現了人與鬼神之間的一種理想的互動。但是這種互動，還不僅僅是局限於人與鬼神之間的。我們在前面說過，宗廟祭祀所要完成的並不只是一種鬼神信仰；而且還要在這種信仰之中，導入一些合理的成分。就如同我們前面所說過的，宗廟祭祀的設計，是要在儀式的安排上，讓參與祭祀者能夠藉由祭祀活動，體認到辨別親疏遠近，並達到「教民反古復始，不忘其所由生」的目的等等的意義。我們在前面提到了人如何與鬼神達成一種理想的互動關係，下面，我們再藉由宗廟祭祀的意義來說明人與人之間，如何在宗廟祭祀的過程中完成一種理想的互動。

三、宗廟祭祀所完成的人與人之間的互動

在宗廟祭祀中，除了人對鬼神的祭祀之外，藉由人所參與的祭祀活動，也體現了人與人之間的互動關係。

〈禮運篇〉中說，在宗廟祭祀中要體現人倫的關係，它說：

> 陳其犧牲，備其鼎俎，列其琴、瑟、管、磬、鍾、鼓，脩其祝、嘏，
> 以降上神，與其先祖，以正君臣，以篤父子，以睦兄弟，以齊上下，
> 夫婦有所，是謂承天之祜。〔註39〕

也就是說，在祭祀進行中要體現君臣、父子、兄弟、上下、夫婦之間的理想關係。那問題是：藉由什麼樣的儀式，或者說是活動，才能夠達成這種目的呢？有關這個部分，我們可以從〈祭統篇〉所陳述的意義中，找到關於這一部分的解釋。〈祭統篇〉說：

〔註38〕〔清〕孫希旦：《禮記集解‧禮運》，卷二十一，（臺北：文史哲出版社，民國
　　　79 年 8 月文一版），頁 595。
〔註39〕同註 1，《禮記‧禮運》，卷二十一，頁 417。

君迎牲而不迎尸，別嫌也。尸在廟門外則疑於臣，在廟中則全於君。君在廟門外則疑於君，入廟門則全於臣、全於子。是故不出者，明君臣之義也。夫祭之道，孫爲王父尸。所使爲尸者，於祭者子行也。父北面而事之，所以明子事父之道也。此父子之倫也。尸飲五，君洗玉爵獻卿。尸飲七，以瑤爵獻大夫。尸飲九，以散爵獻士及群有司。皆以齒，明尊卑之等也。夫祭有昭穆。昭穆者，所以別父子、遠近、長幼、親疏之序而無亂也。是故有事於大廟，則群昭群穆咸在，而不失其倫，此之謂親疏之殺也。……君卷冕立于阼，夫人副褘立于東房。夫人薦豆執校，執醴授之，執鐙。尸酢夫人執柄，夫人授尸執足。夫婦相授受，不相襲處，酢必易爵，明夫婦之別也。凡爲俎者，以骨爲主。骨有貴賤，殷人貴髀，周人貴肩。凡前貴於後。俎者，所以明祭之必有惠也。是故貴者取貴骨，賤者取賤骨。貴者不重，賤者不虛，示均也。惠均則政行，政行則事成，事成則功立。功之所以立者，不可不知也。俎者，所以明惠之必均也，善爲政者如此，故曰：「見政事之均焉。」……夫祭有畀、煇、胞、翟、閽者，惠下之道也。唯有德之君爲能行此，明足以見之，仁足以與之。畀之爲言與也，能以其餘畀其下者也。煇者，甲吏之賤者也。胞者，肉吏之賤者也。翟者，樂吏之賤者也。閽者，守門之賤者也。古者不使刑人守門，此四守者，吏之至賤者也。尸又至尊，以至尊既祭之末而不忘至賤，而以其餘畀之。是故明君在上，則竟內之民無凍餒者矣。此之謂上下之際。〔註40〕

如這裡所說，所謂「正君臣」是祭祀的時候，國君要出廟門去迎牲，但是不能迎尸。這是因爲尸在廟門外還是臣子的身分，要到了廟中才是代表鬼神的尸。所以，如果國君在廟門外就去迎尸的話，那是會破壞君臣之間的身分的。反過來說也是如此。國君在廟門外還是國君的身分，到了廟門內才是鬼神的臣子。因此，從這種設計中，就可以看得出君臣之間的關係來。

而宗廟祭祀又要如何「篤父子」呢？在廟祭中擔任「尸」的人，通常是由孫輩來擔任；也就是說，擔任「尸」的人，有可能是主祭者的子輩。這樣一來的話，父輩的主祭者，要向擔任「尸」的子輩祭拜，由這種祭拜儀式中，同時也就是向子輩演示了父輩如何向祖輩（就是主祭者的父輩），表達作爲兒

〔註40〕同註1，《禮記‧祭統》，卷四十九，頁835～837。

子的人如何敬事父親的道理。因此，廟祭的安排，可以敦厚父子之間的情感。

至於兄弟之間的關係，則表現在分別昭穆上。祭祀時區分昭輩及穆輩，昭輩即父輩，穆輩即子輩，同輩再以年齡分上下。由於彼此之間的血親關係，藉由親疏、長幼之別加以聯繫，使得成員之間都能夠體認彼此的關係，而有適當的表現。這就是和睦兄弟的意義。

而在廟祭之中，夫婦之間的關係又是如何呈現呢？夫婦之間的關係是體現在國君以及夫人在行禮時所立的位置，以及對禮器授受的不同之上。

那麼，在宗廟的祭祀中，要如何來「齊上下」呢？上、下之間的關係則體現在祭末的分食祭品的儀式上。祭末分食祭品，雖然按照身分地位的高低，每一個人所分得的部分也有所不同；但是不管地位如何，地位高的人不可以得到雙分，而地位低的人也不至於分不到。這就表示恩惠能夠普及上下，而且能夠做到公平、不私。我們由這裡也就可以看出國君在政治行為上，也要能夠如同祭末的分俎一樣，要公正無私，而且還要能將恩惠普及到在下位的人。

我們從上一節的討論中可以看到，禮儀的制作者如何將人對行禮對象的志意情感，以及人對古初之時的重視，設計到儀式的安排上；然後藉由典禮儀式的進行，行禮者本身經由對儀式的參與，再一一的體會這種儀式安排的意義，喚起行禮者對行禮對象的情感，達到禮制所要傳達的意義。而在宗廟儀式的設計上也是如此。在廟祭儀式的設計上，對器物、酒類的擺設位置，體現了尊古、重古的意思。而宗廟祭祀的意義，經由行禮者對宗廟祭祀活動的參與，不僅端正了人對鬼神的信仰，同時更進一步地融入了人與鬼神之間的互動，達成了人與鬼神之間的情感交流。而在人與鬼神達成互動的同時，人與人的互動也完美地體現在儀式的設計上。所以，我們可以說，從禮的最初開始，由人的志意情感出發，一直到禮的完成，這一系列的儀式，完美地體現了制禮者對禮的一種理想的寄託，也滿足了人們情感的需求。這是一種禮意的完美呈現。

第五章　僭禮與禮的制作

第一節　僭　禮

　　我們從宗廟祭祀的安排上可以看到，制禮者如何透過一系列儀式的進行，將一些禮意藉由行禮者的演示來加以傳達。因此，我們在廟祭的儀式中所看到的，是爲人子孫者與鬼神之間融洽的互動，以及君臣、父子、夫婦、兄弟、上下之間人倫的理想關係。也就是「禮」從人的情感出發，一直到「禮」的儀式的結束，這其中無不蘊涵了深邃的意義。所以，前人在面對禮的問題時，都一再強調禮的重要性。就是基於這種對禮的重視，凸顯了「失禮」、「非禮」等問題的嚴重性。我們可以在《論語》中看到許多關於違禮行爲的指陳。孔子對季氏僭用了天子的八佾舞的事件，可以說是較爲著名的。《論語‧八佾篇》說：

　　　　孔子謂季氏：「八佾舞於庭，是可忍也，孰不可忍也？」〔註1〕
依照禮制的規定，天子的樂舞用八佾，諸侯用六佾，大夫用四佾。季氏身爲大夫，應該用四佾舞，但是他卻用了天子所用的八佾舞，這是不合禮制的。孔子對這件事的評論是：如果季氏連天子的八佾舞都敢僭用，那麼還有什麼事是他不敢做的呢？意思是季氏的僭越、犯上之心，已經昭然可見了。

　　另外一則有關僭用禮樂的事是孟孫、叔孫、季孫三家，在祭祀祖先時，用了天子的禮。〈八佾篇〉說：

〔註1〕〔宋〕朱熹：《四書章句集注‧論語‧八佾篇》，卷二，（高雄：復文圖書出版社，民國74年9月初版），頁61。

> 三家者以〈雍〉徹。子曰：「『相維辟公，天子穆穆』，奚取於三家之堂？」〔註2〕

天子在宗廟祭祀時，是唱著〈雍〉這篇詩來徹除祭品的。現在孟孫、叔孫、季孫三家竟然也唱這篇詩來徹除祭品，這是僭禮的行為。孔子引用〈雍〉詩上的文句說：助祭的是諸侯，而主祭的天子則肅穆地在那主祭。他要說明的是三家根本沒有〈雍〉詩所陳述的這種事實，憑什麼也跟人家用起天子的禮來了呢？

所以，我們從這裡也就可以知道，對這種僭禮的行為，在孔子看來是非常嚴重的。這種對諸多違禮事件的評論，同時也隱含了評論者本身對維持禮制的用心。因此，在〈八佾篇〉中，當子貢想要把魯國每月告朔用的餼羊去掉不用時，孔子也不免感慨萬分。〈八佾篇〉說：

> 子貢欲去告朔之餼羊。子曰：「賜也，爾愛其羊，我愛其禮。」〔註3〕

在古代，天子在冬天將來年的曆書頒給諸侯，然後諸侯將它收藏在祖廟裡，等到每月的初一就殺一隻活羊在廟中祭祀，頒行曆書，這就是所謂的告朔。但是魯國自從文公以後，就不親臨告朔；不過，依禮還是殺一隻活羊祭祀。子貢認為既然國君已經不主持告朔之禮了，那麼還要殺一隻活羊作祭祀，只是白白浪費罷了；因此，就想乾脆連羊也不殺了。孔子卻深深歎惜，以為如果不保留這種儀式，恐怕以後連這種禮制也將不存了。

所以，我們知道，對僭禮的評論是隱含對禮制維持的用心。因為有這一層意義，所以我們可以透過對僭禮行為的討論，進一步地發掘存在禮制背後的制作意義，這可能也就是維持禮制的真正意義所在。

底下，我們要探討的是僭禮的行為。

一、諸侯的僭禮

在〈禮運篇〉中，孔子對違禮的事件有諸多的評論。現在先討論有關諸侯的部分。

〈禮運篇〉中孔子說：

> 於呼哀哉！我觀周道，幽厲傷之，吾舍魯何適矣！魯之郊、禘，非禮也，周公其衰矣！杞之郊也，禹也；宋之郊也，契也，是天子之

〔註2〕同註1，《論語・八佾篇》，卷二，頁61。
〔註3〕同註1，《論語・八佾篇》，卷二，頁66。

事守也。故天子祭天地，諸侯祭社稷。祝嘏莫敢易其常古，是謂大
假。祝嘏辭説，藏於宗祝巫史，非禮也，是謂幽國。醆斝及尸君，
非禮也，是謂僭君。〔註4〕

首先要討論的是郊、禘的問題。

（一）郊祭與禘祭

1. 郊　祭

郊祭是古代天子在國都郊外祭天的儀式，是整個王朝最重大的祭祀活
動。根據《周禮・春官・大司樂》的記載：

> 冬日至，於地上之圓丘奏之，若樂六變，則天神皆降，可得而禮矣。
> 〔註5〕

又，《逸周書・作雒篇》說：

> 乃設丘兆于南郊，以祀上帝，配以后稷，日、月、星、辰、先王皆
> 與食。〔註6〕

這就是說在冬至日的那天，有祀天於南郊圓丘之禮。所謂「圓丘」是祀天時
所築的祭壇，因爲古人認爲天是圓的，所以祀天用的祭壇也建爲圓形。至於
爲什麼叫做「郊」呢？《禮記・郊特牲》說：

> 於郊，故謂之郊。〔註7〕

因爲祭祀是在郊外舉行的，所以就稱爲「郊」。郊祭的意義，就〈郊特牲〉所
說：

> 郊所以明天道也。……萬物本乎天，人本乎祖，此所以配上帝也。
> 郊之祭也，大報本反始也。〔註8〕

郊祭是爲了發明天道。萬物都是本於天而生的，而人也是本著自己的祖先
而來的；所以，祖先才能夠配上帝而祀。郊祭也就是表達這種報本反始的
意思。

〔註4〕〔漢〕鄭玄注、〔唐〕孔穎達等疏：《禮記・禮運》（十三經注疏本），卷二十
　　　一，（臺北：藝文印書館，民國86年8月初版十三刷），頁420～421。
〔註5〕〔漢〕鄭玄注、〔唐〕賈公彥等疏：《周禮・春官・大司樂》（十三經注疏本），
　　　卷二十二，（臺北：藝文印書館，民國86年8月初版十三刷），頁342。
〔註6〕〔晉〕孔晁注：《逸周書・作雒》，卷五，收入《叢書集成初編》第三六九三
　　　冊，（北京：中華書局，1985年），頁137～138。
〔註7〕同註4，《禮記・郊特牲》，卷二十六，頁497。
〔註8〕同註4，《禮記・郊特牲》，卷二十六，頁499～500。

但是，我們在這裡所謂的郊祭，實際上是「圜丘祀天」之禮，與我們所要討論的「魯郊」，實在是有所區別的。秦蕙田在《五禮通考‧吉禮‧祈穀》中說：

> 祈穀之禮見於〈月令〉、《春秋傳》。郊祀上帝與冬至圜丘禮同，一是正祭，一是祈祭，但圜丘用日至，不卜日，而祈穀則用辛。〈郊特牲〉、《家語》及《春秋》所書郊日，皆有明文，而《春秋》書魯郊者十，皆言卜。先儒謂卜日、用辛，皆魯禮。魯無冬至圜丘之祭，故啟蟄而郊，以祈農事，在建寅之月，蓋即天子祈穀之禮。其言是也。自鄭氏合日至、用辛為一，而郊祭之禮及祈穀之禮俱晦。〔註9〕

也就是說，秦蕙田認為魯郊是祈穀之禮，和圜丘祀天之禮雖然同是郊祭，但實際上是有區別的。因為圜丘祀天有固定的日期，都是在冬至日舉行，所以祭祀前不須卜日。但是根據《春秋》所記的魯郊是用辛日，而辛日又未必是冬至日，祭祀必須卜日，顯見與圜丘祀天不同。而且就祭祀的目的來說，祈穀是在祈求農事，這也是與圜丘祀天旨在報本反始不同。

我們再根據經傳所說「祈穀」之事來作一對照。《禮記‧月令篇》說：

> 孟春之月，……是月也，天子乃以元日祈穀於上帝。〔註10〕

《左傳‧桓公五年》：

> 凡祀，啟蟄而郊。〔註11〕

楊伯峻在這一條下，注說：

> 郊禮，古今異說紛繁。今以《春秋》、《左傳》解《左傳》。郊為夏正正月祈穀之禮，襄公七年《傳》「夫郊祀后稷以祈農事」可證。〔註12〕

我們看《左傳‧襄公七年》的記載，即說：

> 孟獻子曰：「……夫郊祀后稷，以祈農事也。是故啟蟄而郊，郊而後耕。」〔註13〕

因此，我們可以知道，這裡所謂的郊祀即是「祈穀」之禮。又，《孔子家語‧

〔註 9〕〔清〕秦蕙田：《五禮通考‧吉禮‧祈穀》（味經窩初刻試印本），卷二十一，（中壢市：聖環圖書有限公司，民國 83 年 5 月一版一刷），頁 1。

〔註10〕同註4，《禮記‧月令》，卷十四，頁 279～287。

〔註11〕〔晉〕杜預注、〔唐〕孔穎達等疏：《左傳‧桓公五年》（十三經注疏本），卷六，（臺北：藝文印書館，民國 86 年 8 月初版十三刷），頁 107。

〔註12〕楊伯峻：《春秋左傳注‧桓公五年》，（北京：中華書局，1995 年 10 月第二版第五次印刷），頁 107。

〔註13〕同註11，《左傳‧襄公七年》，卷三十，頁 517～518。

郊問篇》也說：

> （定）公曰：「寡人聞郊而莫同，何也？」孔子曰：「郊之祭也，迎
> 長日之至也，大報天而主日，配以月。故周之始郊，其月以日至，
> 其日用上辛，至於啓蟄之月則又祈穀于上帝，此二者天子之禮也。
> 魯無冬至大郊之事，降殺於天子，是以不同也。」〔註14〕

所以，我們就經傳所說來看，魯郊實際上是指「祈穀」，與「圜丘祀天」是不
同的。

但是，郊祀是天子之禮，依照規定是只有天子才可以舉行的，爲什麼
魯國以一個諸侯國的身分，竟然也可以舉行郊祀之禮呢？我們從文獻上的
記載來看，魯國得以行郊祀之禮，是來自於周天子的特賜。《禮記·祭統篇》
說：

> 昔者周公旦有勳勞於天下。周公既沒，成王、康王追念周公之所以
> 勳勞者，而欲尊魯，故賜之以重祭，外祭則郊社是也，内祭則大嘗
> 禘是也。〔註15〕

《禮記·明堂位》則說：

> 成王以周公爲有勳勞於天下，是以封周公於曲阜，地方七百里，革
> 車千乘。命魯公世世祀周公以天子之禮樂。是以魯君孟春乘大路，
> 載弧韣，旂十有二旒，日月之章，祀帝于郊，配以后稷，天子之禮
> 也。〔註16〕

從上面所說看來，魯國之所以可以享有天子之禮，是因爲周天子感念周公的
功勞，所以賜給魯國國君這種祭祀。但是，〈禮運篇〉中孔子爲什麼認爲魯國
舉行郊祀是非禮的行爲呢？不止在〈禮運篇〉，在《公羊傳》中也有魯郊非禮
的說法，《公羊傳·僖公三十一年》說：

> 禘嘗不卜，郊何以卜？卜郊非禮也。卜郊何以非禮？魯郊非禮也。
> 魯郊何以非禮？天子祭天，諸侯祭土。天子有方望之事，無所不通；
> 諸侯山川有不在其封内者，則不祭也。〔註17〕

〔註14〕　〔魏〕王肅注：《孔子家語·郊問篇》（《四部叢刊》本），卷七，（臺北：臺灣
　　　　　商務印書館，出版年月不詳），頁76。

〔註15〕　同註4，《禮記·祭統》，卷四十九，頁840。

〔註16〕　同註4，《禮記·明堂位》，卷三十一，頁576～577。

〔註17〕　〔漢〕何休解詁、〔唐〕徐彥疏：《春秋公羊經傳解詁》（十三經注疏本），卷
　　　　　十二，（臺北：藝文印書館，民國86年8月初版十三刷），頁157。

這著眼點,當是就郊祀為天子之事,魯為諸侯國,所以不得舉行郊祀。這也就是在〈禮運篇〉下文中,孔子說明了魯郊非禮之後,接著他說:

> 杞之郊也,禹也;宋之郊也,契也,是天子之事守也。故天子祭天地,諸侯祭社稷。〔註18〕

杞和宋,分別是禹以及契的後代,所以可以行郊禮;天子以及諸侯,各有他們應該祭祀的對象,不得逾越。當然,有人會以魯郊是天子所賜來說明魯郊的正當性;但是我們在這裡所要闡明的是在〈禮運篇〉的立場下,從他們的觀點來加以說明,為什麼他們會以為魯國行郊祀是非禮的。而這種立場,在下文中,也會有更進一步的說明。

　　2. 禘　祭

　　有關禘祭的名義,歷來說法不一,可以說是聚訟已久。如秦蕙田在《五禮通考》中說:

> 《周禮‧大宗伯》宗廟六享首重肆、獻、祼、饋食。肆、獻、祼為禘,饋食為祫。〈司尊彝〉四時之間祀追享、朝享,追享為禘,朝享為祫。禘則禘其祖之自出,以其祖配之,見於〈大傳〉;祫則毀廟與未毀廟之主皆合食於太祖,見於《公羊傳》。義本粲如。自春秋時魯禮上僭,王章下替,聖人累書用彰其失。漢儒不達,準魯推周,各據所聞著為傳記,紛淆始矣。〔註19〕

　　秦蕙田的說法是區別禘祭與祫祭為二。這種說法,主要是根據《禮記‧大傳》以及《公羊傳》而來的。《禮記‧大傳》說:

> 禮不王不禘,王者禘其祖之所自出,以其祖配之。諸侯及其大祖。
> 大夫、士有大事,省于其君,干祫及其高祖。〔註20〕

〈喪服小記〉也說:

> 王者禘其祖之所自出,以其祖配之。〔註21〕

也就是天子在舉行禘祭的時侯,是以孕育他們的祖先為對象的,而禘祭是只有天子才能舉行的。

　　我們再參酌《國語‧魯語》所引展禽的話說:

〔註18〕同註4,《禮記‧禮運》,卷二十一,頁420～421。
〔註19〕同註9,秦蕙田:《五禮通考‧吉禮‧禘祫》,卷九十七,頁1。
〔註20〕同註4,《禮記‧大傳》,卷三十四,頁616。
〔註21〕同註4,《禮記‧喪服小記》,卷三十二,頁592。

> 有虞氏禘黃帝而祖顓頊，郊堯而宗舜；夏后氏禘黃帝而祖顓頊，郊
> 鯀而宗禹；商人禘舜而祖契，郊冥而宗湯；周人禘嚳而郊稷，祖文
> 王而宗武王……。〔註22〕

這裡進一步說明了他們禘祭的對象，而我們從這裡也可以看出「不王不禘」的事實。因爲可以舉行禘祭的，都是虞、夏、商、周的後裔。

而所謂的「祫祭」，據《公羊傳》的說法，「祫」是「合祭」。《公羊傳·文公二年·經》：

> 八月丁卯，大事于大廟，躋僖公。〔註23〕

《公羊傳》說：

> 大事者何？大祫也。大祫者何？合祭也。其合祭奈何？毀廟之主陳
> 於太祖，未毀廟之主皆升合食於太祖。〔註24〕

是祫祭是將毀廟之主及未毀之主合祭於太祖廟的祭祀。

我們從這裡可以看到，禘祭與祫祭是不同的；但是有人卻以爲，禘祭與祫祭其實是同一種祭祀的不同名稱，顧棟高在《春秋大事表》中即主張這種說法，他說：

> 杜氏以審諦昭穆謂之禘，合食群廟謂之祫。祫即禘，禘即祫，一祭
> 而有二名也。故閔二年、僖八年之書禘，禘也。文二年大事于太廟，
> 躋僖公，《公》、《穀》皆以爲祫，祫即禘也。故杜氏亦以大事爲禘。
> 宣八年有事于太廟，亦禘也。故孔氏《正義》亦謂之禘。昭十五年
> 有事于武宮，《傳》明稱禘于武公。定八年從祀先公，《傳》明稱禘
> 于僖公。又昭二十五年禘于襄公。《傳》文灼灼可據，故無論《經》
> 書大事有事，皆祫，即皆禘也。〔註25〕

他在這裡以審諦昭穆和合食群廟爲同樣的一種祭祀。因爲當有新死者之主遷入宗廟時，就要再重新調整一下昭穆的次序而同時要合食群廟。

我們從以上兩人的說法看來，不管禘與祫是否同爲一種祭祀的名稱，它們都是在宗廟中所舉行的一種很重要的祭祀，而且是要天子才可以舉行這種

〔註22〕　《國語·魯語上》，卷四，（上海：上海古籍出版社，1995 年 5 月第一版第三次印刷），頁 166。

〔註23〕　同註 17，《春秋公羊傳·文公二年》，卷十三，頁 165。

〔註24〕　同註 17，《春秋公羊傳·文公二年》，卷十三，頁 165。

〔註25〕　〔清〕顧棟高：《春秋大事表·吉禮表·禘》，卷十五，（北京：中華書局，1993年 6 月第一版第一次印刷），頁 1440。

祭祀。因此,即使我們在前面說過,魯國是因為周公的緣故,周天子才賜給魯國這種重祭;可是〈禮運篇〉在這裡說「魯之郊、禘非禮也」,自然也就是指魯國以一個諸侯國,竟然舉行了這種天子才可以舉行的大祭,當然是一種僭越的行為了。

(二)祝辭與嘏辭

「祝」是在祭祀進行中,掌管典禮的人。他為主人饗神之辭,就稱為「祝辭」;而他代尸致福於主人之辭,則稱為「嘏辭」。鄭玄在〈禮運篇〉「脩其祝嘏,以降上神,與其先祖」下的注解說:

> 祝,祝為主人饗神辭也;嘏,祝為尸致福於主人之辭也。〔註26〕

祝辭的內容,在《儀禮‧少牢饋食禮》中曾提及:

> 祝祝曰:「孝孫某,敢用柔毛剛鬣,嘉薦普淖,用薦歲事于皇祖伯某,以某妃配某氏,尚饗。」〔註27〕

而嘏辭的內容〈少牢饋食禮〉中也說:

> 尸執以命祝。卒命祝,祝受以東北面于戶西,以嘏于主人曰:「皇尸命工祝,承致多福無疆,于女孝孫來女孝孫,使女受祿于天,宣稼于田,眉壽萬年,勿替引之。」〔註28〕

因此,祝辭、嘏辭的內容是代表為人子孫者與祖先之間的對話。為人子孫者在祝辭中呈現的是一種孝心的表現;而祖先在嘏辭中所呈現的,也完全是降福於子孫、對子孫慈愛的表示。所以〈禮運篇〉說:

> 祝嘏莫敢易其常古,是謂大假。〔註29〕

也就是說,這是一種能夠獲得福分的儀式。但是〈禮運篇〉接著就舉出違禮的行為:

> 祝嘏辭說,藏於宗祝巫史,非禮也,是謂幽國。〔註30〕

祝辭和嘏辭本來是祭祀時在宗廟中宣讀的,而且有一定的常式;也就是它的內容沒有不可告人之處,也不可以隨便更改。但是,它現在竟然被宗、祝、巫、史所私藏,顯見它的內容必有不可告人之處。孫希旦即說:

〔註26〕同註4,《禮記‧禮運》,卷二十一,頁417。

〔註27〕〔漢〕鄭玄注、〔唐〕賈公彥等疏:《儀禮‧少牢饋食禮》(十三經注疏本),卷四十八,(臺北:藝文印書館,民國86年8月初版十三刷),頁569。

〔註28〕同註27,《儀禮‧少牢饋食禮》,卷四十八,頁572。

〔註29〕同註4,《禮記‧禮運》,卷二十一,頁421。

〔註30〕同註4,《禮記‧禮運》,卷二十一,頁421。

> 人君無德，祝、嘏之辭說，變易常禮，媚禱以求福，矯舉而不實，
> 必有不可聞於人者，故爲宗、祝、巫、史之所私藏，若漢世祕祝之
> 類是也。幽國，言其國之典禮幽昧不明也。〔註31〕

因爲人君對祖先有非分的要求，自然那些祝辭、嘏辭的內容一定是不合於常
古的。而那些作祝辭、嘏辭的臣下，常然也會投國君之所好，私下制作祝嘏
辭說。因爲是不合常古的，所以，不可能藏於公家，而藏於私家。因此，國
家的典禮也就暗昧不明了。

（三）醆斝及尸君

〈禮運〉說：

> 醆斝及尸君，非禮也，是謂僭君。〔註32〕

醆和斝是夏代和商代所用的酒器，《禮記·明堂位》說：

> 爵，夏后氏以琖，殷以斝，周以爵。〔註33〕

醆和斝都是先王的重器，諸侯用來獻尸，這是不合禮的。鄭玄說：

> 醆、斝，先王之爵也。唯魯與王者之後得用之耳，其餘諸侯用時王
> 之器而已。〔註34〕

因此，諸侯用了先王的重器，即是僭禮之君。

二、大夫的僭禮

（一）冕弁兵革藏於私家

〈禮運篇〉說：

> 冕弁兵革，藏於私家，非禮也。是謂脅君。〔註35〕

冕和弁都是卿大夫的尊服，但是必須要受命於國君、得到國君的賞賜，
然後才可以穿著而收藏於私家。至於兵革本來是國君的武衛，平時無事是不
可以藏於私家的。現在這些東西在還沒經過國君的許可之前，就爲私家所有，
這將使國君遭受脅迫。孫希旦說：

〔註31〕〔清〕孫希旦：《禮記集解·禮運》，卷二十一，（臺北：文史哲出版社，民國
　　　　79年8月文一版），頁599。
〔註32〕同註4，《禮記·禮運》，卷二十一，頁421。
〔註33〕同註4，《禮記·明堂位》，卷三十一，頁581。
〔註34〕同註4，《禮記·禮運》，卷二十一，頁421。
〔註35〕同註4，《禮記·禮運》，卷二十一，頁421。

> 弁、冕，卿大夫之尊服，君爵命之乃得服。兵掌於司兵，革掌於司
> 甲，有軍事則出以授人。自大夫世官，而爵命不出於君，則冕、弁
> 藏於私家矣。自大夫藏甲，而兵、革藏於私家矣。脅君，謂君被劫
> 脅，制於臣而不得伸也。〔註36〕

就國君來說，冕、弁、兵、革都是賞罰的大典，一旦成為私家所有，那麼號
令也將不再出於國君，國君也就不再具有政治上崇高的地位，甚至會被臣下
所劫持而無法施展。

　　所以，從以上諸侯的僭禮到大夫的脅君，我們可以看到，僭禮的事實象
徵著禮制的崩解。而這種禮制的毀壞是同時存在於各階層的。或許，更可以
說，這崩解是由上而下的。因為一旦在上者對禮制不再心存尊重，在下者也
才敢起而效尤。否則，以古代國君所擁有的生殺大權來看，在下者那裡敢輕
啟僭越之心呢？

（二）大夫具官，祭器不假，聲樂皆具

〈禮運篇〉說：

> 大夫具官，祭器不假，聲樂皆具，非禮也。是謂亂國。〔註37〕

孔穎達對這幾件事的解釋是：

> 「大夫具官」者，天子六卿，諸侯三卿。卿大夫若有地者，則置官
> 一人，用兼攝群職，不得官官各須具足如君也。故孔子譏管仲云：
> 「官事不攝，焉得儉」是也。「祭器不假」者，凡大夫無地，則不
> 得造祭器。有地雖造而不得具足，並須假借。若不假者，唯公孤以
> 上得備造，故《周禮》：「四命受器。」鄭云：「此公之孤，始得有
> 祭器者也。」又云：「王之下大夫亦四命。」「聲樂皆具」者，大夫
> 自有判縣之樂，而不得如三桓舞八佾。一曰大夫祭，不得用樂者，
> 故〈少牢饋食〉無秦樂之文，唯君賜乃有之。〔註38〕

大夫依禮是不可以像國君一樣，每樣事都有一位專門的官員來負責；而是必
須一官兼攝數職。至於祭祀的器具，也是不可以全部具備，必須在需要使用
時才去借用。而使用的聲樂也同樣不得全備。如果身為一個大夫卻違背了以
上的規定，這就是身為大夫的人，紊亂了一國的法紀。

〔註36〕同註31，孫希旦：《禮記集解‧禮運》，卷二十一，頁600。

〔註37〕同註4，《禮記‧禮運》，卷二十一，頁421。

〔註38〕同註4，《禮記‧禮運》，卷二十一，頁421。

（三）以衰裳入朝，與家僕雜居齊齒

〈禮運篇〉說：

> 故仕於公曰臣，仕於家曰僕。三年之喪，與新有昏者，期不使。以
> 衰裳入朝，與家僕雜居齊齒，非禮也。是謂君與臣同國。〔註39〕

鄭玄注說：

> 臣有喪昏之事而不歸，反服其衰裳以入朝，或與僕相等輩而處，是
> 謂君臣共國，無尊卑也。有喪昏不歸唯君耳。臣有喪昏，當致事而
> 歸。僕又不可與士齒。〔註40〕

　　鄭玄在這裡指明的是，為人臣下的在遇到喪事時，應該辭官退居；而不
應該在守喪期間，還穿著喪服入朝治事，或與那些僕相等輩雜處在一起。這
裡說明的是昏喪之事是私事，而朝廷之事是公事，臣下在遇有昏喪之事的時
候，朝廷不可以因公害私；所以，為人臣下的在這段期間應該退居在家，而
不應該入朝辦事。不過，這樣的解釋只提到了顧全人情的一面；至於它產生
弊病的一面則未提及。孫希旦說：

> 期不使，謂期年之內，不使之以事也，蓋喪不貳事者，禮也。期年
> 得出使者，權也；期年之內，無出使之禮也。以衰裳入朝者，大夫
> 擅國政，居喪不復致事，故以喪服入於朝而治事，不待期年也。大
> 夫強則陪臣尊，故朝廷之臣與之相雜而處，而齊同齒列也。君與臣
> 同國者，言其上替下陵，而政柄不出於一也。蓋君被劫脅，國法紊
> 亂，則其勢之所極，必至於上失操柄，而下移於臣，故發端言「故」
> 者，承上文而言也。〔註41〕

這裡指出，大夫為了專擅國政，即使是在居喪期間，也還是照常入朝辦事，
這是為了成全自己的私心。既然身為臣下的，可以為了私心而不顧禮制；那
麼，他效命於國君又何嘗會顧全國政，而不輕啟僭越之心呢？至於孫希旦對
「家僕雜居齊齒」的解釋，他是以為一旦大夫勢力強大了之後，那些跟在他
身邊的家臣自然也隨之妄自尊大起來了。所以，他們也就和朝中的大臣們相
雜而處。〈禮運篇〉說得很清楚：「仕於公曰臣，仕於家曰僕」，大夫是國君的
臣子，而仕於大夫的只是家臣的身分。一為臣，一為僕，將兩者的貴賤分得

〔註39〕同註4，《禮記‧禮運》，卷二十一，頁421。
〔註40〕同註4，《禮記‧禮運》，卷二十一，頁421。
〔註41〕同註31，孫希旦：《禮記集解‧禮運》，卷二十一，頁601。

很清楚。一個家臣竟然到朝廷中與大臣們雜處，這顯然是紊亂了彼此的身分。因此，這裡要說，這是「君與臣同國」，也就是國君和臣子不分，政柄不出於一，最終則不免要爲臣下所專。

三、天子、諸侯對禮制的持守

我們在前面所討論的，都是在下位者對禮制的僭越；但是對禮制的破壞，並非只是爲人臣下的。如果身爲一個天子，或者是國君，要是不遵守一定的禮制，那麼又要在下位者如何去依循呢？所以，底下針對這個問題來加以討論。

〈禮運篇〉說：

> 故天子有田以處其子孫，諸侯有國以處其子孫，大夫有采以處其子孫，是謂制度。故天子適諸侯，必舍其祖廟，而不以禮籍入，是謂天子壞法亂紀。諸侯非問疾弔喪，而入諸臣之家，是謂君臣爲謔。〔註42〕

孔穎達說：

> 「天子有田以處其子孫」者，案〈王制〉云：「天子之田，方千田」是也。「以處其子孫」者，謂子孫若有功德者，封爲諸侯，無功德者，直食邑於畿內也。「諸侯有國以處其子孫」者，謂諸侯子孫，封爲卿大夫。若其有〔註43〕大功德，其子孫亦有采地，故《左傳》云：「官有世功，則有官族，邑亦如之。」是處其子孫。「大夫有采地以處其子孫」者，大夫位卑，不合割其采地以處子孫。但大夫以采地之祿，養其子孫，故云「以處其子孫」。〔註44〕

也就是說，天子、諸侯、大夫對他們的子孫都有一定的安置方式，這個就叫做「制度」。這種制度是不管天子、諸侯以及大夫都要遵守的。因此，這裡所要表明的意思是：在上位者也應該謹守禮制。所以，孫希旦說：

> 欲在下者之遵制度，尤在乎在上者謹守制度而不失。〔註45〕

王夫之也說：

〔註42〕同註4，《禮記‧禮運》，卷二十一，頁421～422。

〔註43〕「其有」本作「有其」，今據改。參見李學勤主編：《禮記正義‧禮運》，卷二十一（標點本），（北京：北京大學出版社，1999年12月第一版第一次印刷），頁682，註1。

〔註44〕同註4，《禮記‧禮運》，卷二十一，頁422。

〔註45〕同註31，孫希旦：《禮記集解‧禮運》，卷二十一，頁601。

謹制度，修禮法，當自天子始。天子正而後諸侯正；諸侯正而後大

夫莫敢不正。反是則亂之始也。〔註46〕

因此，我們看待禮制的崩解，不能完全從在卜者的僭禮來看；也應當較全面
地來看待問題。所以，〈禮運篇〉在說明天子應該謹守制度之後，接著即指明
天子破壞法紀的行為。〈禮運篇〉說：

故天子適諸侯，必舍其祖廟，而不以禮籍入，是謂天子壞法亂紀。

〔註47〕

所謂的「禮籍」，就是記載各種不同名位尊卑的人，所應該施行的儀節的書籍。
《周禮·秋官·小行人》說：

掌邦國賓客之禮籍，以待四方之使者。〔註48〕

鄭玄注解說：

禮籍，名位尊卑之書。〔註49〕

天子雖然地位尊貴，但是到諸侯的國內，止舍於宗廟的時候，也一定要依照
禮籍的規定進入；如果不是這樣的話，這就是天子破壞法紀。〈禮運篇〉又說：

諸侯非問疾弔喪，而入諸臣之家，是謂君臣為謔。〔註50〕

這裡的意思是：諸侯不可以無故隨便進入諸臣的家裡。問疾、弔喪都是大事，
國君依禮可以前往慰問或弔唁；但是除此之外，國君與臣子即無所謂的私事。
既然不是私事，就是公事；而公事應該行之於朝廷之上。一旦國君無故進入
諸臣家中，即是對臣子存有私心，那就不是一個國君所應當做的了。

因此，孫希旦說：

天子不謹於禮，而壞法亂紀，則無以責諸侯；諸侯不謹於禮，而君

臣為謔，則無以治大夫。……天子諸侯不能謹守制度，而禮之壞失

所由來也。〔註51〕

這就進一步說明天子、諸侯若不能謹守禮制，那麼就無法要求臣下守禮，而
這也正是禮制壞失的原因了。

〔註46〕〔清〕王夫之：《禮記章句·禮運》，卷九，（臺北：廣文書局，民國56年7
　　　　月初版），頁9。
〔註47〕同註4，《禮記·禮運》，卷二十一，頁422。
〔註48〕同註5，《周禮·秋官·小行人》，卷三十七，頁567。
〔註49〕同註5，《周禮·秋官·小行人》，卷三十七，頁567。
〔註50〕同註4，《禮記·禮運》，卷二十一，頁422。
〔註51〕同註31，孫希旦：《禮記集解·禮運》，卷二十一，頁601～602。

　　經由以上的討論我們可以知道,「禮」對天子、國君的重要。對禮制的持守可以說是天子、國君的本分。天子、國君有義務維持禮制的正常運作,以糾舉那些「違禮」以及「非禮」的行為。一旦在上位的天子或者是國君,對那些「違禮」以及「非禮」的行為不能有合理的仲裁,甚至還帶頭做出違背禮制的行為;那麼,影響所及,在卜者也會輕啓僭越之心,結果就是造成整個禮制的崩解。所以,司馬光的《資治通鑑》即是從周威烈王命韓、趙、魏三家為諸侯開始寫起。他對周天子命三家為諸侯就有一番深刻的討論,他說:

> 臣聞天子之職莫大於禮,禮莫大於分,分莫大於名。何謂禮?紀綱是也。何謂分?君、臣是也。何謂名?公、侯、卿、大夫是也。
> ……
> 嗚呼!幽、厲失德,周道日衰,綱紀散壞,下陵上替,諸侯專征,大夫擅政,禮之大體什喪七八矣,然文、武之祀猶綿綿相屬者,蓋以周之子孫尚能守其名分故也。何以言之?昔晉文公有大功於王室,請隧於襄王,襄王不許,曰:「王章也。未有代德而有二王,亦叔父之所惡也。不然叔父有地而隧,又何請焉!」文公於是懼而不敢違。是故以周之地則不大於曹、滕,以周之民則不眾於邾、莒,然歷數百年,宗主天下,雖以晉、楚、齊、秦之強不敢加者,何哉?徒以名分尚存故也。至於季氏之於魯,田常之於齊,白公之於楚,智伯之於晉,其勢皆足以逐君而自為,然而卒不敢者,豈其力不足而心不忍哉?乃畏奸名犯分而天下共誅之也。今晉大夫暴蔑其君,剖分晉國,天子既不能討,又寵秩之,使列於諸侯,是區區之名分復不能守而并棄之也。先王之禮於斯盡矣!
> 或者以為當是之時,周室微弱,三晉強盛,雖欲勿許,其可得乎!是大不然。夫三晉雖強,苟不顧天下之誅而犯義侵禮,則不請於天子而自立矣。不請於天子而自立,則為悖逆之臣,天下苟有桓、文之君,必奉禮義而征之。今請於天子而天子許之,是受天子之命而為諸侯也,誰得而討之!故三晉之列於諸侯,非三晉之壞禮,乃天子自壞之也。〔註52〕

他在這裡主要的論點即是:周天子破壞名分,有虧於對禮的職守——周天子

〔註52〕〔宋〕司馬光:《資治通鑑‧周紀一‧威烈王二十三年》,卷一,(臺北:天工書局,民國 77 年 9 月再版),頁 2～6。

命三家爲諸侯是天子自壞禮制。

　　所以，由這裡我們再回過頭來看看我們在前面所論，周天子賜魯國行郊、禘之禮的問題。既然魯國是一個諸侯國，而郊、禘之禮又是天子才可以舉行的重祭，那麼周天子豈可妄賜；魯國以周公之後，又豈可僭受。

　　也就是因爲「禮」對天子、國君的重要，所以〈禮運篇〉接著即說：

　　　　是故禮者君之大柄也，所以別嫌明微、儐鬼神、考制度、別仁義，
　　　　所以治政安君也。故政不正，則君位危；君位危則大臣倍，小臣竊。
　　　　刑肅而俗敝，則法無常；法無常而禮無列；禮無列則士不事也。刑
　　　　肅而俗敝，則民弗歸也。是謂疵國。〔註53〕

也就是強調「禮」對國家的重要。一旦治國不以禮，則不僅危及上位，而且在下者也將同受其害了。

第二節　禮的制作

　　「禮」是一國的國君用來治理國家的工具。以「禮」來治理國家，可以使國家的政事安定、國君的地位穩固。如果不以「禮」來治理國家；那麼，國家就不能免於危亡，而國君自然也就不能存在。所以說，政治的本身，也正是國君的託身之處；國君如果要在國家中存在，就必須在政事上下工夫。所以〈禮運篇〉說：

　　　　故政者，君之所以藏身也。是故夫政必本於天，殽以降命。命降于
　　　　社之謂殽地，降于祖廟之謂仁義，降於山川之謂興作，降於五祀之
　　　　謂制度。此聖人所以藏身之固也。〔註54〕

這就是說，國君應當仿效聖人承受天道來治理政事，也就是以禮來治理國家。但是就國君本身來說，國君施政是要透過什麼樣的方式來達成呢？以下就國君在政治行爲中所處的角色來加以探討。

一、國君的角色

　　〈禮運篇〉在說明國君的角色時，是明顯地將國君與聖人兩者的角色區分開來。就如我們在前面所引的文字中所指出的，它說「故政者，君之所以

〔註53〕同註4，《禮記‧禮運》，卷二十一，頁422。
〔註54〕同註4，《禮記‧禮運》，卷二十一，頁422。

藏身也。是故夫政必本於天」，底下即說明聖人承受天道之意。它的意思，無
非是要國君能夠仿效聖人之所爲。所以，在接下來〈禮運篇〉說明聖人如何
治理政事時，也同時舉出了作爲國君的，應該如何立於無過之地。〈禮運篇〉
說：

> 故聖人參於天地，並於鬼神，以治政也。處其所存，禮之序也；玩
> 其所樂，民之治也。故天生時而地生財，人其父生而師教之，四者
> 君以正用之，故君者立於無過之地也。〔註55〕

這裡所說的「君者立於無過之地也」，孫希旦的解釋說：

> 故君必正身立於無過之地，而與天地合其德，與鬼神合其吉凶，然
> 後禮序而民治也。〔註56〕

所以這裡，也是要國君仿效於聖人之所爲的意思。但是，在這裡不但是要國
君能夠仿效聖人，更重要的是它說明了國君在政治行爲中的角色。這裡說國
君的責任，是要能夠合天、地、父、師四者，使它們各得其正，而國君本身
則是正身立於無過之地。也因此，它突出的是國君的重要。但是，它的重要
性是就哪一方面來說的呢？關於這一點，我們似乎可以參考一下荀子在〈禮
論〉中所說的話，他說：

> 禮有三本：天地者，生之本也；先祖者，類之本也；君師者，治之
> 本也。無天地，惡生？無先祖，惡出？無君師，惡治？三者偏亡，
> 焉無安人。故禮，上事天，下事地，尊先祖而隆君師，是禮之三本
> 也。〔註57〕

因此，國君的重要性是與「師」並列，是治理國家的根本。這裡是強調治理
國家是要透過「君」與「師」才能達成的。在這裡我們可以思考一下，「君」
和「師」有什麼關聯呢？而這種關聯是不是和我們所要討論的「君者立於無
過之地」有關呢？

　　首先，我們從國君的行爲對百姓的影響，來說明國君的角色。

　　古人以爲在上位者的行爲，會對在下位者形成影響；所以，藉由在上位
者對某些事物的提倡，可以興起在下位者的仿效。《大學》說：

〔註55〕同註4，《禮記‧禮運》，卷二十二，頁430。
〔註56〕同註31，《禮記集解‧禮運》，卷二十二，頁605。
〔註57〕王先謙：《荀子集解‧禮論》，卷十三，（臺北：華正書局，民國82年9月初
　　　　版），頁233。

> 所謂平天下在治其國者：上老老而民興孝，上長長而民興弟，上恤
>
> 孤而民不倍，是以君子有絜矩之道也。〔註58〕

也就是說，在上位者能夠敬老、尊長、恤孤，則在下位者自然會起而效法，而收上行下效之功。《禮記‧緇衣篇》也說：

> 下之事上也，不從其所令，從其所行。上好是物，下必有甚者矣。
>
> 故上之所好惡，不可不慎也，是民表也。〔註59〕

這裡是說，在上位者本身的好惡，往往會引起在下位者的效法；因此，在上位者對於自己的好惡，要秉持著審慎的態度；因爲他們的一舉一動，都是人民的模範。

另外，《禮記‧哀公問》也說：

> 政者，正也。君爲正，則百姓從政矣。君之所爲，百姓之所從也；
>
> 君所不爲，百姓何從？〔註60〕

同樣也是在說明，人君的所作所爲，都會引起百姓的效法。因此，這裡所反映的一件事實是：在上位者的一切作爲，都是人民的表帥；國君如果想要推行政令時，必須以身作則，爲人民樹立楷模，這樣才能達到上行下效之功的政治理想。〔註61〕

所以我們可以知道，在理想的政治行爲中，國君本身的行爲就是人民仿效的對象。因此，我們說「君」與「師」同樣都是我們學習，或者說是我們受教的對象。所以我們也可以理解，爲什麼「君必正身立於無過之地」。既然國君是我們仿效的對象，那麼，當然他的一切所作所爲都必須合於「正」，這才足以爲百姓所取法。這也就是〈禮運篇〉在下面即接著說：

> 故君者所明〔註62〕也，非明人者也；君者所養也，非養人者也；君
>
> 者所事也，非事人者也。故君明人則有過，養人則不足，事人則失

〔註58〕同註1，《四書章句集注‧大學章句》，頁10。

〔註59〕同註4，《禮記‧緇衣》，卷五十五，頁928。

〔註60〕同註4，《禮記‧哀公問》，卷二十七，頁849。

〔註61〕有關這些樹立行爲楷模以收上行下效之功的討論，可以參閱林文琪：《禮記中的人觀》，（臺北：中國文化大學哲學研究所博士論文，民國87年12月），頁131～140。

〔註62〕以下三「明」字，依陳澔所說，當讀爲「則」。陳氏云：「舊說『明』，猶尊也。故讀『則君』爲『明君』。今定此章三『明』字皆讀爲『則』字，則上下文義坦然相應矣，不必迂說也。」見《禮記集說‧禮運》，卷四，（上海：上海古籍出版社，1996年3月第一版第十次印刷），頁125。

位。故百姓則君以自治也，養君以自安也，事君以自顯也。故禮達
而分定，故人皆愛其死而患其生。〔註63〕

這就是在說明，在下位者是仿效在上位者的行為，來作為自身行事的典範的。
所以國君的角色，也就是要作為在下位者的楷模，讓在下位者可以有取法的
對象，並以此來推行政令。

二、聖人的制禮

（一）天地的構造與制度的制作

我們從《禮記》一書的記載來看，可以發現許多的禮制是仿效著天地間
的構造來制作的。〔註64〕例如在〈郊特牲〉中記載著在舉行郊祭祭天的儀式
時，到了祭祀的當天，天子穿戴冠冕衣裳，乘著車蒞臨。〈郊特牲〉說：

祭之日，王被袞以象天，戴冕，璪十有二旒，則天數也。乘素車，
貴其質也。旒十有二旒，龍章而設日月，以象天也。天垂象，聖人
則之。郊所以明天道也。〔註65〕

因為郊祭是要明天道的，所以郊祭時的衣服、旒章都取象於天。璪是垂在冕
之前的旒，總共有十二旒。龍旂也有十二旒，這是仿效著十二月的數目。而
上面繪有日、月，這也是仿效著天象而作的。

另外，〈三年問〉也說：

「然則何以至期也？」曰：「至親以期斷。」「是何也？」曰：「天地
則已易矣，四時則已變矣，其在天地之中者，莫不更始焉，以是象
之也。」「然則何以三年也？」曰：「加隆焉爾也，焉使倍之，故再
期也。」「由九月以下何也？」曰：「焉使弗及也。故三年以為隆，
緦小功以為殺，期九月以為間。上取象於天，下取法於地，中取則
於人，人之所以群居和壹之理盡矣。」〔註66〕

這裡說明為什麼服至親的喪期，要以週年為限。這是因為經過一年，天地間
的運行也已經經過春、夏、秋、冬四季的一個循環，其間的萬物也又重新開

〔註63〕同註4，《禮記‧禮運》，卷二十二，頁430。
〔註64〕關於禮制結構與天地結構的相似性的說明，可以參閱林文琪：《禮記中的人
　　　　觀》。同註61，頁43〜48。
〔註65〕同註4，《禮記‧郊特牲》，卷二十六，頁499。
〔註66〕同註4，《禮記‧三年問》，卷五十八，頁962。

始了；所以人也要取象於這種自然的變化來制定喪期。而有關於喪期的種種，也都是取法於天地，並且依據人情的不同來制作的。

所以，從以上也就說明了，禮制的制作是仿效著天地之間的構造，而依據人情的不同來制作的。至於這種情形在〈禮運篇〉是不是也可以見到呢？的確，在〈禮運篇〉中，也說明了天地構造和人事制度的相關性。〈禮運篇〉說：

> 故天秉陽，垂日星。地秉陰，竅於山川。播五行於四時，和而后月生也。是以三五而盈，三五而闕。五行之動，迭相竭也。五行、四時、十二月，還相爲本也。五聲、六律、十二管，還相爲宮也。五味、六和、十二食，還相爲質也。五色、六章、十二衣，還相爲質也。〔註67〕

這裡以陰陽五行說明天地的構造。天地之間五行的運轉更相爲始，是以有四時、十二月、月盈、月缺的變化。而這自然界的變化，運用到人事上也是如此的。所以五聲、六律、十二管，五味、六和、十二食，五色、六章、十二衣也是更相變化，不斷運轉。這也就是順應自然界的法則，來制作人事制度。

（二）人的構造與禮的制作

如前面所論，人會仿效著天地的構造來制作禮制；但是，我們要如何確定這種依照天地的構造所制作的禮制，施加在人的身上，會恰如其分呢？因此，我們在這裡就有必要說明一下人與天地的關係。

1. 人的構造

在〈禮運篇〉中，對人的構造的描述是：

> 人者，其天地之德，陰陽之交，鬼神之會，五行之秀氣也。〔註68〕

孔穎達疏說：

> 天以覆爲德，地以載爲德，人感覆載而生，是天地之德也。……據其氣謂之陰陽，據其形謂之天地。獨陽不生，獨陰不成，二氣相交乃生，故云：「陰陽之交」也。……鬼謂形體，神謂精靈。《祭義》云：「氣也者，神之盛也。魄也者，鬼之盛也。」必形體精靈相會，然後物生，故云「鬼神之會」也。……人感五行秀異之氣，故有仁義禮知信，是五行之秀氣也。故人者天地之德，陰陽之交，是其氣

〔註67〕同註4，《禮記·禮運》，卷二十二，頁432。
〔註68〕同註4，《禮記·禮運》，卷二十二，頁432。

也；鬼神之會，五行之秀，是其性也……。〔註69〕

這就是說，人的形體是稟於天地而來，而且又是其中的秀異者。

〈禮運篇〉接著又說：

> 人者，天地之心也，五行之端也，食味、別聲、被色而生者也。〔註70〕

孔穎達則說：

> 天地高遠在上，臨下四方，人居其中央，動靜應天地，天地有人，如人腹內有心，動靜應人也，故云「天地之心」也。王肅云：「人於天地之間，如五藏之有心矣。」人乃生之最靈，其心五藏之最聖也。……萬物悉由五行而生，而人最得其妙氣，明仁義禮智信爲五行之首也。……五行有此三種（味、聲、色），最爲彰著，而人皆稟之以生，故爲五行之端者也。〔註71〕

因此，這就進一步地指出人在天地之間的重要性。

所以，我們從〈禮運篇〉中，有關人的構造的描述來看，一方面人是稟受天地之間陰陽五行的作用而生的，這是說人的構造是來自於自然；另一方面，人在天地之間也不只是單純的應天地而動靜，更進一步地，人的動靜作爲，也同時將影響著天地自然。因此，基於人與天地之間構造的相似性，仿效天地構造而制作的禮制，對人來說，是有它的適用性。不過，必須指出的是，如我們前面所說，依據天地構造所制作的禮制，也必定要本著人情的不同來施作。這也就是在〈禮運篇〉中所說的：

> 故聖人耐以天下爲一家，以中國爲一人者，非意之也，必知其情，辟於其義，明於其利，達於其患，然後能爲之。〔註72〕

所謂「其情」、「其義」、「其利」、「其患」，就是指「人情」、「人義」、「人利」、「人患」。有關它的內容，〈禮運篇〉有更詳細的描述：

> 何謂人情？喜、怒、哀、懼、愛、惡、欲，七者弗學而能。何謂人義？父慈、子孝、兄良、弟弟、夫義、婦聽、長惠、幼順、君仁、臣忠，十者謂之人義。講信脩睦，謂之人利；爭奪相殺，謂之人患。故聖人之所以治人七情，脩十義，講信脩睦，尚辭讓，去爭奪，舍

〔註69〕 同註4，《禮記‧禮運》，卷二十二，頁432。
〔註70〕 同註4，《禮記‧禮運》，卷二十二，頁434。
〔註71〕 同註4，《禮記‧禮運》，卷二十二，頁435。
〔註72〕 同註4，《禮記‧禮運》，卷二十二，頁431。

> 禮何以治之？飲食男女，人之大欲存焉。死亡貧苦，人之大惡存焉。
> 故欲惡者，心之大端也。人藏其心，不可測度也。美惡皆在其心，
> 不見其色也。欲一以窮之，舍禮何以哉！〔註73〕

「人情」是人的心裡面對外界的事物時，所產生的喜、怒、哀、懼、愛、惡、欲七種不同的心理變化，這是人與生俱來的，不必透過後天的學習就自然會有的。「人義」指的是十種人倫的對待方式。其實這十種關係還可以再簡化為五組不同的人際關係：「父慈 —— 子孝」、「兄良 —— 弟弟」、「夫義 —— 婦聽」、「長惠 —— 幼順」、「君仁 —— 臣忠」。如果我們以前者的態度來看它的話，那麼它就應該是比較偏向絕對的意義；如果我們是以後者的關係來看它的話，自然它就比較偏向相對的意義。就絕對的意義而言，它要求的是單方面的絕對遵守；也就是說，不管你面對的對象是如何，你一定要做到這種要求。就相對的意義來說，如果你面對的對象，並不能有合乎他的地位所應該有的行為，那麼你也就沒有義務要遵守該組人際關係所要求的行為。也就是說，該組人際關係的成立，依賴的是彼此都能有合乎本身所處地位的行為。至於所謂的「人利」、「人患」無不就是指的人倫關係脩治與否。如果人倫關係能夠和治，那麼人與人之間自然就會講信脩睦。如果人倫關係不能和治，那麼爭奪相殺之類的事情也就會層出不窮了。因此，要避免這種爭奪相殺的情形發生，最根本的還是在於掌握讓人與人之間相處的關係得以存在的那一分「人情」。而要治理人情，就要靠「禮」。所以孫希旦說：

> 蓋見其所為之合禮，則知其情之美矣；見其所為之悖禮，則知其情
> 之惡矣。窮之而後能治之，情治則人義無不脩，信睦之風敦，而爭
> 奪之患息矣。〔註74〕

所以禮的制作，最終還是要講究人情。

2. 禮的制作

禮的制作的對象是人，而人的構造又是來自於自然，因此禮的制作會依據自然的構造來施作。但人情各有不同，也因此禮的制作必須依據人情的不同而有所改變。所以〈禮運篇〉討論禮的制作說：

> 故聖人作則，必以天地為本，以陰陽為端，以四時為柄，以日星為
> 紀，月以為量，鬼神以為徒，五行以為質，禮義以為器，人情以為

〔註73〕同註4，《禮記‧禮運》，卷二十二，頁431。
〔註74〕同註31，孫希旦：《禮記集解‧禮運》，卷二十二，頁608。

> 田，四靈以爲畜。以天地爲本，故物可舉也。以陰陽爲端，故情可
> 睹也。以四時爲柄，故事可勸也。以日星爲紀，故事可列也。月以
> 爲量，故功有藝也。鬼神以爲徒，故事有守也。五行以爲質，故事
> 可復也。禮義以爲器，故事行有考也。人情以爲田，故人以爲奧也。
> 四靈以爲畜，故飲食有由也。……故先王秉蓍龜，列祭祀，瘞繒，
> 宣祝嘏辭說，設制度。故國有禮，官有御，事有職，禮有序。〔註75〕

所以，從這裡就可以很明顯的看到，我們在上一節所討論的是有關於人的構
造，人是本於天地、陰陽、五行而生的；在這裡所要表明的意思則是：聖人
要以禮來治人，也是要取法於天地、陰陽、五行。而人情正是聖人施作的一
個重點。

　　因此，我們從禮的制作這個問題可以知道，身爲一國的國君如果想在政
治上能夠平治，那麼，他就必須仿效聖人制作禮制。而聖人對禮制的制作，
所考慮的問題是擴及整個天地之間，包括人在天地之間所處的地位。因爲禮
制的制作，是仿效於天地，而人又是生於天地之間；因此，也就對仿效於天
地而制作的禮制找到一個合理性。另一方面，人本身是稟受天地而生的，是
天地之間的秀異者，對於人能夠制作禮制，這也是肯定人的特出。而又因爲
人情的不同，在制作禮制時，也要考慮到人的差異性來制作。所以，聖人對
禮制的制作，實在是配合各種條件加以調和，而能夠達到敦厚人倫，一切各
得其當的目的。

〔註75〕同註4，《禮記‧禮運》，卷二十二，頁435～437。

第六章　禮的普及與和諧關係的建構

第一節　禮的普及

　　在前面兩節中，我們經由僭禮的行為說明了「禮」對國家的重要性，以及國家的主政者如何制作禮制來治理政事。但是「禮」終究是要施行於天下的，如何推行與普及「禮」，是接下來要面對的問題。〈禮運篇〉說：

　　　　故先王秉著龜，列祭祀，瘞繒，宣祝嘏辭說，設制度。故國有禮，
　　　　官有御，事有職，禮有序。〔註1〕

孫希旦說：

　　　　秉著龜以決其嫌疑，列祭祀以盡其昭假，而禮達於上矣；設立制度
　　　　以治民，而禮達於下矣。〔註2〕

所以「禮」的普及，第一步還是要由在上者的行禮開始，而祭祀無疑是其中重要的一環。底下，就先由祭祀來討論如何普及「禮」的問題。

一、設祭祀

　　〈禮運篇〉說先王憂慮「禮」不能普及到在下位者，所以要致謹於郊、社、祖廟、山川、五祀等等祭祀，來達成普及「禮」的目的。〈禮運篇〉說：

〔註1〕〔漢〕鄭玄注、〔唐〕孔穎達等疏：《禮記・禮運》（十三經注疏本），卷二十二，（臺北：藝文印書館，民國86年8月初版十三刷），頁437。

〔註2〕〔清〕孫希旦：《禮記集解・禮運》，卷二十二，（臺北：文史哲出版社，民國79年8月文一版），頁614。

> 故先王患禮之不達於下也,故祭帝於郊,所以定天位也;祀社於國,
> 所以列地利也;祖廟,所以本仁也;山川,所以儐鬼神也;五祀,
> 所以本事也。〔註3〕

這是說,王者要讓「禮」達於在下位者,就要致謹於祭祀。但是,為什麼只
要實行祭祀就能讓「禮」普及於下呢?孔穎達說:

> 「故祭帝於郊,所以定天位也」者,天子至尊,而猶祭於郊,以行
> 臣禮而事天也,是欲使嚴上之禮達於下。天高在上,故云「定天位
> 也」,亦即是必本於天也。「祀社於國,所以列地利也」者,天子至
> 尊,而猶自祭社,欲使報恩之禮達於下也。地出財,故云「列地利
> 也」,亦即是命降於社之謂殽地也。「祖廟,所以本仁也」者,王在
> 宗廟,以子禮事尸,是欲使仁義之教達於下也,亦即降於祖廟之謂
> 仁義。「山川,所以儐鬼神也」者,王自祭山川,是欲使儐敬鬼神之
> 教達於下也。儐,敬也,亦即是降於山川之謂興作也。「五祀,所以
> 本事也」者,王自祭五祀,是欲使本事之教達於下也。五祀是制度,
> 故云「本事也」,亦即是降於五祀之謂制度也。〔註4〕

郊祭是古代天子在國都郊外祭天的儀式,是整個王朝最重大的祭祀活
動;其意義主要是在「明天道」、表達「報本反始」的意思。秦蕙田說:

> 禮莫重於祭,祭莫大於天。天為百神之君,天子為百姓之主,故惟
> 天子歲一祭天。《周禮》冬日至,祀昊天上帝於圜丘。冬至取陽生,
> 南郊取陽位,圜丘取象天,燔柴取達氣,其玉幣、牲牢、尊俎、樂
> 舞、車旗之屬,各以象類。雖一名一物之微,莫不有精意存於其間,
> 故曰「郊所以明天道」。〔註5〕

因此,天子親自行郊天之禮,也就是使在下位者能夠知道尊君之禮。〔註6〕

至於天子親自祭社,主要是為了報恩於地。陳澔說:

> 食貨所資,皆出於地。天子親祀后土,正為表列地利,使天下知報
> 本之禮也。〔註7〕

〔註3〕 同註1,《禮記‧禮運》,卷二十二,頁437～438。
〔註4〕 同註1,《禮記‧禮運》,卷二十二,頁438。
〔註5〕 〔清〕秦蕙田:《五禮通考‧吉禮‧圜丘祀天》(味經窩初刻試印本),卷一,
　　　　(中壢市:聖環圖書有限公司,民國83年5月一版一刷),頁1。
〔註6〕 其他有關郊祭的意義,我們在第五章第一節中已經作過說明,這裡就不再贅述。
〔註7〕 〔宋〕陳澔:《禮記集說‧禮運》,卷四,(上海:上海古籍出版社,1996年3

而祭祀祖廟的意義，陳澔則說：

> 仁之實，事親是也。人君以子禮事尸，所以達仁義之教於下也。〔註8〕

事親是仁的實際表現，天子親自以子禮事尸，可以使仁義之教達於在下位者。
〔註9〕

　　而天子祭山川，是要使儐敬鬼神之教達於下。至於所謂對山川的祭祀又是如何呢？古代對山川的祭祀，分爲「望」與「山川」之祭。秦蕙田以爲《周禮》中「四望」之祭與「山川」不同。因爲在《周禮》中，「四望」多與「山川」之祭對舉，而且所用的樂、舞等等又不同，因此，「四望」與「山川」之祭是不同的。他說：

> 蓋同一山川，遠而望祭之，則名曰望；祭於其地，則直曰祭山川也。
> 而郊後之望不能遍及，故獨祭其宗，鄭氏所謂岳、瀆是也。……若
> 夫山川之祭，則凡能興雲雨者，皆足以濟民澤物而祈報。〔註10〕

是「望」是遙祭，「山川」之祭是祭於其地，這是兩者的不同。而天子爲什麼要祭山川呢？《禮記・祭法》說：

> 四坎壇，祭四方也。山林、川谷、丘陵，能出雲爲風雨，見怪物，
> 皆曰神。……山林、川谷、丘陵，民所取材用也。非此族也，不在
> 祀典。〔註11〕

馬晞孟則說：

> 山林、川谷、邱陵，民之所取財用也。而又能出雲爲風雨，而有澤
> 以利于人，見怪物而有威以敬于人，皆有不可測之神，故皆曰神。
> 〔註12〕

所以天子行山川之祭，即是要將這種對不可測的事物的敬意，普及於在下位者；所以孔穎達才說「王自祭山川，是欲使儐敬鬼神之教達於下也」。

　　至於天子行「五祀」，孔穎達說「是欲使本事之教達於下也」。有關「五祀」的內容，《禮記・月令篇》以五祀爲門、行、戶、竈、中霤；〔註13〕《白

　　　　月第一版第十次印刷），頁128。
〔註8〕同註7，《禮記集說・禮運》，卷四，頁128。
〔註9〕有關宗廟祭祀的詳細說明，可以參閱第四章第二節的部分。
〔註10〕同註5，秦蕙田：《五禮通考・吉禮・四望山川》，卷四十六，頁1。
〔註11〕同註1，《禮記・祭法》，卷四十六，頁797～803。
〔註12〕轉引自《五禮通考》。同註5，秦蕙田：《五禮通考・吉禮・四望山川》，卷四
　　　　十六，頁12。
〔註13〕詳見《禮記・月令》。同註1，卷十四～卷十七，頁278～357。

虎通》則以五祀爲門、戶、井、竈、中霤。〔註14〕陳祥道說：

> 禮所言五祀，蓋皆門戶之類而已。門戶，人所資以出入者也；中霤，
> 人所資以居者也；竈井，人所資以養者也。先王之於五者，不特所
> 資如此，而又事有所本，制度有所興，此所以祀而報之也。中霤，
> 土之所用事，故祀於中央；竈，火之所用事，故祀於夏；井，水之
> 所用事，故祀於冬；戶在內而奇，陽也，故祀於春；門在外而耦，
> 陰也，故祀於秋。〔註15〕

秦蕙田說：

> 聖人之制祀典也，報功爲重。五祀者，上棟下宇，修水火之利而奠
> 民居、厚民生者也。門與戶，人所由以出入；井竈，人所由以飲食；
> 中霤，人所資以覆庇。是故戶奇而陽，陽出祀之；門耦而陰，陰長
> 祀之。順時令也。夏屬火而祀竈，冬屬水而祀井，從其類也。中霤
> 爲土，於季夏祀之，時之中也，所謂義之修而禮之藏也。若夫祭之
> 神，則五者之靈爲主，而以有功於五祀者配之。如竈祀火神，而以
> 先炊配類而求之；門戶諸神亦可知矣。〔註16〕

而孔穎達對於「五祀」是「制度」的理解，他以爲初造五祀之神，大小形制
各有法度，可以讓後王取爲制度等級，他說：

> 「之謂制度」者，初造五祀之人，既立中霤、門、戶、竈、行，大
> 小形制各有法度，後王所以取爲制度等級也。〔註17〕

因此，天子行「五祀」之祭，即是要本著「五祀」以行制度、治天下。

所以，我們知道由天子的躬行祭祀，可以將祭祀所蘊含的禮意藉由典禮
的施行，讓在下位者起而仿效，並進一步達成教化的意義，經由這種方式，
將禮普及到在下位者。因此，〈祭統篇〉說：

> 夫祭之爲物大矣，其興物備矣。順以備者也，其教之本與？是故君
> 子之教也，外則教之以尊其君長，內則教之以孝於其親。是故明君
> 在上，則諸臣服從；崇事宗廟社稷，則子孫順孝。盡其道，端其義，

〔註14〕見〔清〕陳立：《白虎通疏證‧五祀》（新編諸子集成本），卷二，（北京：中
　　　　華書局，1994 年 8 月第一版第一次印刷），頁 77。
〔註15〕〔宋〕陳祥道：《禮書‧五祀》（北京圖書館藏古籍珍本叢刊），卷九十四，（北
　　　　京：書目文獻出版社，出版年月不詳），頁 367。
〔註16〕同註 5，秦蕙田：《五禮通考‧吉禮‧五祀》，卷五十三，頁 7。
〔註17〕同註 1，《禮記‧禮運》，卷二十一，頁 423。

　　而教生焉。是故君子之事君也，必身行之，所不安於上，則不以使
　　下；所惡於下，則不以事上；非諸人，行諸己，非教之道也。是故
　　君子之教也，必由其本，順之至也，祭其是與？故曰：祭者，教之
　　本也已。〔註18〕

這裡提到，祭禮是教化的根本；藉由祭禮，可以教人們尊敬君長，孝順父母。
但是為什麼我們不直接教人們孝親敬長，卻要透過祭祀的進行來加以傳達
呢？王夫之說：

　　人神之治，皆先王所以本天治人之事，而精意所存，不能遍喻於愚
　　賤，故躬行於上者，特以祭為禮之尤重，加之意焉。祀典既定，上
　　下咸秩，而當祭之日，任宗祝於廟中與三公之在朝，三老之在學，
　　均其隆重，巫史瞽侑交相，天子肅穆端敬以通神明。所謂廟中者，
　　天下之象也，以此作則於上，庶幾民感於上之所敬修者，潛移默喻
　　以習知制度官禮之各有本原，而非以強天下，則不待告戒而禮自達
　　焉。是人情之所自治，必本於天地陰陽之精理亦愈可見矣。〔註19〕

就因為這些禮意並不是每一個人都能夠了解的，所以，就必須透過在上者的
躬行典禮，以身作則，使在下位者能感受在上者的誠敬，而躬行於下。最終，
則是要躬行禮制，而使禮制所內含的意義能夠普及於天下。所以〈禮運篇〉
說：

　　故禮行於郊而百神受職焉，禮行於社而百貨可極焉，禮行於祖廟而
　　孝慈服焉，禮行於五祀而正法則焉。故自郊社、祖廟、山川、五祀，
　　義之脩而禮之藏也。〔註20〕

所以說，透過祭禮的進行，內藏於禮制中的意義，也就隨之行於天下了。

二、制　禮

　　在前面所論的是如何透過在上位者的躬行祭禮，而能使在下位者躬行仿
效，進而透過祭禮的施行，使附麗於禮儀之中的禮意，得以施行於天下，達
成教化的目的。這是從上行下效來達成普及禮的目的。但是禮的施行，單靠

〔註18〕同註1，《禮記・祭統》，卷四十九，頁834。
〔註19〕〔清〕王夫之：《禮記章句・禮運》，卷九，（臺北：廣文書局，民國56年7
　　　　月初版），頁17。
〔註20〕同註1，《禮記・禮運》，卷二十二，頁438。

在下位者仿效在上位者躬行祭禮還是不夠的；所以，必須讓行禮者本身能夠自我節制、約束，明白禮意之所在，同時還必須透過各種不同的禮制的施行來普及禮。因此，〈禮運篇〉說：

> 夫禮必本於天，動而之地，列而之事，變而從時，協於分藝。其居人也曰養，其行之以貨力、辭讓、飲食、冠、昏、喪、祭、射、御、朝、聘。〔註21〕

這就是說，禮除了是本於天而作之外，另外還考慮種種不同的狀況，而要能各得其宜；最終，還要能藉著各種不同的禮制來施行。所以孫希旦說：

> 人之行禮如此，乃禮達於下之實也。蓋先王之於禮，既已履之於身，以先天下，而其所以教人者，又皆出於天理之本然，而即乎人情之所安，此其所以行之而無弗達也。〔註22〕

不過，只藉著躬行禮制如何能將禮普及於天下呢？有關這一點，還必須作更進一步的說明。

我們在前面說過，透過祭禮的進行，可以將內藏於禮制中的禮意普及到天下，這指的是禮的教化意義。所以《禮記‧經解篇》說：

> 故朝覲之禮，所以明君臣之義也；聘問之禮，所以使諸侯相尊敬也；喪祭之禮，所以明臣子之恩也；鄉飲酒之禮，所以明長幼之序也；昏姻之禮，所以明男女之別也。〔註23〕

要使人明白禮意之所在，是要藉著各種不同儀式的進行，讓人在儀式進行中藉由實際的演練，而明白確實的禮意。林文琪先生說：

> 典禮儀式的設計，將人在各種情境中理想的行爲給模式化，並且將這套理想的行爲模式，安排在各種儀式進行的過程中，讓人在參與整個儀式過程中，透過角色的扮演，演習這套理想的行爲模式。就整個典禮儀式活動本身而言，目的是具現理想的行爲模式。……此套演禮之教，所以能「止邪也於未形，使人日徙善遠罪而不自知」（〈經解〉）就是因爲每個參與典禮的人，在參與儀式的過程中，一再演習了這套理想的行爲模式，理想的行爲模式也在一再演習禮儀的過程中，不知不覺地內化到每個參與禮儀活動者的心中，所以「日

〔註21〕同註1，《禮記‧禮運》，卷二十二，頁439。
〔註22〕同註2，孫希旦：《禮記集解‧禮運》，卷二十二，頁617。
〔註23〕同註1，《禮記‧經解》，卷二十二，頁847。

徙善遠罪而不自知」。〔註24〕

所以，要人能夠確實明白禮意，就必須實際演練禮儀；藉著禮儀的演練，不僅能明白禮意，同時也能將禮意內化到演禮者的心中。這也就是藉著禮的教化意義，經由禮制的施行，讓禮普及到天下。底下，我們就舉一些例子，來說明藉由禮制來普及禮的意義。

（一）冠　禮

《禮記·冠義》說：

> 冠者，禮之始也。是故古者聖王重冠。古者冠禮筮日筮賓，所以敬冠事，敬冠事所以重禮；重禮所以爲國本也。故冠於阼，以著代也；醮於客位，三加彌尊，加有成也；已冠而字之，成人之道也。見於母，母拜之；見於兄弟，兄弟拜之；成人而與爲禮也。玄冠玄端，奠摯於君，遂以摯見於鄉大夫、鄉先生；以成人見也。成人之者，將責成人禮焉也。責成人禮焉者，將責爲人子、爲人弟、爲人臣、爲人少者之禮行焉。將責四者之行於人，其禮可不重與？故孝弟忠順之行立，而后可以爲人；可以爲人，而后可以治人也。故聖王重禮。故曰：冠者，禮之始也。〔註25〕

冠禮是成人之禮的開始，由於對冠禮的重視，所以對舉行冠禮的日子以及主持冠禮的人，都要透過占卜的方式來確定。在舉行完冠禮之後，就是一個成人的身分了，因此，別人對待他的方式也是以成人的方式來對待他，也要求他能夠行成人之禮。所以，當他加冠之後去拜見母親，母親也要答拜；去見兄弟，兄弟也要答拜。這是以成人之禮來對待他。而他也要能實行合乎爲人子、爲人弟、爲人臣、爲人少者的行爲，這樣才可以成爲一個人，更進一步也才能夠去治理人。所以，藉由冠禮的施行，一個個體也同時體認到自己必須在人倫關係上有合理的舉措，這是作爲一個成人應有的行爲。

（二）婚　禮

《禮記·昏義》說：

> 昏禮者，將合二姓之好·上以事宗廟，而下以繼後世也，故君子重

〔註24〕林文琪：《禮記中的人觀》，（臺北：中國文化大學哲學研究所博士論文，民國87年12月），頁155～156。

〔註25〕同註1，《禮記·冠義》，卷六十一，頁998。

之。是以昏禮納采、問名、納吉、納徵、請期，皆主人筵几於廟，
而拜迎於門外，入揖讓而升，聽命於廟，所以敬慎重正昏禮也。
父親醮子而命之迎，男先於女也。子承命以迎，主人筵几於廟，而
拜迎于門外。婿執鴈入，揖讓升堂，再拜奠鴈，蓋親受之於父母也。
降出，御婦車，而婿授綏，御輪三周，先俟于門外。婦至，婿揖婦
以入，共牢而食，合卺而酳，所以合體、同尊卑，以親之也。
敬慎重正而后親之，禮之大體，而所以成男女之別，而立夫婦之義
也。男女有別，而后夫婦有義；夫婦有義，而后父子有親；父子有
親，而后君臣有正。故曰：昏禮者禮之本也。
夫禮始於冠，本於昏，重於喪、祭，尊於朝、聘，和於射、鄉。此
禮之大體也。〔註26〕

　　婚禮的意義是要結合兩個姓氏來傳宗接代事奉宗廟，並以此來達成繁衍
子孫、承繼後世的目的。由於對昏禮的重視，所以舉凡納采、問名、納吉、
納徵、請期等等儀式的進行，都表現出敬慎重正的態度。因爲有這些儀式來
加強對婚禮本身的意義；因此，透過對這些儀式的體會，更能夠強固夫婦結
合的意義。夫婦的結合必須分別男女的分限所在，男人和女人之間的行爲不
可男女不分；也就是不可以隨意苟合。要對婚姻有一番敬慎重正的態度，夫
婦之間的親愛才能夠長久穩固；而能夠確立夫婦之間合宜的事務，才能有父
子間的親愛；有了父子間的親愛，君臣之間的適當關係才能確立。所以說，
婚禮是一切禮制的根本。

（三）鄉飲酒禮

　　《禮記‧鄉飲酒禮》說：

鄉飲酒之義：主人拜迎賓于庠門之外，入，三揖而后至階，三讓而
后升，所以致尊讓也。盥洗揚觶，所以致潔也。拜至、拜洗、拜受、
拜送、拜既，所以致敬也。尊讓潔敬也者，君子之所以相接也。君
子尊讓則不爭，潔敬則不慢，不慢不爭，則遠於鬬辨矣。不鬬辨則
無暴亂之禍矣，斯君子所以免於人禍也，故聖人制之以道。
……
鄉飲酒之禮，六十者坐，五十者立侍，以聽政役，所以明尊長也。

〔註26〕同註1，《禮記‧昏義》，卷六十一，頁999～1001。

六十者三豆，七十者四豆，八十者五豆，九十者六豆，所以明養老
也。民知尊長養老，而后乃能入孝弟。民入孝弟，出尊長養老，而
后成教，成教而后國可安也。君子之所謂孝者，非家至而日見之也，
合諸鄉射，教之鄉飲酒之禮，而孝弟之行立矣。〔註27〕

　　鄉飲酒之禮從主人拜迎賓客，以及賓客入門，主人和賓客彼此三揖三讓，
表示尊重與謙讓之後，接著有一系列的儀式用以表達鄉飲酒禮所要顯示的意
義。在儀式中，六十歲以上的人可以坐，五十歲以下的人則站著侍候，這是
用來表明尊敬長輩的意思。而在供養食物方面，六十歲的人三豆，七十歲的
人四豆，八十歲的人五豆，九十歲的人六豆，這是用來表明奉養長者的意思。
一旦人民能夠知道尊長養老，那麼在家裡才能夠孝順父母，敬愛兄長。人民
能夠知道孝弟、尊長養老，然後教化可以成立，如此一來，國家也才能夠安
定。所以說，只要在鄉射的時候把他們集合在一起，教他們鄉飲酒之禮，那
麼孝悌就自然可以施行、成立了。由此可見，藉由禮制的推行，就可以將禮
制所包含的意義普及到天下了。

（四）射　禮

　　《禮記‧射義》說：

古者諸侯之射也，必先行燕禮；卿大夫士之射也，必先行鄉飲酒之
禮。故燕禮者，所以明君臣之義也；鄉飲酒之禮者，所以明長幼之
序也。故射者，進退周還必中禮，內志正，外體直，然後持弓矢審
固；持弓矢審固，然後可以言中，此可以觀德行矣。〔註28〕

　　習射本來是一種對身體的鍛練，但是我們從這裡可以看見射禮的進行，
在進、退、周、還之間一定要合乎禮，而且心志要正，身體要直。我們可以
藉由射禮的進行，從儀式中來觀看一個人的德行。所以，射禮的進行就含有
道德的意義了。

（五）聘　禮

　　《禮記‧聘義》說：

聘禮，上公七介，侯伯五介，子男三介，所以明貴賤也。介紹而傳
命，君子於其所尊弗敢質，敬之至也。

〔註27〕同註1，《禮記‧鄉飲酒義》，卷六十一，頁1004～1006。
〔註28〕同註1，《禮記‧射義》，卷六十二，頁1011。

三讓而后傳命，三讓而后入廟門，三揖而后至階，三讓而后升，所以致尊讓也。君使士迎於竟，大夫郊勞，君親拜迎於大門之內而廟受，北面拜貺，拜君命之辱，所以致敬也。敬讓也者，君子之所以相接也。故諸侯相接以敬讓，則不相侵陵。卿為上擯，大夫為承擯，士為紹擯。若親禮賓，賓私面、私覿、致饔餼、還圭璋、賄贈、饗食燕，所以明賓客君臣之義也。故天子制諸侯，比年小聘，三年大聘，相屬以禮。使者聘而誤，主君弗親饗食也，所以愧厲之也。諸侯相屬以禮，則外不相侵，內不相陵。此天子之所以養諸侯，兵不用而諸侯自為正之具也。以圭璋聘，重禮也；已聘而還圭璋，此輕財而重禮之義也。諸侯相屬以輕財重禮，則民作讓矣。主國待客，出入三積，餼客於舍，五牢之具陳於內，米三十車，禾三十車，芻薪倍禾，皆陳於外，乘禽日五雙，群介皆有餼牢，壹食再饗，燕與時賜無數，所以厚重禮也。古之用財者不能均如此，然而用財如此其厚者，言盡之於禮也。盡之於禮，則內君臣不相陵，而外不相侵。故天子制之，而諸侯務焉爾。〔註29〕

這裡說明了有關聘禮儀節的進行所隱含的意義，不同的對象有不同的儀節，各種不同的儀節也寓有不同的意義。在這裡同時也指明了君子相交接之道是「敬」與「讓」。國與國之間如果能以「敬」和「讓」相交接，也就不致有相侵陵的事情發生。聘禮的制定，也就是希望藉由諸侯之間能以禮相交，來避免侵略的行為。

在這一節的討論中我們可以知道，禮的普及除了藉由在上位者躬行禮之中最重要、又是為教化之本的祭禮，使在下位者能夠起而仿效之外；更重要的還是要在日常生活中藉由各種禮制的施行，讓那些不管是否了解禮的精意所在的百姓，能在親自演習禮儀中明白禮意的所在，而從一再地躬行禮儀中，讓禮意內化到他們的內心中。經由這種禮的教化作用，禮也就隨之普及到天下了。

第二節　和諧關係的建構

禮的制作，本來就是為了建構一套合理、合宜的關係，用來對待人所面對的人倫社會以及天地萬物；讓人能夠在人倫社會的運作，以及天地萬物運

<hr>

〔註29〕同註1，《禮記‧聘義》，卷六十三，頁1027～1029。

行的秩序中，恰如其分地反映人本身的地位，而建構一套合理、合宜的關係。
這種在自然與人倫社會，以及社會的組成分子之間謀求一種理想的秩序，就
是追求建構一套人和對象之間的和諧關係。要如何才能建構這種和諧的關係
呢？首先，就是要根據人和對象之間的關係，制作一套合理、合宜的禮制。
其次，就是要讓這一套禮制的制定，能夠確實地反映人和對象的關係，而在
實際的施行上讓人和對象之間能夠共生、共榮，彼此不致產生傷害；這也就
是建構一種和諧的關係。以下就針對如何建構和諧的關係展開論述。

一、脩禮以達義

要用禮來建構和諧的關係，首先就要制作禮制來傳達禮意。

我們從前面各節的討論中可以知道，要將禮中所蘊含的禮意傳達出來，
必須要藉由典禮的施行；也必須經由典禮的施行，才能將禮中所蘊含的禮意
普及到天下。因此，如何脩「禮」以表達禮之「義」，就是非常重要的問題。
「禮」與「義」的關係如何？〈禮運篇〉說：

> 故禮也者，義之實也。協諸義而協，則禮雖先王未之有，可以義起
> 也。〔註30〕

在這裡，「禮」指的是禮的定制，這種定制雖然是先王所沒有的，但是只要協
合於義，還是可以隨時制宜的；也就是「禮」是隨「義」而起的。

就禮對人的重要性來說，隨「義」而起的「禮」是人對一切事物的理想
的措置；所以〈禮運篇〉說：

> 故禮義也者，人之大端也。所以講信脩睦，而固人之肌、膚之會，
> 筋、骸之束也；所以養生送死，事鬼神之大端也；所以達天道，順
> 人情之大寶也。故唯聖人爲知禮之不可以已也。故壞國、喪家、亡
> 人，必先去其禮。故禮之於人也，猶酒之有糵也：君子以厚，小人
> 以薄。故聖王脩義之柄，禮之序，以治人情。故人情者，聖王之田
> 也，脩禮以耕之，陳義以種之，講學以耨之，本仁以聚之，播樂以
> 安之。〔註31〕

這就說明了禮的重要性；同時也說明了禮是承受天道，順乎人情而用來養生
送死以及敬事鬼神的一大端緒。也就是由於禮對人的重要，所以聖人要特別

〔註30〕同註1，《禮記‧禮運》，卷二十二，頁439。
〔註31〕同註1，《禮記‧禮運》，卷二十二，頁439。

加意於禮。

那麼，聖人如何「脩禮以達義」呢？從我們前一章對聖人制禮的討論中可以知道，聖人對禮的制作是仿效大地自然的構造，順乎人情的不同而作的。因為人來自於自然，和自然有著相似的結構，所以，制禮必須本於天而作。又因為人有種種不同的情感，所以表現在禮的制作上，而有種種不同的禮制；這是說禮必須以情為本。本乎天理人情而作的禮，才能用來養生送死、敬事鬼神上帝。所以我們在日常生活上，有冠婚、交接之禮，有喪祭、朝覲之禮。這些都是藉著禮制的施行來傳達禮所要彰顯的「義」。透過禮「義」的彰顯，人和各種對象之間的關係也得到適當的措置。這也就是在宗廟祭祀的安排中，我們看到的是制禮者如何透過一系列儀式的進行，讓參與祭祀者在儀式的進行中，演示為人子孫者與鬼神之間融洽的互動，以及君臣、父子、夫婦、兄弟、上下之間的理想關係；藉由典禮的實際演練，讓參與祭祀者能在親自的演習中明白禮「義」的所在，然後再經由一再地演練中，讓禮「義」內化到他們的內心中，而達到教化的功效。這一系列儀式的進行，體現了制禮者對禮的一種理想的寄託，也滿足了人們情感的需求。這也就是用「禮」來彰顯禮之「義」，讓人和各種對象之間的關係得到適當的措置，進而建構人和各種對象之間的和諧關係。

二、體信以達順

禮的制作除了藉由典禮的施行來傳達禮意，並以此來建構和諧的關係外，還要能根據各種事物的不同，忠實地加以呈現在禮的制作上，讓萬事萬物能夠保持和諧的關係而各得其所。所以〈禮運篇〉說：

> 故事大積焉而不苑，並行而不繆，細行而不失，深而通，茂而有間，
> 連而不相及也，動而不相害也。此順之至也。故明於順，然後能守
> 危也。〔註32〕

這就是說，天下之事不管大小，而能夠各得其分，就是順的極至的表現。這種順之極至，也就是和諧的關係。林文琪先生說：

> 「順」是從微觀的角度指出，人與同時並存於同一生態系統中的其
> 他存有者的關係，既要持續地保持相互關涉的關係，又要在相互關

〔註32〕同註1，《禮記‧禮運》，卷二十二，頁440。

> 涉中能維持「連而不相及也，動而不相害也」的動態和諧，即在相
> 互關涉之中不失彼此各自「獨化」的發展，在互動之中又能維持「不
> 相害」的合作共生關係。〔註33〕

所以，我們也就可以知道，「順」就是要人和同時存在於同一生態系統中的其
他存有者，保持相互的關涉，而在互動中又能維持「不相害」的合作共生關
係。因此，禮的最終目的，還是在追求萬事萬物之間的一種和諧關係。底下，
我們就分項來說明這「順」的意義。

（一）人事之順

　　前面說過，聖王以禮意來治人情；而國家是人之所積，治國也必須用禮，
禮的施行也必須達於順。〈禮運篇〉說：

> 故治國不以禮，猶無耜而耕也；為禮不本於義，猶耕而弗種也；為
> 義而不講之以學，猶種而弗耨也；講之於學而不合之以仁，猶耨而
> 弗穫也；合之以仁而不安之以樂，猶穫而弗食也；安之以樂而不達
> 於順，猶食而弗肥也。〔註34〕四體既正，膚革充盈，人之肥也。父
> 子篤，兄弟睦，夫婦和，家之肥也。大臣法，小臣廉，官職相序，
> 君臣相正，國之肥也。天子以德為車，以樂為御，諸侯以禮相與，
> 大夫以法相序，士以信相考，百姓以睦相守，天下之肥也。是謂大
> 順。大順者，所以養生、送死、事鬼神之常也。〔註35〕

所以，以禮治國必須達於順；要是不能達於順，就好像吃了食物，卻還得不
到豐滿的身體一樣。這裡從「人之肥」、「家之肥」、「國之肥」到「天下之肥」，
把個人一身的和諧到家庭成員之間關係的和諧、國家君臣之間的和諧以及天
下的和諧都包含無遺。這也就是在人事上達到「大順」，使人與人，人與家、
國、天下都在這個和諧的關係下各盡其事，各得其所；而這也是用來處理人
事關係的常理。

　　但是，這種用來處理人事關係的常理要如何來達成呢？〈禮運篇〉說：

〔註33〕同註24，《禮記中的人觀》，頁42。

〔註34〕這兩句話十三經注疏本作「合之以仁而不安之以樂，猶穫而弗肥也；安之
以樂而不達於順，猶食而弗食也」。「食」與「肥」字相倒。鄭玄在「弗肥也」
下注說：「不知味之甘苦」，而在「弗食也」下注說：「功不見也」；據此，則
「不知味之甘苦」應指「食」言，而「功不見也」應指「肥」言。且下段文
句皆以「肥」為「順」之義。因此，十三經注疏本所言有誤。今據改。

〔註35〕同註1，《禮記・禮運》，卷二十二，頁440。

故禮之不同也，不豐也，不殺也，所以持情而合危也。故聖王所以順，山者不使居川，不使渚者居中原，而弗敝也。用水、火、金、木、飲食必時，合男女、頒爵位必當年、德，用民必順。〔註36〕

鄭玄注說：

豐、殺謂天子及士，名位不同，禮亦異數，所以拱持其情，合其安危也。……山者利其禽獸，渚者利其魚鹽，中原利其五穀，使各居其所安，不易其利勞敝之也。……用水，謂漁人以時魚為梁，「春獻鱉蜃，秋獻龜魚」也。用火，謂〈司爟〉「四時變國火，以救時疾」及「季春出火」「季秋納火」也。用金，謂〈卝人〉「以時取金玉錫石」也。用木，謂〈山虞〉「仲冬斬陽木，仲夏斬陰木」。飲食，謂「食齊視春時，羹齊視夏時，醬齊視秋時，飲齊視冬時」。……〈媒氏〉「令男三十而娶，女二十而嫁」；〈司士〉「稽士任，進退其爵祿」也。……不奪農時。〔註37〕

孫希旦說：

蓋君位之危皆起於下陵而上替，而陵替之患皆由於人情之驕縱，禮有豐殺之節，所以維持人情，和合上下，而使之各安其分也。……山者不使居川，渚者不使居中原，因乎地利而順之也。用水、火、金、木、飲食必時，因乎天時而順之也。……合男女、頒爵位必當年、德，用民必順，因乎人情而順之也。〔註38〕

因此，要達成這「所以順」的常理，就是要因乎地利、天時、人情的不同，而保持彼此相互關涉而不相害的合作共生關係。能夠如此，那麼災害也就無由而至了。所以，〈禮運篇〉說：

故無水旱昆蟲之災，民無凶饑妖孽之疾。〔註39〕

所說的，正是能夠以「順」行事的功效。

（二）萬物之順

我們在第五章第二節中，曾經討論過聖人對禮的制作。禮制的制作是仿效著天地而作的，而人又來自天地之間，因此，在構造上人與天地有著相似

〔註36〕同註1，《禮記‧禮運》，卷二十二，頁441。
〔註37〕同註1，《禮記‧禮運》，卷二十二，頁441。
〔註38〕同註2，《禮記集解‧禮運》，卷二十二，頁621～623。
〔註39〕同註1，《禮記‧禮運》，卷二十二，頁441。

性的結構，如此才能確保禮制施加在人身上的合理性。所以聖人對禮制的制作，所考慮的問題是擴及整個天地之間，包括人在天地之間所處的地位。因此，從這一點看來，禮制的問題也是應該包括人與天地萬物相對待的問題。〈禮運篇〉就碰觸到這樣的問題。〈禮運篇〉在說明了「所以順」的道理後，接著就舉出能夠達到「順」所獲得的感應，〈禮運篇〉說：

> 故天不愛其道，地不愛其寶，人不愛其情。故天降膏露，地出醴泉，山出器、車，河出馬圖，鳳皇、麒麟皆在郊椒，龜、龍在宮沼，其餘鳥獸之卵胎，皆可俯而闚也。則是無故，先王能脩禮以達義，體信以達順故。此順之實也。〔註40〕

孫希旦在解釋這段話時說：

> 天不愛其道者，風雨節而寒暑時，而天降膏露，則不愛其道之至也。地不愛其寶者，五穀稔而貨財殖，而地出醴泉，山出器、車，河出馬圖，則不愛其寶之至也。人不愛其情者，不獨親其親，不獨子其子，而仁心足以感鳥獸，則不愛其情之至也。〔註41〕

這種種的現象，是所謂上天降下的嘉應，是行「順」的結果；也就是先決條件是人要能先行「順」，然後才可以獲致嘉應。對此，呂思勉先生則以為，這一切都是人事所致，他說：

> 人知未開之世，庸以是為天錫之瑞。治化既蒸，則知為人事之所致矣。……事物皆得其當，則災不足以為害，而天行之有益於人者，則無不得其利焉。……於是惟覺天地之有惠於己，而不知其戕賊人也，故古人尊天親地之情甚深，而無暑雨祁寒之怨，非其時之天地，異於後世之天地也。人之所以與天地參者固殊焉。……當是之時，所以定人之所當為者則曰禮。〔註42〕

「天降膏露，地出醴泉，山出器、車，河出馬圖，鳳皇、麒麟皆在郊椒，龜、龍在宮沼，其餘鳥獸之卵胎，皆可俯而闚也」，這些現象我們如果都不加以詳細地分別的話，都可以稱作是嘉應；但是，如果我們要再清楚地加以分析，則可以顯見有些現象的本身是藉由人力所為就可獲致的，而並不需要特

〔註40〕同註1，《禮記‧禮運》，卷二十二，頁441。
〔註41〕同註2，《禮記集解‧禮運》，卷二十二，頁623。
〔註42〕呂思勉：《呂思勉讀史札記‧天生時而地生財》，（上海：上海古籍出版社，1982年8月第一版第一次印刷），頁435～436。

別將它視爲是一種異象。有關這一部分，我們似乎可以借用呂思勉先生的話，先分別出所謂的「天錫之瑞」與「人事所致」的不同。這裡就依據前項原則，將「山出器、車，河出馬圖，鳳皇、麒麟皆在郊椒，龜、龍在宮沼」區分爲「天錫之瑞」；將「其餘鳥獸之卵胎，皆可俯而闚也」區分爲「人事所致」，稍作釐清。

1. 天錫之瑞

就孔穎達所作的注解：

> 「山出器、車」，按《禮緯·斗威儀》云：「其政大平，山車垂鉤。」注云：「山車，自然之車。垂鉤，不揉治而自圓曲。」「河出馬圖」，按《中候·握河紀》：「堯時受河圖，龍銜赤文綠色。」注云：「龍而形象馬，故云馬圖。」是龍馬負圖而出。……「鳳皇麟麒，皆在郊椒」，按《中候·握河紀》云：「鳳皇巢阿閣。」今云：「在郊椒」者，言鳳皇之眾，或郊椒，或阿閣也。〔註43〕

據此，則「山出器、車」是太平之時所顯現的異象；其它所謂的馬圖（據注解是「龍而形象馬」，其實也是龍）、鳳皇、麒麟、龜、龍也就是所謂的「四靈」。「四靈」的說法，是在〈禮運篇〉中針對四種動物的稱呼。〈禮運篇〉說：

> 麟、鳳、龜、龍，謂之四靈。〔註44〕

就戴君仁先生的解釋，麟、鳳、龜、龍是所謂的「象物」也就是形象之物，等於說是圖畫之物。牠們本來只是理想中的禽獸，〔註45〕原先可能只是刻在河圖、洛書上的動物，象徵天命，授與人主，後來轉變爲類似實有的動物。之所以稱爲「靈」，也就代表著牠們具有高度的智慧，能知人主之德，傳達上天之命。牠們的出現是象徵天命而爲祥瑞。〔註46〕

所以，「天錫之瑞」也就代表著因人本身的努力，所獲致的嘉應。

〔註43〕同註1，《禮記·禮運》，卷二十二，頁442。

〔註44〕同註1，《禮記·禮運》，卷二十二，頁436。

〔註45〕龜是實有的動物，但是被視爲靈物，可能是因爲牠的龜甲爲占卜所用的材料，所以才被視爲通靈之物。因占卜能知吉凶，於是認爲龜可以傳達天命，是一種靈物。所以，龜可爲象物，而列爲四靈之一。詳見戴君仁：《梅園論學集·河圖洛書的本質及其原來的功用》，（臺北：開明書局，民國59年9月初版），頁11。

〔註46〕詳見戴君仁：《梅園論學集·河圖洛書的本質及其原來的功用》。同註45，頁1～14。

2. 人事所致

　　我們在前面曾引林文琪先生的意見，對「順」的意義作過解釋。「順」的
意義就是人要和同時並存在同一生態系統中的其他存有者，保持相互關涉的
關係；又要在互動中維持「不相害」的合作共生關係。而我們和在同一生態
系統中的其他動物的關係，正可以此來作解釋。〈禮運篇〉說明行「順」的嘉
應時說「其餘鳥獸之卵胎，皆可俯而闚也」，所說明的正是人和同一生態系統
中的其他存有者的互動結果。鳥獸一方面是我們生活上賴以生存的憑藉，因
此，兩者間是存在著利害關係；但是，一旦人類對鳥獸取之太過，又會造成
資源上的短缺。因此，如何在兩者之中取得和諧，這是人所要面對的問題。
而〈禮運篇〉在這裡提到的「其餘鳥獸之卵胎，皆可俯而闚也」，正可讓我們
思考如何和其他存有者之間，維持合作共生的關係。首先，我們就來看看古
人如何思考與處理和其他存有者的對待問題。

　　人如何面對生存空間中的其他存有者？《大戴禮記‧曾子大孝》說：

> 草木以時伐焉，禽獸以時殺焉。夫子曰：「伐一木，殺一獸，不以其
> 時，非孝也。」〔註47〕

這裡說草木要在適當的時候砍伐，禽獸要在適當的時候宰殺；如果不是這樣，
那麼就不可以稱作是「孝」。為什麼這和孝會有關係呢？因為儒家認為仁民愛
物是孝的擴充。謝幼偉先生說：

> 儒家之言孝，亦非認孝為道德之全，實際乃認孝為道德之起點。所
> 謂「孝始於事親」，所謂「親親而仁民」，所謂「老吾老以及人之老」，
> 其所涵義，實為孝之擴充。此殆認吾人道德當以孝為起點，而非以
> 孝為終點。孝必有所推，必擴而充之，由敬愛吾人之父母，進而敬
> 愛他人之父母。孝親乃吾人之起碼道德。孝親雖不足以盡道德之全，
> 然非孝親則不足以言道德。〔註48〕

所以，從這裡我們可以知道，儒家考慮人和生存環境中的其他存有者，是本
著一體之仁來對待。以仁民愛物的心理出發，來處理人所面對的環境問題。
一旦，人能夠有此體認，也就能在所處的環境中，與其他存有者合作共生而

〔註47〕〔清〕王聘珍：《大戴禮記解詁‧曾子大孝》，卷四，（臺北：文史哲出版社，
　　　　民國 75 年 4 月初版），頁 85。
〔註48〕謝幼偉：〈孝與中國文化〉，收入《儒家思想新論》，（臺北：正中書局，民國
　　　　67 年 3 月臺三版），頁 69。

不相害；這也就是以最適當的方式來對待來所面對的環境，期待萬物也都能有適當的地位。因此，所謂的嘉應，不過也就是人能夠行「順」所獲致的結果罷了，並不見得眞的是上天所降下的。

透過這一節的討論，我們知道「禮」所要建構的世界關係是一種和諧的生態觀。這種關係的建構首先是來自於人對禮制的制作，透過禮制讓人經由一再地演習禮制中而了解禮意，並進一步內化到人們的內心之中。經由實際的運作，讓人和對象之間能夠有一種適當的對待方式。再者，這種和諧觀的建構，是依據事物的各種不同的狀況，考慮到人與萬物的關係，並將這種關係忠實的加以呈現到禮制之中，讓萬事萬物能夠在和諧的關係之中合作共生而不相害，並且還要能夠各得其所。而這樣一種人和萬事萬物之間的理想的關係，也就是和諧關係的建構最終所要達成的目的了。

第七章 結 論

〈禮運〉這一篇文章，就《禮記正義》引鄭玄《三禮目錄》的說法，在劉向的《別錄》中是屬於「通論」。而這篇文章的論說主旨，孫希旦以為：

> 禮運者，言禮之運行也。蓋自禮之本於天地者言之，四時五行，亭毒流播，秩然燦然，而禮制已自然運行於兩間矣。然必為人君者體信達順，然後能則天道，治人情，而禮制達於天下，此又禮之待聖人而後運行者也。〔註1〕

從他的話中我們可以知道，〈禮運篇〉講的是「禮的運行」，包括了人君如何本於天地，體信達順以制作禮制，讓禮普及於天下。他的話很能夠概括〈禮運〉一篇的主旨。我們從〈禮運〉這一篇文章是通論「禮意」的這一點來看，將它列為通論並無不妥；而就這一篇文章討論的重點來看，〈禮運〉一篇除了篇首的「大同」之說以外，從「小康」以後大致上都是在強調「禮」的重要的。所以，〈禮運〉一篇，可以說是論「禮」的文章。但是，我們從歷來對〈禮運篇〉的討論中可以發現，有些儒家的學者，往往因為篇中有所謂的「老氏之意」、「墨氏之論」，就對這篇文章加以詆斥；或者藉由文句的調整，將「非儒者語」的部分透過串釋來消除這種疑慮。這些說法，如果我們以一個開放性的思想的自然演變的立場來加以審視，而不是將它視為一個固定不變的封閉思想；那麼，將它視為反映某一時空之下而呈現多樣面貌的思想來看待，似乎更可以豐富「禮」的內涵，加深這一課題的研究。至於那些對文句的調整，既然也是為了消除「非儒者語」的疑慮而產生的，在我們經由文句的實

〔註1〕〔清〕孫希旦：《禮記集解‧禮運》，卷二十一，（臺北：文史哲出版社，民國79年8月文一版），頁581。

際比對中，印證「大同」與「小康」之分是實際存在的；而且，有「大同」、「小康」之分也不見得就有菲薄禮的意思；那麼，自然對文句調整的意見也就可以消除了。所以，我們也更可以將討論的重點放在「禮」的課題上。

就本論文的討論，「禮治」是在「小康」時代不得不然的做法，而所謂的以禮爲治，也並非有菲薄禮的意思。本論文的展開，也就是在強調「禮」這一課題的研究。在第四章中，我們討論的是「從禮之初到禮之大成」。這是要具現「禮」如何從根源處產生而爲種種不同的禮；然後從儀式上去具現本於人情，依於禮意而制作的禮。這一部分，我們從宗廟祭祀的進行中去了解禮的運作。在宗廟祭祀的儀式中，所陳設的酒類以及擺設的意義體現了尊古、重古的意思。而宗廟祭祀的本身，不僅端正了人對鬼神的信仰，同時更進一步地融入了人與鬼神的互動，達成了人與鬼神之間的情感交流。而在人與鬼神達成互動的同時，人與人的互動也完美的體現在儀式的設計上。可以說，從禮的最初開始，由人的情感出發，一直到禮的完成，這一系列的儀式，完美地體現了制禮者對禮的理想的寄託，也滿足了人們情感的需求，呈現了完美的禮意。

第五章我們討論的是「僭禮與禮的制作」。由於對「禮」的重視，凸顯了「失禮」、「非禮」等問題的嚴重性。在〈禮運篇〉中，對於違禮的行爲有諸多的評論。我們可以透過對僭禮行爲的評論，進一步去發掘存在禮制背後的制作意義，了解維持禮制的真正意義所在。在〈禮運篇〉中所討論的僭禮行爲，包括身處各種不同地位的人物：從天子、諸侯以至於大夫。可見「禮」所觸及的層面之廣。因此，我們看待禮制的崩解問題，不能完全從在下位者的僭禮來看；也應當較爲全面地來看待禮制的崩解問題。就我們討論所得的結果來看，對禮制的持守可以說是天子、國君的本分。天子、國君有義務維持禮制的正常運作，以糾舉那些「違禮」、「非禮」的行爲。一旦在上位的天子或者是國君，對這些行爲不能有合理的仲裁，甚至還帶頭做出違背禮制的行爲；那麼，影響所及，在下位者也會輕啓僭越之心，結果就是造成整個禮制的崩解。一旦禮制崩解，國家也就隨之淪亡。

第二節討論的是「禮的制作」。首先說明國君如何治理國家以及國君在政治行爲中的角色。「禮」是國君用來治理國家的工具；所以，國君也要能仿效聖人制作禮制來治理國家。另一方面，國君身爲一國的領導者，所做所爲都會影響百姓以及政事的施作。所以，在理想的政治行爲中，國君本身的行爲

就是人民仿效的對象，國君的角色也就是要作爲在下位者的楷模，讓在下位者可以有取法的對象，並以此來推行政令。在明白國君的角色之後，我們要說明聖人如何制禮。聖人對禮制的制作所考慮的問題是擴及整個天地，包括人在天地之間所處的地位。因爲禮制的制作是仿效於天地，而人又是生於天地之間，在構造上和自然有相似的結構；因此，對於仿效天地而制作的禮制，也就找到一個合理性。在制作禮制時，也要考慮人情的不同，依據人的差異性來制作。所以，聖人對禮制的制作是配合各種條件加以調和，而能夠達到敦厚人倫，一切各得其當的目的。

　　第六章的部分，則對「禮的普及與和諧關係的建構」進行討論。「禮」的普及，第一，就是要在上位者躬行作爲教化之本的祭祀，將祭祀所蘊含的禮意藉由典禮的施行，讓在下位者起而仿效，並進一步達成教化的目的。因爲「禮」的精意所在，有時候並不是每一個人都能夠了解的；因此，就必須經由這種仿效的方式來達成。而單單靠在上位者躬行祭禮還是不夠的；所以，第二，還必須透過各種不同的禮制的施行來普及禮。在日常生常中藉由各種禮制的施行，讓那些不管是否了解禮的精意所在的百姓，能在親自演習禮儀中明白禮意的所在，而從一再地躬行禮儀中，讓禮意內化到他們的內心中。經由這種「禮」的教化作用，禮也就隨之普及到天下了。

　　第六章的第二部分是討論「和諧關係的建構」。和諧關係的建構，就是要根據人和對象之間的關係，制作一套合理、合宜的禮制；而這套禮制的制定也要能夠確實反映人和對象的關係，而在實際的施行上，讓人和對象之間能夠共生、共榮，彼此不致產生傷害。這也就是和諧關係的建構。從這一節的討論中我們知道，「禮」所要建構的是一種和諧的生態觀。這種關係的建構首先來自於人對禮制的制作，透過禮制讓人經由一再地演習禮制中而了解禮意，並進一步內化到人們的內心之中。經由實際的運作，讓人和對象之間能夠有一種適當的對待方式。再者，這種和諧觀的建構，是依據事物的各種不同的狀況，考慮到人與萬物的關係，並將這種關係忠實的加以呈現到禮制之中，讓萬事萬物能夠在和諧的關係之中合作共生而不相害，並且還要能夠各得其所。而這樣一種人和萬事萬物之間的理想的關係，也就是和諧關係的建構最終所要達成的目的了。值得一提的是：這種人與萬物之間和諧關係的建構，除了我們在這一節中所提到的是「仁民愛物」的表現，也就是「孝」的擴充之外，是不是還有其他原因呢？關於這一點，有人將這種人和萬物之間

的和諧關係稱爲「社會與自然的和諧」。劉長林先生在《中國系統思維》中說：

> 儒家的社會管理學〔註2〕不僅要實現社會系統内部的協調，而且還
> 要達到社會系統與其外部環境即自然界的和諧統一。
>
> 孔子後學將仁的概念進一步擴充，從「推己及人」發展到「推己及
> 物」，就是不僅要「愛人」，而且要「愛物」。
>
> ……
>
> 儒家提出泛愛眾物，……他們一方面是爲了進一步鞏固他們的仁
> 學，使仁學在理論形態上更徹底，另一方面還具有明顯的管理社會
> 和管理自然環境的實用目的。〔註3〕

他認爲荀子的思想中，就充分表現這種傾向。《荀子·王制篇》說：

> 君者，善群也。群道當，則萬物皆得其宜，六畜皆得其長，群生皆
> 得其命。故養長時，則六畜育；殺生時，則草木殖。政令時，則百
> 姓一，賢良服。聖王之制也：草木榮華滋碩之時，則斧斤不入山林，
> 不夭其生，不絕其長也；黿鼉魚鱉鰍鱣孕別之時，罔罟毒藥不入澤，
> 不夭其生，不絕其長也；春耕、夏耘、秋收、冬藏，四者不失時，
> 故五穀不絕，而百姓有餘食也；汙池淵沼川澤，謹其時禁，故魚鱉
> 優多，而百姓有餘用也；斬伐養長不失其時，故山林不童，而百姓
> 有餘材也。〔註4〕

這就是將管理社會的群道原則，推擴到管理自然中去。這種理論根據，就如
同我們在論證天地自然和禮制的關係一樣，制度的原則本身都是來自於自
然，因此，社會的管理也應該是以自然爲依歸，而在人類社會和自然環境之
間建立起和諧共存的關係。

我們從以上的討論可以知道，〈禮運篇〉論述所及有關「禮」的範圍，從
禮的根源處開始，討論了禮意的產生以及在禮制的施行中所完成的各種互動
關係，說明禮意如何完美地落實到一個禮制之中。接著，就討論僭禮的行爲，

〔註2〕 劉長林認爲：「儒學從中國古代實際出發，應用傳統的系統觀念，尋求將不同
　　　　等級的人們協調起來，使社會成爲一個和諧整體的方法。它所包括的哲學、
　　　　倫理學、美學、政治和經濟思想，都從屬於這一總的目標。」詳見劉長林：《中
　　　　國系統思維》第二編第一小節〈儒家社會管理學〉，（北京：中國社會科學出
　　　　版社，1997年4月第一版第二次印刷），頁204～231。

〔註3〕 同註2，劉長林：《中國系統思維》，頁228。

〔註4〕 王先謙：《荀子集解·王制篇》，卷五，（臺北：華正書局，民國82年9月初
　　　　版），頁105。

說明禮的重要，以及天子、國君維持禮制的必要性。再以國君在政治行為中的角色，說明如何制作禮制以及普及禮的問題。最終，則是要藉由禮的施行，達成建構人和萬物之間和諧關係的目的。所以，〈禮運〉一篇就如同它的篇名一樣，講的是「禮的運行」；而「禮的運行」也就是希望建構一個和諧的社會和自然關係。

參考書目

一、專　著（依姓名筆劃次序排列）

1. 王夫之，《禮記章句》，臺北：廣文書局，民國 56 年 7 月初版。

2. 王先謙，《荀子集解》，臺北：華正書局，民國 82 年 9 月初版。

3. 王弼注、樓宇烈校釋，《老子道德經注》（收入《王弼集校釋》），臺北：華正書局，民國 81 年 12 月初版。

4. 王聘珍，《大戴禮記解詁》，臺北：文史哲出版社，民國 75 年 4 月初版。

5. 王肅注，《孔子家語》（《四部叢刊》本），臺北：臺灣商務印書館，出版年月不詳。

6. 王夢鷗，《禮記校證》，臺北：藝文印書館，民國 65 年 12 月初版。

7. 王夢鷗，《禮記今註今譯》，臺北：臺灣商務印書館，民國 87 年 9 月修訂版第七次印刷。

8. 孔晁注，《逸周書》（《叢書集成初編》本），北京：中華書局，1985 年。

9. 皮錫瑞，《經學通論》，臺北：臺灣商務印書館，民國 78 年臺五版。

10. 司馬光，《資治通鑑》，臺北：天工書局，民國 77 年 9 月再版。

11. 司馬遷，《史記》（新校本《史記》三家注），臺北：鼎文書局，民國 84 年 10 月九版。

12. 朱熹，《四書章句集注》，高雄：復文圖書出版社，民國 74 年 9 月初版。

13. 杜預注、孔穎達等疏，《左傳》（十三經注疏本），臺北：藝文印書館，民國 86 年 8 月初版十三刷。

14. 李學勤主編，《周禮注疏》（十三經注疏標點本），北京：北京大學出版社，1999 年 12 月第一版第一次印刷。

15. 李學勤主編，《儀禮注疏》（十三經注疏標點本），北京：北京大學出版社，

1999 年 12 月第一版第一次印刷。

16. 李學勤主編,《禮記正義》(十三經注疏標點本),北京:北京大學出版社,1999 年 12 月第一版第一次印刷。

17. 呂思勉,《呂思勉讀史札記》,上海:上海古籍出版社,1982 年 8 月第一版第一次印刷。

18. 呂祖謙,《呂東萊文集》(《叢書集成初編》本),北京:中華書局,1985 年。

19. 何休解詁、徐彥疏,《公羊傳》,(十三經注疏本),臺北:藝文印書館,民國 86 年 8 月初版十三刷。

20. 任啟運,《禮記章句》(收入《續修四庫全書》),上海:上海古籍出版社,出版年月不詳。

21. 杭世駿,《續禮記集說》(收入《續修四庫全書》),上海:上海古籍出版社,出版年月不詳。

22. 房玄齡等,《晉書》,臺北:鼎文書局,民國 69 年 8 月三版。

23. 周何,《春秋吉禮考辨》,臺北:嘉新水泥公司文教基金會,民國 59 年 10 月初版。

24. 周何,《禮學概論》,臺北:三民書局,民國 87 年 1 月初版。

25. 周何,《古禮今談》,臺北:萬卷樓圖書有限公司,民國 86 年 6 月初版三刷。

26. 邵懿辰,《禮經通論》(《皇清經解續編》本),臺北:藝文印書館,民國 54 年 10 月初版。

27. 范曄,《後漢書》,臺北:鼎文書局,民國 85 年 11 月八版。

28. 段玉裁,《經韵樓集》(收入《段玉裁遺書》),臺北:大化書局,民國 66 年景印初版。

29. 俞樾,《群經賸義》(收入《春在堂全書》第三冊《俞樓雜纂》),臺北:中國文獻出版社,民國 57 年 9 月初版。

30. 姜兆錫,《禮記章義》(收入《續修四庫全書》),上海:上海古籍出版社,出版年月不詳。

31. 洪業,《洪業論學集》,北京:中華書局,1981 年第一版第一次印刷。

32. 韋昭注,《國語》,上海:上海古籍出版社,1995 年 5 月第一版第三次印刷。

33. 姚際恆,《禮記通論輯本》(收入《姚際恆著作集》),臺北:中央研究院中國文哲研究所,民國 83 年 6 月初版。

34. 班固,《漢書》,臺北:鼎文書局,民國 86 年 10 月九版。

35. 秦蕙田,《五禮通考》(味經窩初刻試印本),中壢:聖環圖書有限公司,民國 83 年 5 月一版一刷。

36. 荀悅,《前漢紀》(《四部叢刊》本),臺北:臺灣商務印書館,出版年月不

詳。

37. 徐旭生，《中國古史的傳說時代》，臺北：里仁書局，民國 88 年 1 月 20 日初版。

38. 高明（仲華），《禮學新探》，香港：香港中文大學聯合書院中文系，1963年 11 月初版。

39. 高明，《帛書老子校注》，北京：中華書局，1996 年 5 月第一版第一次印刷。

40. 孫希旦，《禮記集解》，臺北：文史哲出版社，民國 79 年 8 月文一版。

41. 孫詒讓，《墨子閒詁》，臺北：華正書局，民國 84 年 9 月。

42. 康有爲，《禮運注》，北京：中華書局，1987 年 9 月第一版第一次印刷。

43. 郭慶藩，《莊子集釋》，臺北：華正書局，民國 80 年 8 月。

44. 陸奎勳，《戴記緒言》（收入《四庫全書存目叢書》），臺南：莊嚴出版社，民國 86 年 2 月初版一刷。

45. 陸德明，《經典釋文》，臺北：鼎文書局，民國 61 年 9 月初版。

46. 張舜徽，《中國古代史籍校讀法》，臺北：里仁書局，民國 77 年 10 月 20日初版。

47. 陳立，《白虎通疏證》（《新編諸子集成》本），北京：中華書局，1994 年 8月第一版第一次印刷。

48. 陳垣，《校勘學釋例》，上海：上海書店出版社，1997 年 7 月第一版第一次印刷。

49. 陳祥道，《禮書》（收入《北京圖書館古籍珍本叢刊》），北京：書目文獻出版社，出版年月不詳。

50. 陳澔，《禮記集說》，上海：上海古籍出版社，1996 年 3 月第一版第十次印刷。

51. 黃式三，《經說》（收入《儆居遺書·儆居集》），清光緒十四年續刊本。

52. 黃震，《黃氏日抄》，臺北：大化書局，民國 73 年 12 月再版。

53. 華世出版社，《中國歷史紀年表》，臺北：華世出版社，民國 67 年 1 月初版。

54. 楊伯峻，《春秋左傳注》，北京：中華書局，1995 年 10 月第二版第五次印刷。

55. 葉國良等，《經學通論》，臺北：國立空中大學，民國 85 年元月初版。

56. 廖平，《分撰兩戴記章句》（收入《六譯館叢書》八十九種），成都：存古書局，民國 10 年。

57. 劉長林，《中國系統思維》，北京：中國社會科學出版社，1997 年 4 月第一版第二次印刷。

58. 熊十力，《讀經示要》，臺北：明文書局，民國 73 年 7 月初版。

59. 黎靖德編，《朱子語類》，臺北：文津出版社，民國 75 年 12 月。

60. 鄭玄注、賈公彥等疏，《周禮》（十三經注疏本），臺北：藝文印書館，民國 86 年 8 月初版十三刷。

61. 鄭玄注、賈公彥等疏，《儀禮》（十三經注疏本），臺北：藝文印書館，民國 86 年 8 月初版十三刷。

62. 鄭玄注、孔穎達等疏，《禮記》（十三經注疏本），臺北：藝文印書館，民國 86 年 8 月初版十三刷。

63. 鄭樵，《禮經奧旨》（《叢書集成簡編》本），臺北：臺灣商務印書館，民國 55 年。

64. 鄧爾麟著、藍樺譯，《錢穆與七房橋世界》，北京：社會科學文獻出版社，1998 年第二版第一次印刷。

65. 錢玄，《三禮通論》，南京：南京師範大學出版社，1996 年 10 月第一版第一次印刷。

66. 錢玄、錢興奇，《三禮辭典》，南京：江蘇古籍出版社，1998 年 3 月第一版第二次印刷。

67. 錢穆，《先秦諸子繫年》，臺北：東大圖書股份有限公司，民國 79 年 9 月再版。

68. 錢穆，《論語新解》，臺北：東大圖書股份有限公司，民國 80 年 8 月二版。

69. 錢穆，《兩漢經學今古文平議》，臺北：東大圖書股份有限公司，民國 78 年 11 月臺三版。

70. 錢穆，《靈魂與心》，臺北：聯經出版事業公司，民國 83 年 8 月初版第八刷。

71. 蕭公權，《中國政治思想史》，臺北：聯經出版事業公司，民國 87 年 10 月初版第十一刷。

72. 戴君仁，《梅園論學集》，臺北：開明書局，民國 59 年 9 月初版。

73. 謝幼偉等，《儒家思想新論》，臺北：正中書局，民國 67 年 3 月臺三版。

74. 顧棟高，《春秋大事表》，北京：中華書局，1993 年 6 月第一版第一次印刷。

75. 顧頡剛等編，《古史辨》，臺北：藍燈出版社，民國 76 年。

二、學位及期刊論文

（一）學位論文

1. 林文琪，《禮記中的人觀》，臺北：中國文化大學哲學研究所博士論文，民國 87 年 12 月。

（二）期刊論文

1. 王夢鷗，〈小戴禮記考源〉，臺北：《國立政治大學學報》，第三期，民國50年5月。

2. 王夢鷗，〈禮記思想體系試探〉，臺北：《國立政治大學學報》，第四期，民國50年12月。

3. 王夢鷗，〈禮運考──禮運禮器郊特牲校讀志疑〉，臺北：《國立政治大學學報》，第八期，民國52年12月。

4. 孔德成，〈禮記成書時代及其在經典中之性質〉，臺北：《孔孟月刊》，第十八卷第十一期，民國69年7月。

5. 李杜，〈禮記言禮的本源及其與人生政制的關係〉，香港：《人生》半月刊，第二十六卷第八期，民國52年9月1日。

6. 高葆光，〈禮運大同章眞僞問題〉，臺北：《大陸雜誌》第十五卷第三期，民國46年8月。

7. 潘重規，〈儒家禮學之精義〉，香港：《人生》半月刊，第二十二卷第二五六期，民國50年7月1日。

8. 錢基博，〈讀禮運卷頭解題記〉，上海：《光華大學半月刊》，第四卷第二期，民國24年10月25日。

王船山之《禮》學

林碧玲　著

作者簡介

林碧玲，政治大學中國文學研究所博士，撰〈存在與實踐 從孔子的生命歷程論「儒之道」的顯發〉博士論文。專長中國義理學（哲學），尤其儒學。任教於華梵大學中國文學系，教授易經、詩經、論語、學庸、宋明理學、老子、中華文化等課程。近五年研究重心為上博楚簡〈逸詩〉、勞思光「韋齋詩」及其「自我境界」說之實踐等。

提　　要

　　本論文全一冊，約九萬字，除緒論、結論外，計分三章十節。全文旨在探討明末大儒王船山（1619～1692）論禮之根據、功效與特色，進而彰明船山論禮之涵義與價值。故其重點不在船山於《禮記》一書諸般禮制、儀節之考辨，而在船山之《禮學》思想本身也。茲略述各章之內容如下：

　　首為「緒論」，分「研究旨趣、方法與內容提要」、「船山禮學著作評介」二節。

　　第二章「船山論禮之大本」，闡明船山論禮所以運行天下，而使之各得其宜之根據，分「禮必有本」、「禮之大本總論」、「禮之大本分論」三節。

　　第三章「船山論禮之達用」，闡明船山論禮行於天下之功效，分「禮重達用」、「禮以立人道」、「君子秉禮以修己應物」、「聖王制禮以治人用物」四節。

　　第四章「船山論禮之本末通貫」，闡明船山論禮之體用圓融與本末不二，分「禮必本末通貫」、「天道人情不二」、「心物交盡」三節。

　　最後為結論「船山論禮之涵義與價值」，闡明船山論禮之多重涵義與恒常價值，以點出船山禮學之特色與價值。

目次

自　序

　　余入研究所後，讀曾師昭旭《王船山哲學》一書，於船山之學術思想，如有夙契。尤於船山論禮之言，倍感親切。乃以「王船山之禮學」爲題，撰此論文。回首二年來，幾可謂無一日不與船山書爲伍矣。

　　余初讀船山書，每爲其文字之纏繞晦澀所苦。及至漸熟，則又深爲其義理所感動，而涵泳游息其中，自得其樂也。如是一年，自覺於船山禮學略有所會，嘗試以一語蔽之曰：「有禮無邪」，又衍成聯語曰：「人情相見唯有禮，天心風流總無邪。」蓋亦以此自勉，期能治學與進德不二，學術與生命合一也。

　　余向來讀書，每皆「有體悟而無理路」。昭旭師告以語言名相、詮釋論證與義理體驗三者同須並重，而諄諄授以其醞釀多年、體系完備之「義理學研究法」。復又於日常生活及余之請益問業中，對余處處體諒寬容、默化潛移。蓋吾師實余之經師與人師也。

　　余此論文之成，所當致謝者多矣。而若無鄭兄榮錦，及韓子峰、曾議漢二友代爲繕寫；韓子峰、曾漢議、侯廼慧、鄭錠堅、胡健財諸友，共爲校對，則余之論文必難及時完成也。尤值一提者，鄭兄榮錦爲先舅大學同窗好友，昔日僅有一面之緣，而今慨然相助，代繕大部分文稿，誠令余衷心銘感也。此外，家人親友長期之信任、鼓勵與支持，所、系師長多年之教誨與愛護，亦皆余之資糧也。感激無已，敬申謝忱。

　　　中華民國七十五年五月　　林碧玲謹序於國立政治大學中國文學研究所

第一章　緒　論

第一節　研究旨趣、方法與內容提要

一、研究旨趣

　　夫「仁禮並重」與「內聖外王」，可謂爲儒家思想之全幅格局與終極理想也。此全幅格局與終極理想，雖早於孔子時已告凝成、奠定，〔註1〕然自秦以後，學術思想之發展，除明清之際大儒王船山「內聖外王全備」之義理規模能得其全（見後）外，皆不免各有一偏：或「重用略體」、「重外王輕內聖」，如兩漢經學；或「虛體虛用」、「輕內聖遺外王」，如魏晉玄學；或「守體忽用」、「重內聖輕外王」，如隋唐佛學與宋明理學；或「失大體而逐小用」、「薄內聖而逃外王」，如清代樸學。〔註2〕至於清末民初以來，則吾國學術思想又飽受西潮衝擊，中體與西用之衝突乃起，而我民族文化之生命遂陷入空前之危機矣。是吾人當前之務，其在重開儒家內聖外王之全幅格局乎！此明末清初大儒王船山之思想所以深值吾人注意者也。

　　夫儒家內聖之學至宋明儒而臻至極，明末清初顧亭林、黃宗羲、王船山諸儒，即直承宋明儒湛深之內聖學傳統，力矯其末流空疏誤國之弊，又深致力於歷史、政治、經濟、社會諸方面，而爲後人尊爲「清初三先生」者也。然三人中，梨洲本王學之正，以斥其末流之狂，而特重史學；亭林以程朱之篤實，矯

〔註1〕蓋由文武之憂患意識，周公之制禮作樂，至孔子之指點仁心，逐步凝成、奠定也。

〔註2〕以上並見曾昭旭先生《道德與道德實踐》（臺北：漢光文化公司，民國72年）〈說中華民族道德生命之流衍〉一文。

王學流弊，而特重經學，皆顯偏至；求其全面繼承傳統學術精華，鎔鑄爲體用圓融、仁禮並至、內聖外王全備之一大義理體系者，唯王船山一人而已。

王船山（1619～1692），湖南衡陽人，諱夫之，字而農，別號薑齋，晚號船山。少時精氣強勁，剛愎自負，賴父兄長輩善誘，漸得其正。二十餘歲，滿清人侵，乃與鄉中志士合組「匡社」，共謀匡救之道。明亡後，猶矢志恢復，奔走勞瘁十年。卅六歲，見大勢已去，乃歸隱山林，潛心究學，四十年如一日，而以「六經責我開生面，七尺從天乞活埋」自勉，蓋欲以學術復興民族命脈也。七十四歲，卒於湘西草堂。〔註3〕

船山之學，融通四部，貫徹百家，而以儒爲宗；遍注群經，而以《易》貫之；調和程、朱、陸、王而歸宗於橫渠之正。其規模之弘大，歷代僅朱子堪與比擬。至於其義理規模之圓融精奧，則孔子之後第一人也。〔註4〕茲略述其思想「崇本貫末」與「即氣言體」之二大特色如後。

其一，爲「崇本貫末」。此乃船山迥異於宋明儒與清儒之根本思路也。〔註5〕夫宋明儒學之重心在「內聖學」。所謂「內聖學」，即是探討道德主體與心性本體之學問。其根本課題乃在確立道德之超越根據，使道德成爲可能且具恒常之價值。其根本用心，則在從變動無恒之現象（末），逆覺體證此亦超越亦內在之道德主體（本），故其學問之趨向乃是「由末探本」。至於清儒之考據學，則根本失去體證「道德主體」之用心，而僅專注於音讀訓詁，可謂處末自行，更無所謂「探本」。較之上述二者，船山確爲別開「生面」，〔註6〕不與類同。彼一則尊崇、肯定此道德主體之意義與重要，一則更求積極

〔註3〕 本段所述船山生平，主要參見曾昭旭先生《王船山哲學》（臺北：遠景公司，民國72年）第一編〈王船山之生平〉。

〔註4〕 曾昭旭先生曾云：「……於是內外本末，還成一體，此即船山義理，所以爲眞實之圓融，而孔子之後，唯一臻於大成之境者也。」見所著《王船山哲學》，頁553。

〔註5〕 參見曾昭旭先生《王船山哲學》第三編第一章〈船山義理之根本方向〉。唯其原用「由本貫末」一辭，意在強調船山「貫末」之義，以別於宋明理學之「由末探本」。然船山之「貫末」實由「崇本」出發，故試改爲「崇本貫末」，以明船山學「本末俱重」之實義也。

〔註6〕 船山曾自述其志爲「六經責我開生面」，勞思光則頗不以爲然。其謂：「船山之學原爲『天道觀』下之一支；其立論敷陳雖繁，大旨不外《易傳》與橫渠之觀念，故其病亦可由其根本模型看出。此種種觀念原非創自船山，學者不可以爲船山眞能爲『六經』開『生面』也。」見所著《中國哲學史》（臺北：三民書局，民國70年）冊三下，頁724。夫船山之義理規模，雖爲先秦之後唯一臻於大成之境者，然就學術理論而言，船山之內聖學或不如陽明精湛——

從此道德主體向外發用，以成就具體之道德事業。故其學問之根本方向乃是「崇本貫末」也。較之「由末探本」，此「崇本貫末」之特點，當在貫末重用也。大「由末探本」，在即用見體而全用是體，所重在見體而非致用，因此其用乃與時俱化，但存其體之神，而一切現象並未得到積極之肯定。〔註7〕「崇本貫末」則不然，以其既是「崇本」，則自是積極肯定此神用之體，故其用乃不獨存其體之神，實乃化而猶存，俱見神用之畜積日富，故一切現象乃非僅與時生滅，變動無恒，而實乃大化流行之日新日成，故一切文化活動之道德意義，與歷史文化凝成富實之美，乃獲得積極之肯定。故知「貫末重用」者，乃船山思想眞能大異於宋明理學，進而遙契孔子者也。若以孔子仁禮並重之思想而言，宋明理學「由末探本」，所重在復性歸仁矣，而船山之有進於此者，則在既重仁亦復重禮也，是以「重禮」實可謂爲船山學之特色，而船山禮學乃爲吾人研究船山學所當特重者也。

其二，爲「即氣言體」。〔註8〕此實爲船山學所以獨具「崇本貫末」思路之理論根據也。夫所謂氣者，存在之意也。依船山之意，一切天理心性，俱必直貫於存在面上，始能全竟其義，故其力主天理心性，「必在氣上說」，故「天即以氣言」。〔註9〕而一重氣則亦重禮矣，蓋禮即天理心性之現於形色，著於行事也。〔註10〕故船山之重氣，亦即重用重禮也，是益可知「禮」乃船

——此非謂船山其人之道德境界，不若陽明之高，亦非謂船山於內聖學有所疏失，實因船山學乃直承宋明儒內聖學，而對外加以開展，故其學理亦特重致用貫末，而於內聖學，遂不如一意注重良知之教之陽明精湛也！然而就義理規模而言，則陽明學遂顯偏至，而不如船山學圓融矣；此外客觀且嚴格而言，船山雖於我民族道德生命之流衍，反省甚深，亦知理學之弊在重本輕末，故而特別強調致用達禮，然於事實上，船山仍不免受限於時代、文化特質（分解、盡理之精神，乃我民族基本性格之一大缺憾）等，並未能眞正建立「以至仁大義立千年人極」之理論制度規模，故就「哲學理論」而言，得勞氏如此森嚴之評，自是不免，然而吾人若仔細斟酌船山爲學之用心，便可明白所謂「六經責我開面」，原不在前無所承之創立新說，乃是在調整宋明理學思想偏向，爲學術思想，民族慧命開創一健康整全之新方向與生機。（此所謂「新」，自是和宋明理學比較而言。）故船山之可貴，不全在「哲學」意義上，而更在「文化」意義上，所謂「開生面」，亦當如是觀之。

〔註7〕儒學乃體用圓融，故就理論而言，有體必有用，乃合一無間，然宋明理學之重在見體，於事實上不免輕忽「致用」。

〔註8〕見曾昭旭先生《王船山哲學》，第三編第二章〈論船山之即氣言體〉。

〔註9〕王船山《讀四書大全說》卷十（收入《船山遺書全集》冊十三，自由出版社影上海太平洋書店排印本，民國61年），頁32下。

〔註10〕參見唐君毅《中國哲學原論原教篇》下，（臺北：學生書局，民國68年臺再

山學之特色，為吾人研究船山學之當特重者也。

　　基於以上所述，船山學體用圓融，仁禮並重，內聖外王全備，實為復興我民族文化之良方，亦為會通中西文化之基石，最為切合時代之課題與需要。然三百多年來，由於船山孤苦隱晦之身世、其以注疏為主之著作方式，及其根本思路之獨特等眾多因素，遂使船山學　直沈晦不彰。〔註11〕雖則船山學於今日已較過去興盛，研究者日益增多，然其義理猶有為人所誤解者。大體而言，船山思想最易為人所誤解者有二：首為就其「即氣言體」之說，而誣枉其學為唯物論者。此論以大陸學者為最，而為世人所易於分曉辨明者。〔註12〕其次，船山重用貫末而重禮之思想，每不易為學者接受，尤以力主或獨尊陽明良知之教者為然。此實較難疏通迴轉者。〔註13〕此後一誤解之起，不僅涉及船山學真義之認識，更兼涉及對儒學義理系統之內涵與精神之了解；不僅影響個人道德實踐之抉擇，更可能廣為影響學術風氣及文化發展之方向。澄清之道，其為對「船山禮學」進一步之探討與研究乎！

　　本論文之研究目的，即在道德實踐之基礎上，嘗試以船山義理思想為背景，從而探討船山論禮之根據、功效與特色，進而彰明船山論禮之涵義與價值，故本論文之重點，不在船山於諸般禮制、儀節之考辨，亦不在船山禮學著作與歷來有關《禮記》重要著作之比較研究，而係在船山之禮學思想本身也。〔註14〕

二、研究資料與方法

　　本論文研究以船山禮學著作《禮記章句》為主要資料，而以船山思想系統為背景，然船山思想散見所注各經，並無一系統之著作可資參據，故僅以

版）第二十三章〈王船山之人文化成論〉。

〔註11〕船山學所以沈晦不彰之故，曾昭旭先生分析詳實，參見《王船山哲學》，頁289～292。

〔註12〕大陸學者有關船山學之著作，收集不易，僅就略有聞見者而言，如嵇文甫〈王船山學術論叢〉、侯外廬〈形式知識上解放的哲學家王船山〉、方克〈王船山辯證法思想研究〉、及不著撰者之〈明清之際理學總批判——王夫之〉等，皆謂船山學說為「唯物主義」也。

〔註13〕參見曾昭旭先生《道德與道德實踐》（臺北：漢光文化公司，民國72年）內篇〈論道德之義與儒道佛之辨〉、〈道德之曲成與良知之坎陷〉、〈再論禮之經常義〉、〈說道德與道德實踐〉，和附錄：楊祖漢〈道德之經常義與超越義〉、岑溢成〈道德之兩層經常義〉。

〔註14〕「禮」乃中國文化之一大特色，亦是中國義理思想之重要概念，然而傳統儒者之治禮，向來較重禮制、禮教等具實效意義者，故多從經學、社會學、宗教學等角度著手研究。至若從思想之角度，研究「禮」之為一義理概念者，則鮮矣。

船山晚年極爲重要之思想代表作《張子正蒙注》爲主，〔註15〕並多參酌前輩
學者之研究成果，而曾昭旭先生於船山憂患之情與爲學苦心，體會至爲深切，
其書《王船山哲學》義理精備，條理井然，尤爲本論文所借重。又本論文之
引文，泰半出自船山《禮記章句》一書，爲免冗贅，並省翻檢，凡引自該書
者，皆於引文下逕標出卷數、頁碼，而不一一提及書名也。

　　本論文之研究方法，除一般之歸納、演繹外，猶特重「分析」、「比較」、
「還原」與「體證」，其故如下：

　　第一：船山禮學思想，主要見於《禮記章句》一書，該書係爲注疏體，
故船山常因隨文訓釋，而有一義多名或一名多義，需一一辨明其異同者，故
本論文需特重分析、比較法。再者，本論文猶特需辨明《禮記》之思想與船
山禮學思想之分際，進而確定船山禮學思想之範圍，以免有失輕重，或相互
混淆也。此亦本論文所以特重分析、比較法之故也。凡船山直承經文之意而
有明顯之訓釋，或船山本其義理思想，對經文原意加以引申、發揮、規定、
與駁斥者，皆在船山禮學思想範圍之內也。爲避免混淆，於必要時，皆有所
說明，如第五章船山論禮之圓（廣）義有九義，此即直承《禮記》思想，而
爲船山禮學思想所涵攝者；又如第二章第二節船山論禮之大本之諸名義，即
爲船山直承《禮記》原文，而本其義理思想，加以引申發揮者；再如第二章
第一節船山論禮必有本，其評〈月令〉、〈明堂位〉、〈儒行〉諸篇，即本其義
理思想而加以駁斥者也。

　　第二：船山禮學思想，實根於其全盤之義理思想體系。故惟有將船山禮學
之思想要義，還原至其思想之最後根源——亦即船山義理思想之基本觀念，方
可得一通貫之了解。故本論文特重「還原法」。惟船山義理思想體系，乃本論文
之背景，非即爲主題所在，故本論文之作，亦應嚴守主題，以免輕重不分、喧
賓奪主也。

　　第三：中國義理學與西方純粹知識之學大異之處，即在其乃一以「安身
立命」爲主之生命學問，要在學者篤實踐履，切己體證，是以研究中國義理
學，「重體證」遂成爲一最基本、最切要之方法。故本論文亦應以個人切己之
道德體驗爲基礎，以免徒務知解，流於戲論。

〔註15〕《張子正蒙注》雖爲船山晚年之著作，然船山思想之根本見地，於三十七歲
　　　　作《周易外傳》時，已然挺立，此後再順此加以補充開展，以臻細密完備，
　　　　並無根本之歧異也。參見《王船山哲學》，頁22、43～44、68。

三、研究內容提要

茲略述各章之內容如下：

首章爲「緒論」，分「研究旨趣、方法與內容提要」、「船山禮學著作評介」二節。

第一章「船山論禮之大本」，闡明船山論禮所以運行天下，而使之各得其宜之根據，分「禮必有本」、「禮之大本總論」、「禮之大本分論」三節。

第三章「船山論禮之達用」，闡明船山論禮行於天下之功效，分「禮重達用」、「禮以立人道」、「君子秉禮以修己應物」、「聖王制禮以治人用物」四節。

第四章「船山論禮之本末通貫」，闡明船山論禮之體用圓融與本末不二，分「禮必本末通貫」、「天道人情不二」、「心物交盡」三節。

第五章爲結論「船山論禮之涵義與價值」，闡明船山禮學之多重涵義與恒常價值，以點出船山禮學之特色與價值。

第二節　船山禮學著作評介

船山禮學著作，有《禮記章句》四十九卷與《識小錄》一卷。《識小錄》成於己巳年（1689，時船山七十一歲）秋，〔註16〕乃船山於當時官制服飾等禮制之小考據，並未直接論及義理，故與本論文有關之船山禮學思想著作，唯《禮記章句》一書耳。

一、船山章句《禮記》之經過與旨趣

船山《禮記章句》成於其五十九歲，〔註17〕至於始於何年，則不可考，唯知船山五十七歲時，「章有謨來遊先生門下，受所注《禮記》」，〔註18〕「五年歸，名其齋曰景船，著《禮記說約》三十卷。」〔註19〕故知是書之作，當始於五十七歲之前也。而船山之著《禮記章句》，殆爲授徒教學之用者也。觀

〔註16〕張西堂《王船山學譜》（收入《船山遺書全集》冊廿二：《船山學術研究集》，臺北：自由出版社，民國61年），頁342。

〔註17〕張西堂《王船山學譜》，頁169。其他各譜亦皆記有此事。又，許冠三〈船山學術生命年譜〉（見所著《王船山的致知論》，香港：中文大學出版社，民國70年）記船山五十五歲時《禮記章句》初稿成，唯此資料僅此一見，未知何所據，姑錄於此以資參考。

〔註18〕張西堂《學譜》，頁169。

〔註19〕同上，頁369。

有譌歸後之行事，則船山《禮記章句》於其影響深矣。

　　夫中國傳統禮學廣涵三禮，船山何獨單注《禮記》耶？且與船山同爲注重禮學之朱子，其著《儀禮經傳通解》，即爲通禮之作也，而船山何以但治一禮耶？又宋朝以後，思想家多寓其政治社會理想於《周禮》一書，如李覯有《周禮致太平論》五十一篇，王安石有《周官新義》，張載有《經學理窟》，何以講究經世致用之船山，於《周禮》竟無發明，而獨鍾情於《禮記》乎？其取舍之宜，與《章句》之旨趣，究爲何耶？

　　蓋通禮之治，殊爲不易，一則三禮經典本身之性格，並不相同，再則除作者之聰明達識外，尤須客觀環境之配合，如朱子之修《儀禮經傳通解》，前後三次，由中年至老年、動用門人弟子十數人，甚且申請府庫補助，及其死後，又賴門人弟子之續修，始得竟功，〔註20〕是知通禮之治，實非身當亂世，避居猺洞之船山所可爲也。

　　再者，《周禮》乃體國經野，治世之道，非亂世之得與也。船山身遭亡國滅族之痛，深知大勢已去，無可挽回，乃一意以學術維繫民族命脈於不墜也。否則以船山之重致用，豈無體國經野之大志？其雖嘗評《儀禮》多出周公之後，非周公之舊文（參見卷七，頁11），然吾人觀其於七十一高齡，猶於病中勉成《識小錄》，可知其於當代禮制猶甚關切，而其於《周禮》、《儀禮》應無輕棄之心也。特因時不我予，唯能擇其要以當之耳。且禮之爲經，所重在義，而禮義之會通，又在《禮記》，故船山注《禮記》以修明禮義，猶可維繫禮之精義於不墜，傳之後世，以俟來者也。此或其所以獨注《禮記》之故，而可視爲其章句《禮記》之旨趣之一也。

　　其次，船山所以章句《禮記》，又在不滿於陳澔之《禮記集說》也。其子王敔〈大行府君行述〉云：

> 《禮記》則謂陳氏之書應科舉者也，更爲章句，其中〈大學〉、〈中庸〉則仍朱子章句而衍之。〔註21〕

所謂陳氏之書，即元陳澔《禮記集說》也。自明朝初年起，《禮記》科考定用陳氏《集說》，而胡廣等修《五經大全》，《禮記》亦以之爲主，陳氏《禮記集說》遂大行於世。然陳澔於自序曾謂其著述之旨趣云：

〔註20〕參見戴君仁〈儀禮經傳通解與修門人及修書年歲考〉、〈書朱子儀禮經傳通解後〉。（皆收入《梅園論學集》，臺北：開明書店，民國63年）

〔註21〕見最近由王船山之後人所公開之船山八世孫王德蘭手抄本。

> 蓋欲以坦明之說，使初學讀之，即了其義；庶幾章句通，則蘊奧自
> 見，正不必高爲議論，而卑視訓故之辭也。〔註22〕

是知陳澔初即無意於禮義之發明，故其書用爲蒙訓、應科舉則有餘，但求以
經術義理則嫌不足矣。而船山之視《禮記》，乃合乎「體先聖復性以立人極之
意」者，其言曰：

> 《禮記》者，……於以體先聖復性以立人極之意，其不合者鮮矣。
> 善學者通其異以會其同，辨其顯以達其微，其於先王窮理盡性修己
> 治人之道，明而行之，亦庶乎其不遠矣。（卷一，頁 1）

故其不滿陳氏《集說》，而別爲《章句》，亦是自然不過之事矣。由此遂知船
山《禮記章句》之主要旨趣，即在發明禮義，以勉人於復性立人極矣！

二、船山章句《禮記》之態度、方法與體例

　　船山章句《禮記》，旨在發明禮義，以勉人於窮理盡性。而其撰著之態度，
則在「唯義是從」也。故其於經文之「多所難通者」，則曰「不必強爲之說」
（卷三，頁 2 下）；於經文之與上下文義不屬者，則曰「不必強爲附合也」（卷
一，頁 5 下）；又於各篇所記互有同異，不相會通者，則主「惟精義以察之，
則得失可考，不在區區辨難之間也。」（卷五，頁 15 下）；以其「唯義是從」，
故能多聞闕疑，誠實以待，知之爲知之，不知爲不知也。如謂經文魯哀公誄
孔丘一事曰：「此與《春秋》傳所載異，未知孰是。」（卷三，頁 40 下）。又
如謂〈儒行〉篇「儒有澡身而浴德」一節曰：「此節文義多不可曉」（卷四十，
頁 3 下）。以其「唯義是從」，故能「獎斥分明」也。如其於〈月令〉一篇本
極爲不滿，然於該篇所言之農政、蠶政等，亦明謂爲「月令之不可廢者也」（卷
六，頁 1，又頁 5 下）。亦以其「唯義是從」，故又主讀者於經文當「通其意而
勿滯其辭」（卷八，頁 1），「不可以辭害之也」（卷卅二，頁 1）。凡此，皆見
船山章句之「唯義是從」也。

　　至若船山章句《禮記》之方法，尋繹所得大致如下：

1. **釋字義**。如釋經文「志不可滿」，云：「志者，心有所期於事也。」（卷
   一，頁 1 下）

2. **載音讀**。如注經文「敖不可長」，曰：「敖，五報反。長，丁丈反。」
   （卷一，頁 1 下）又如注經文「旬有二日，乃閒。」云：「閒如字，俗

〔註22〕元陳澔《禮記集說》（臺北：世界書局，民國 51 年），卷首自序。

讀去聲者非。」（卷八，頁 3）

3. **講名物**。如釋經文「藜莠蓬蒿並興」，云：「藜，蒺藜。莠，似稷無實，俗謂之狗尾草。蓬似蒿，尾端有絮。蒿，邪蒿。」（卷六，頁 6 下）

4. **著衍文**。如於〈檀弓下〉篇：「虞人致百祀之木，可以為棺椁者斬之……」注曰：「椁，衍文。」（卷四，頁 29）

5. **正字句**。如釋經文「不可同於所安藝之甚也」，云：「甚字，疑誤，或當作旨，古篆文甚旨二字相近，旨亦義也。」（卷十一，頁 14）又如於〈內則〉篇「縣衾篋枕、斂簟而襡之……」一節云：「首九字錯羨。」（卷十二，頁 4）

6. **辨脫誤**。如謂經文「蝸醢而苽食」，云：「『蝸醢而』三字，蓋下文脫誤在此，今未詳其在處，姑仍之。」（卷十二，頁 11）

7. **定錯簡**。如其〈禮運〉篇駁「大同小康抑揚之論」，云：「今為定其錯簡，通其條貫，庶幾大義昭明，而謗誣者其可息與。」（卷九，頁 7 下）如曰：「此節（「以賢為知」一節）舊在以立田里之下，蓋錯簡，今定之於此。」（卷九，頁 2 下）

8. **分章節**。如其謂〈曲禮〉篇「先儒因簡策繁多，分為二篇……舊未分章，諸說多所割裂，今尋文義為之節次如左。」（卷一，頁 1 下）又如云：「舊說皆以此章（按即〈檀弓上〉篇「布幕、衛也」章）連上章，俱為曾申答穆公之言，今按曾申所答，乃禮之大者，其餘喪制槩未之及，不應獨詳一幕，故分為二章云。」（卷三，頁 7 下）

9. **核異同**。如云：「〈祭法〉……與此篇（〈王制〉）及〈月令〉異，似當以此為正。」（卷五，頁 14）

10. **訂舊說**。如釋經文「虹藏不見」，云：「舊說陰陽不正之氣所感，其說未是。」（卷六，頁 28 下）

11. **正經文之謬**。如謂〈曲禮下〉篇「士自稱曰陪臣某，於外曰子」，曰：「二句蓋錯誤，當云……。」（卷二，頁 13）

12. **以經注經**。如釋經文「晉獻公將殺其世子申生」一節云：「按《春秋傳》，申生死於新城時，重耳在蒲，此言重耳諫申生，蓋傳聞之誤。」（卷三，頁 7 下）

13. **明義理**。如論經文「敖不可長，欲不可從，志不可滿，樂不可極。」云：「四者之動，以禮節之，則各適其當而不流，是以君子貴乎循禮

也。」（卷一，頁 1 下）

14. 申旨趣。如云：「按天道人情乃一篇（禮運）之大指。」（卷九，頁 3
下）

15. 定綱目。如云：「此一節（按即「后王命冢宰降德于眾兆民」節）乃
一篇（〈內則〉）之綱領，自卜節以迄於篇末，皆降德之條目也。」（卷
十二，頁 1 下）

以上為船山章句《禮記》方法之大要，是知船山之章句也，乃義理與訓詁並重，
道德教化與知識教育齊一也。而由以上船山章句之方法，於《禮記章句》一書
之體例亦可略窺端倪，以下即進而討論有關船山《禮記章句》體例之問題。

船山《禮記章句》之體例，顧名思義，即分章別句，詳為疏解也。夫船
山於《五經》與《四書》之論著，除義理之專書外，皆別有《稗疏》與《考
異》等考據之作（惟《春秋》但有《稗疏》、無《考異》），且依船山著述之例，
皆先《稗疏》而後《考異》，而後始有釋義也。何以《禮記》則唯獨《章句》
一書耶？夫船山之《稗疏》多正名物訓詁，《考異》則為考異文之作也，而前
所論船山章句《禮記》之方法，實已包涵正名物訓詁，與考訂異文之事矣，
故船山於《禮記》雖唯有《章句》一書，然實已涵蓋其著述之全例：訓詁考
據與義理思想俱全矣，唯其於訓詁考異之文並未自成一書，故無《稗疏》、《考
異》之名耳。此亦《禮記章句》較之船山其他因經立傳之著作，如《周易內
傳》、《四書訓異》、《正蒙注》、《莊子解》、《楚辭通釋》等，猶為整飭之故也。
蓋上述諸書，除《莊子解》與《楚辭通釋》二書，稍稍兼顧字音字義之注釋
外，壹皆以發明義理為主也。

船山之注《禮記》，既有正名物訓詁與考辨異文之實，何以不別為二書，
而竟皆合為一書，且名曰《章句》耶？蓋《章句》之作，主為教學用，以彌
補陳澔《禮記集說》之不足，故自以說理為主，並以合著為宜，此其一也。
又禮學之名物訓詁與考辨異文諸事，於鄭玄時已有相當之成就，故或謂「禮
學即鄭學」也，是以船山之訓詁考辨，容可隨緣增減，而以說義為主，此其
二也。再者，船山於五十六歲至六十一歲，前後五年，因避滇氛，泛宅流寓，
〔註23〕世亂體弱，自不比年輕時，能將各經皆先稗疏、考異成書，此其三也。
夫船山或為此三故，而於《禮記》獨為《章句》一書乎！

至於船山注釋《禮記》，何以用《章句》之體耶？夫「章句」者，「離章

辨句、委曲支派」，而可自傳己意者，〔註24〕此不正合乎船山之欲融匯考據義理於一書，且發明禮義之心意乎！其次，所以書名《章句》，蓋爲尊朱也。朱子有《學庸章句》，而船山云：

> 《中庸》、《大學》，自程子擇之《禮記》之中，以爲聖學傳心入德之要典，朱子《章句》之作，一出於心得而深切著明，俾異端之徒無可假借，爲至嚴矣。……故僭朱子之正宗而爲之衍，以附諸章句之下，庶讀者知聖經之作，朱子之述，皆聖功深造，體驗之實，俾學者反求自得。（卷卅一，頁 1 下）

船山以尊朱之故，於《學》《庸》二篇遂直用朱子之《章句》，而略衍之，以圓成朱子之意耳。是知船山尊朱之情隆矣，此或爲直名其書爲《禮記章句》之故乎！

　　以上討論船山禮學著作何以用章句之體，而獨成乎一書也。以下即簡介《禮記章句》之體例。大體言之，船山於每篇題下，皆先總釋篇名，諸如作者，撰著之考察及其流變、該篇之大義、該篇之評騭……等，皆在其論述之內，內容詳實豐富也。其後即分章辨句，或於各章之後，撮述章旨、申其獎斥；或廣爲運用前述諸法，以詳爲訓詁疏解，發明義理；或於篇末重申旨趣。要皆誠實中肯，各有的當。唯《大學》、《中庸》二篇，但作衍義，不別爲章句耳（見前）。

　　據以上所述，吾人可知《禮記章句》一書，體例嚴謹整飭，尤以融義理與考據於一爐爲其特色。夫歷來有關《禮記》之重要著述，能兼備漢宋學之長者，向推清孫希旦《禮記集解》一書。按清人孫鏘鳴序孫希旦《禮記集解》云：

> 是書首取鄭注、孔義，芟其繁蕪，撮其樞要，下及宋、元以來諸儒之說，靡不博觀約取，苟有未當，裁以己意。其於名物制度之詳，必求確有根據，而大旨在以經注經，非苟爲異同者也。至其闡明禮意，往復曲暢，必求即乎天理人心之安，則尤篤實正大，粹然程、朱之言也。〔註25〕

清孫衣言〈敬軒先生行狀〉亦讚孫氏《集解》云：

〔註24〕參見齊珮瑢《訓詁學概論》（臺北：廣文書局，民國 67 年），頁 13。
〔註25〕清孫鏘鳴〈禮記集解序〉，見孫希旦《禮記集解》（臺北：文史哲出版社，民國 65 年）卷首。

其大指在博參眾說，以明古義，而不爲詭詞曲論。故論者謂先生之
言禮，其於名物制度，考索精詳，可以補漢儒所未及；而深明先王
制作之意，以即乎人心之所安，則又漢儒所不逮也。〔註26〕

是知孫氏《禮記集解》一書，亦兼重漢學考據與宋學義理，而爲論者所推許
也。然前已謂船山《禮記章句》乃融考據與義理於一爐，故以今觀之，有關
《禮記》著述之兼重漢宋學者，實非始於孫氏《禮記集解》，而早見於船山《禮
記章句》也。且孫氏《禮記集解》之於義理，乃博參守成多，而發明創新少，
不若船山之時有精闢、獨到之見解也。由此亦可見船山學術慧識之超拔遠大，
非尋常學者可比也。惜乎船山學沈晦已久，故其《禮記章句》於禮學史上之
價值，亦鮮人論及，〔註27〕實待學者之研究探討也。

〔註26〕清孫衣言〈敬軒先生行狀〉，見孫希旦《禮記集解》附錄。
〔註27〕羅宗濤先生〈禮記述要〉（收入高明先生主編《群經述要》，臺北：黎明文化
公司，民國68年）介紹《禮記章句》云：「王夫之爲明末清初大儒，其章句
每有精闢之見解。」當代學者評述《禮記》諸家注本，而論及船山《禮記章
句》者，亦僅此一見耳。

第二章　船山論禮之大本

第一節　禮必有本

一、禮必有本

船山思想「崇本務實」，〔註1〕故其論禮，亦首重有本，如其云：

凡文皆有本，而載本以成乎文也。（卷十，頁2）

器皆載道，而非道則無以成乎用。……無本不立。（卷十，頁18下）

誠所不及，禮所不行也。（卷十五，頁2下）

而其於禮之本之看重，尤見於其論〈孔子閒居〉篇「五至三無」云：

禮樂者，君子所以化成天下，而爲元后父母之實者也。然非達於其原，
則積之不厚，而用之不弘。五至三無之道，所以達其原而深體之也。
至，以存諸中者而言，謂根極周洽，而誠盡其理也。無，以發諸用者
而言，謂未有其文，而德意旁通無不徧也。（卷廿九，頁1）

體，制度文爲之成體者。君子中和惻怛之德，周徧流行無所間斷，雖
聲容緣飾，因事而隆，而盛於有者，不息於無，故文有所替，而德無
不逮，其以酬酢群有於日用之間者，無非此也。（卷廿九，頁2）

君子莊敬日彊，無時而懈，不待賓祭之節，有體制之可脩，而始成

〔註1〕　參見曾昭旭先生《王船山哲學》（臺北，遠景出版社，民國72年）第三篇第一、
二章；唯「崇本貫末」一辭，先生作「由本貫末」，意在標明船山思想之根本
思路，本文試改爲「崇本貫末」，則重在點明船山思想之本末俱重，無分軒輊。

—13—

乎禮也。(卷廿九,頁 2 下)

船山於此盛論文或可無而待其制,而本則未可須臾離也。蓋本之成用,固賴文以備之,然本之自立,則不倚於文也。且大本既立,則雖一時無文可援,然其行亦必自然中節,自有其「無文之文」以全其本也,故船山云:「得其本而理皆具,事無不統也。」(卷九,頁 16)

　　復次,船山之論本體,乃「即氣言體」,是即重存在,亦重流行者,是以其崇本,實亦重動也,故其於《禮記》全書中,特重言「體」之〈禮運〉篇,而論之曰:

　　運者,載而行之之意。此篇言禮所以運天下,而使之各得其宜。而其所自運行者,為二氣五行三才之德所發揮,以見諸事業。故洋溢周流於人情事理之間而莫不順也。蓋惟禮有所自運,故可以運天下而無不行焉。本之大故用之廣,其理一也。故張子曰:「禮運云者,語其達也;禮器云者,語其成也。」達與成,體與用之道,〔註 2〕合體與用,大人之事備矣。(卷九,頁 1)

禮所以運行於天下,通達無阻者,必其有本。故船山釋禮之「達」云:

　　達者,有本而推行皆通之謂。(卷九,頁 4)

　　進而言之,船山之崇本重動,亦即重實也,故其論禮亦暢言「禮非虛設」:

　　制不可過,情必相當。(卷七,頁 14 下)

　　徒為豔飾,非禮也。(卷十三,頁 8 下)

　　情義所不及,不虛飾也。(卷十五,頁 6 下)

　　賢者果有不忘親之實,乃能以心行禮,而非徒虛設其儀也。(卷廿五,頁 1)

　　卒事,謂死而歸土則事已竟,禮不贅設,所以奠幽明之位而安死者也。(卷三十,頁 9 下)

　　禮非虛設,而自然之節文,一因乎人情之實,而不可損益矣。(卷卅七,頁 1)

蓋禮實則敬而安,虛則僞而危,其小者如「季康子苟取輕華」之「失禮」(卷

───────────

〔註 2〕　按「體與用之道」,原無「之道」二字,茲據《張載集》(臺北:里仁書局,民國 70 年,蕺新編校本)「至當」篇補入(見該書頁 33)。又卷十,頁 1,船山云:「運之者,體也。」

十三，頁 10），其大者或竟致國於危亡之階：

> 心不喻於其義，則見爲虛設，而徒束於法制以強行之，志衰氣荼，
> 敬必弛矣。……危亡之階也。（卷廿五，頁 10 下）

故船山所謂好禮者，必是「務本篤行之士」（卷四六，頁 3 下～4）；其於孔門
諸弟子中，獨力讚曾子（卷三，頁 9 下），屢屢爲之辨正（卷三，頁 21 下～
22；卷四，頁 4 下），並推之爲「學聖人之法」（卷三，頁 29）者，亦正緣此
之故也。實則曾子論禮，並非全無不當（卷四，頁 11 下），而船山亦深知其爲
「魯者，樸誠有餘而節文不足」（卷四，頁 4 下）；船山之所以特加珍惜敬重
者，實因「曾子之學得其大者」（卷四，頁 4 下）與曾子之能「謹禮守正」而
篤其大本也（參見卷三，頁 9 下），此亦足見船山論禮之崇本務實至爲殷切也。

　　復次，船山論禮必有本，大至聖學，小至日常授受之微，可謂巨細靡遺。
就其大者言，船山以爲「先存理而次遏欲者，聖學所以異於異端而有本也。」
（卷一，頁 2 下）聖學與異端之辨在「有本」，而君子與細人之分，亦在有本
與否，有本則矜而不爭，從容中道，如論「不食嗟來之食」云：

> 嗟也，去之而已，不必自矜已節以拒人也。謝則食之，不以窮爲諱
> 也。忿戾加人，一發而不可反，小丈夫之操也。君子矜而不爭，從
> 容於死生之際，而人莫敢不敬，其道大矣，非細人之所知也。（卷四，
> 頁 29）

至若日常行正，亦需有本，以免妄用。茲舉船山論相卜、養生二事爲例，以
明其重本之意：

> 卜筮之神用，其精義雖不止於此，然苟非盡性至命而合天人之蘊者，
> 則其所尚於卜筮者，但率此意以行之，猶爲寡過，不然廢人事瀆鬼
> 神，或至見義不爲而失幾召敗，則卜筮且爲冥行徼幸之用，而廢之
> 可矣。（卷一，頁 30 下）

> 此節（指〈月令〉篇「君子齋戒」一節）所言與養生家之説有相近
> 者，君子以修身俟命，節取之可也。然亦止此而已矣，過此以往，
> 則爲魏伯陽、張平叔之邪説矣。（卷六，頁 17）

二、斥無本之論

　　禮必有本，無本則行僞，所謂「質不立而所行皆僞矣」（卷一，頁 3），故
船山評「冉子爲孔子攝束帛乘馬以將伯高之喪」一事爲「禮之僞也」（卷三，

頁 14 下～15），斥「言禮而弗思弗辨而執以爲然」者，及「飾文以竊禮之小人」爲「禮蠹」（卷三，頁 12 下；卷九，頁 19 下），且於《禮記》中「無本而亂末」之〈月令〉、〈明堂〉、〈儒行〉三篇，嚴加撻伐，其論〈月令〉云：

> 〈月令〉一篇，舊云呂不韋所作。今《呂氏春秋‧十二紀》之首具有此文。而《管子》、《淮南子》亦皆有之，特其文小異，惟《呂氏春秋》與此異者不過數字，是以知其所傳自呂氏出也。先王奉天出治，敬授民時，蓋亦有斯義也。而〈夏小正〉及〈素問〉所記時物，亦參差略同。不韋本以賈人，由嬖倖爲秦相，非能自造一家言者；且其駔儈姦詭，亦不能依附正道。而此篇所紀，亦略髣髴先王之政教。蓋戰國之時，教散說殊，八家之儒與雜流之士，依傍先王之禮法，雜纂而附會〔註3〕之，作爲此書。而不韋以權力襲取，捇爲己有。戴氏知其所自來，非呂氏之獨造，而往往與禮相近，故采之於《記》，以備三代之遺法焉。至不韋之雜以權謀者，則黜從刪斥，可謂辨矣。顧其謂明堂十二室，王者隨月居之以出政，立說舛異，與五經不合。而後世公玉帶之流，創爲欹側零星非法之屋，謂之明堂。蔡邕祖而爲之，施及拓拔宏、武曌，緣飾猥媟，蓋自此始。其爲戰國游士，設立虛名，以驚聽覩，既無足疑。若夫先王敬授之義，止以爲民農桑開斂之計，未嘗屑屑然師天之寒暑陰陽，襲取以爲道法。此篇所論刑賞政教，拘牽時數，抑不足以憲天而宜民。且災祥之至，謂爲人感者，要以和則致祥，乖則致戾，爲其大較。至祥沴之至，或此或彼，天造無心，亦奚必以此感者即以此應，拘於其墟而不相移易哉！君子恐懼修省，敬天災而恤民患，亦盡道於己，而天即不違。執一成之應感，以逆億天心，徒爲妄而已矣。《易》曰：天地設位，聖人成能。設位者天，成能者人。仰干其位而自替其能，固已殊異乎君子之道，而後世變復之邪說，流爲讖諱，以惑世誣民，皆自此興焉。自漢以來，未能絀此篇於五經之外，今姑因其說之可通者而詮釋之，其事理之不足信從者，則亦略之而已。（卷六，頁 1）

其斥〈月令〉之舛異，幾欲絀之於《五經》之外，故於該篇他處仍屢糾其謬（參見卷六，頁 3 下、6 下、9、19 下～20），茲不贅舉。至於與〈月令〉相

〔註3〕「附會」原作「附曾」，茲依上下文意改定之。

關之〈明堂位〉，亦因無本而難逃其譏評：

> 〈明堂位〉者，取篇首之辭以爲篇目。蓋魯之後儒，張魯而爲之侈大
> 之詞，原本周公總己之事，以紀其禮樂之盛，其後班固〈典引〉，柳
> 宗元〈晉問〉之類，皆迹此而爲之者也。顧不知魯僭天子之爲非禮，
> 則欲張之而祇以損之。後儒不察，益從而附會〔註4〕焉，加之周公負
> 扆之說以厚誣聖人，則傷名義而啓僭亂，尤爲世道人心之大害。讀者
> 知節取焉，以稽古儀文器物之制可爾，若侈其說以淫泆而入於亂，則
> 所謂盡信書不如無書者也。抑攷明堂之制，孟子曰：王者之堂，猶言
> 天子之宮也。其在〈考工記〉所志，既詳廟門、闈門、路門之制，抑
> 云內有九室、九嬪居之，外有九室、九卿朝焉，是內容燕寢，外列宮
> 署，即王宮之通稱審矣。天子之宮以大廟爲禮法之正朝，故覲禮曰天
> 子負扆，正與此記脗合。又云諸侯肉袒於廟門之東，乃入門右，北面
> 立告聽事，是天子朝諸侯於大廟戶牖之間，其廟之堂坫，即所謂明堂
> 也。自呂不韋之說興，沿流至漢，謂天子於國之南，立一十二月頒政
> 之宮曰明堂，公玉帶之徒，又以邪說文之，而上圓下方九室十二庭，
> 纖妄之制出，不特規模瑣屑同於兒戲，遷徙避就等於師巫，且令匠者
> 無所施其結構，小道害正，莫有如此之甚者也。即以此篇攷之，曰：
> 「天子負斧依，南鄉而立」，是位定於鄉，明其不隨四時而易面，既
> 有明證，且其序次諸侯四夷之位，固非九筵之廣三分去一之所能位
> 置，抑云大廟天子明堂，則堂爲廟堂，益爲可信，而呂不韋，蔡邕之
> 邪說，不待辨而知其誣矣。（卷十四，頁1）

然而船山所最嚴斥者，莫過於〈儒行〉，船山云：

> 〈儒行〉一篇，詞旨夸誕，略與東方朔、揚雄俳諧之言相似。藍田
> 呂氏（按，指宋·呂大臨）以謂：「有矜大勝人之氣，無從容深厚
> 之風。與不知者力爭於一旦，蓋末世儒者將以自尊其教，而託爲聖
> 人之言，有道者不爲也。」其說是已。顧又曰：「然其言儒者之行，
> 不合於義理者殊寡，學者果踐其言，亦不媿於儒矣。」則亦不知其
> 博而寡要，有枝葉而不知根本，使循是以爲之而求其合，亦必不可
> 得之道也。且其文句複亂險澀，似多脫誤，有不可得而通者。益以
> 知言由德立，非知德者，則欲其辭之安定，必不可得，而況其深焉

─────────────────

〔註4〕同上。

者乎！蓋於《戴記》四十九篇之中，獨爲疵戾，而不足與《五經》
之教相爲並列。（卷四一，頁 1）

或謂船山於〈儒行〉之批評爲苛求太過。實則由船山義正辭嚴毫無寬假之態度，
亦可知其尊崇大本之鄭重與深切；且其評論之森嚴，亦非無的放矢，徒務新奇，
而乃義理之不得不然也。是以，於船山學深有所契之熊十力先生，﹝註5﹞雖別
爲〈儒行篇論正〉，﹝註6﹞主張「儒行十有五儒，歸本仁道」，﹝註7﹞然其「論正」
或疑伊川「虛誇」之斥，或不滿章太炎之淺見，獨於船山之言，無一微辭，此
亦足見船山之嚴正乃根基於道，難以翻駁也。

　　除上述對〈月令〉等三篇之抨擊外，船山於《禮記》諸篇章句中，亦時
時對行禮議禮之無本者，頻加批駁，茲略舉其要者數端如下：

　　其一，爲評祭禮之無本者。船山云：

此章（〈郊特牲〉，第十四章）言郊祀之義，亦祭禮也。郊禮之大端於
斯備矣。其云迎長日之至，即所謂冬至。祀天於圜丘，自其去國中之
遠近，則謂之郊，自其兆位之所在，則謂之圜丘，其實一也。戴氏當
漢之初，邪說未興，故其言簡明而不妄。其後方士醮祠之說興，始多
爲神號以眩愚目。及王莽之世，讖緯蠭起，光武因之而不能革。垂至
鄭氏附以星家之言，迂鄙妖誕同於俗巫，誣經教以伸其邪論。至於曹
叡信高堂隆之淫辭，析郊與圜丘爲二，別立圜丘於委粟，自是以來唯
王肅所說，雖未能盡合禮文之本旨，猶爲近似。乃鄭學既盛，駁難騈
宂，日增其妄，至謂禘爲祭天，謂長至爲建寅之月，其悖謬有如此者，
蓋千年矣。自宋以來，邪說始爲衰息，庶幾斯禮之大明。而靖康之禍，
禮崩樂壞，日就苟簡，大禮終不可復，而人道且淪胥以亡，守先以待
後者，能無憂懼乎。（卷十一，頁 10 下）

蓋禮以祭爲重，祭以郊爲大，故其失本之爲害亦大也。是以船山特重郊禮之
正義，且於諸儒無本之論屢致其評而嚴措其辭也。

　　此外，船山釋〈祭法〉篇「燔柴於泰壇，祭天也」一段云：

此統言祭天神地祇之通禮，以明群祀陰陽類別之異。後儒不察，或

﹝註5﹞牟宗三，《生命的學問》（臺北：三民書局，民國 67 年，3 版），頁 115。
﹝註6﹞熊十力，《讀經示要》（臺北：明文書局，民國 73 年），頁 205～234。
﹝註7﹞同上，〈自序〉，頁 2。

引緯書妄立淫瀆之祀，又或誤讀《周禮‧大司樂》：「冬日，至圜丘，降天神。夏日，至方澤，出地示」之文，不得其解，遂以泰折爲方澤，而啓後世竝建北郊，以與南郊相亢之禮。不知天體同而地體異，不容於一邱一澤普祀大塊。且王者配天而爲天子，德在統天，若九州萬國，則諸侯各君其地，爲山川之主，而非王者之所獨擅，乃徒亢地於天，亂陰陽夷崇卑，其教下沿至於女抗男，厚利薄德，人道圮壞，其爲世害，固非淺鮮也。（卷廿三，頁 2～2 下）

又云：

天尊地卑，尊者獨而卑者同，天氣運而合，地道靜而分，故惟天子爲能統天以祀帝，而地則自諸侯達於庶人居焉食焉者，各得於其所分之域而致敬焉。王侯雖爲天下一國之主，而各有其圻服，亦各有其宮室土田，故既爲其圻服之民祀之，而亦必自祀之，則后土無統同之祭，親而不尊，人得分祀審矣。後世不察，躋后土以擬皇天，而於社之外，又建北郊，其違禮亂經，以汩高卑之常，惟不明於先王之道爾，又況女主之合祀以褻天者哉！（卷廿三，頁 5 下～6）

蓋禮有明文，天尊地卑，郊社分祀，不相爲亂，故「北郊」之立，凌社於郊，汩高卑之常，最爲船山所不容，而痛心疾首直斥其爲「淫祀」（卷卅一，頁 17），鄙其爲圮壞人道之大端也。

其二，爲評君臣行禮之失本者。船山云：

或問士之有婢妾子婦，猶天子諸侯之有臣。父母所愛，終身敬之不衰，然則先君所寵任之臣，將必以終其恩禮乎？曰：不然也。士之於其婢妾子婦，嚬笑之私，衣服飲食之惠，其所得專也。有天下國家者，序天位，頒天祿，授天職，以爲宗廟社稷，效非其所得專也。故先君之所寵任，非有大病於國者，三年無改可爾。若其蠹政殃民，而將危社稷，則誅逐之以救傾覆；勿能待矣。雖然，臣子之不幸而遇此，屈其心以伸法，必將以弗獲已（按：當作己）之心行之，而後可以免於疚。若快意驅逐，自矜明斷，以廓清爲功，以傾否爲名，施施然論功行賞於廟堂之上，則已（按：當作己）不慊於心，而小人反得借不孝之名以議其後，此元祐諸臣所以激成紹聖之禍也。天理之不差，尤嚴於君子，可不鑒哉？（卷十二，頁 7 下～8）

此深論禮敬先君寵臣之道，而以「紹聖之禍」爲無本者之戒也。船山又云：

敬君而及其馬，所以尊君者至矣。乃君之有近侍便嬖之臣，豈其不馬若？而忠介之士，必不爲之屈下，繩以禮法，責其驕寒，惟恐不至，則又何也？蓋廣敬而施及微賤者，臣禮之常；別嫌守正而不下比於匪人者，臣義之正，二者固並行而不相悖也。後世詔佞之徒，以懷祿固寵爲心，引「路馬不齒」之說，以文其依附權幸之姦，而世主曾莫之察，以疾趨於危亡宜矣哉。（卷一，頁34）

此論「敬君而及其馬」一義之分際，並指責後世無本詔佞之徒假此義以文其行者也。船山又釋〈曲禮下〉篇「國君死社稷」一語曰：

國亡與亡也。蓋國君之社稷，受之天子，承之先君先世，以元德顯功受帝王之命而修其先祀，國以外則皆非其所有矣，不能有其土，則不能修其祀，神明之胄浸且降爲編氓，而祖功宗德自我絕矣，是以有死而無去，國君之義然也。故《記》言「國君死社稷」，而不言天子，其義明矣。李綱徇都人懷土之私情，挾天子爲孤注，一時浮競之士翕然賢之，邪說相師，脅四海九州之共主，僅殉一都會之邑，而天下淪胥。邪說竊經義，而不詳其爲害亦憯矣，後之謀國者，不幸而當其變，其尚明辨於此哉。（卷二，頁8）

此闡明「國君死社稷」之非「天子死社稷」，而抨擊李綱之無本妄識，竊經義以行其邪說，竟致天下淪胥者也。

蓋船山歷史文化意識特強，且身遭國族淪亡之巨痛，故於君臣之道反省甚深；故凡君臣相接而亡失其本者，皆在其臧否之列也。

其三，爲評似有本而實無本者。無本之行，其失禮固大，然最可懼者，莫過於行似有本，而實乃虛有其表，如船山之論「文子」者：

如文子所稱，大抵依違利害，假公濟私，竊仁知之似而巧用之，殆孔子所謂鄉愿爾。文子以其術彌縫上下，而竊晉國之政，六卿皆屈焉。（卷四，頁33）

如此鄉愿，乃船山所深惡痛絕者，故《禮記》謂「行僞而堅，言僞而辨，學非而博，順非而澤，以疑眾，殺。」船山但順此而釋，而毫無間言，絕不通融，其云：

僞者，本以竊民覬利爲心，而假託於道也。堅而辨，則人不易測矣。非者，邪說詖行，博以濟其辨。澤美潤意，以飾其堅也。疑眾者，令眾人疑之爲君子，此鄉愿之實，而行異端之教者也。（卷五，頁24）

船山於《章句》中譏評無本之例多矣，上述不過略舉數端，以彰明其論禮崇本之深義也。船山所謂禮者必有大本，絕非虛設；行若無本則爲「僞」，爲「異端」，非但不得謂禮，而且直斥爲「禮蠹」，爲「小人」矣。吾人上述引文，於船山論禮之大本，亦已隱約可見，以下即進而論述其義，以明其大本之所在。

第二節　禮之大本總論〔註8〕

　　船山所謂本者，乃「原其禮之所自出也」（卷九，頁4），亦即「禮之所自運而運行於天下者」（卷九，頁3下），以今語言之，即是使禮成爲可能，且具有恒常價值之根據。據此，則本節論禮之大本，實已涉及船山之本體論，而《禮記章句》中，船山闡釋本體之言論亦多，惟此「本論體」之探討，已非本研究之重心，故不予深論。〔註9〕夫本體者，必親身體證而後可表詮之也。然本體實具無限性，故亦容不同之進路，以各有側重之名相以表詮之也。而《章句》中船山論禮之大本，或因體例所限，隨文引義，或因多方言詮，以顯此大本之無限性，故名義繁多，遂不免啓人疑寶，誤其論禮之本乃多元而歧亂也。實則其名義繁多，乃因名相言詮各有側重之故，非眞於大本有所分歧也。故以下即先分疏船山論禮之本之諸名義，再進而綜論於後，以彰其一義多名，一本通貫之實義也。

一、禮之大本諸名義分釋

　　船山思想崇本貫末，由天而人，故今分疏其大本之諸名義，亦當按其崇本貫末、由天而人之次序，由就其總體以言之，而就其乾德以言之，而就其化生流行以言之，而就其降命於人之心性以言之，而就其發爲人之諸德以言之，條貫而下，分層疏解也。唯船山論禮之大本，或因經引義，所論未必能統整齊一，如上述之條理井然也。然其雖不免略有參差，大體猶是不差，可統於上述之條理也。以下即分別釋論之。

（一）禮本於大一

　　此目乃承經文而有者，船山注〈禮運〉篇：「禮必本於大一，分而爲天地，轉而爲陰陽，變而爲四時，列而爲鬼神；其降曰命，其官於天也。」一段云：

〔註8〕　本節論禮之大本，俱重禮之總持義而言，故云「總論」。
〔註9〕　欲詳其實，參見《王船山哲學》第三篇第二章。

大，至也。至一者，理無不函富有萬殊而極乎純者也。語其實則謂
之「誠」；無所感而固存，四應而不倚，則謂之「中」；其存於人而
爲萬善之所白生，則謂之「仁」；其行焉皆得而不相悖害，則謂之
「順」；天之德，人之性，而禮之緼也。分者，體之立也；轉者，氣
之變合也；變者，運行之化也；列，序也，謂屈伸往來之序也。天
地、陰陽、四時、鬼神，皆大一之所函。函則必動：體有闔闢，而
天地定矣；氣有噓吸，而陰陽運矣；變通相禪，四時成矣；由是而
生化之機出焉，伸以肇天下之有則神也，屈以歸固有之藏則鬼也。
莫不彙合於大一之中，以聽自然之推盪，而高卑之位、剛柔之德、
生殺之序、幽明之效，皆於是而立，則禮之所本也。「降曰命」者，
即所謂殺以降命，禮之秩序也。官，效其職也，謂皆以效大一之動，
而著其能也。（卷九，頁18～18下）

此段引文，於經文所謂「大一」有進一步之發揮，乃船山論禮之本至爲
關鍵之資料，茲將其要義分述如下：

第一，「誠」、「中」、「仁」、「順」、「天之德」、「人之性」諸名相皆爲「大
一」之同實異名者。蓋因本體必賴體證而後可以實得，而若其所體證之進路
不一，則所得各有側重，故表詮之名相自亦不同矣。至若各名相所側重之義，
則容後論之。

第二，「大一」乃「即存有即活動」者。此乃基於船山之本體論觀點而來
者。以其「存有」，故乃爲一寂然不動，統攝、富函萬理，而見爲諸德之超越
理體，故船山謂「大，至也。至一者，理無不函富有萬殊而極乎純者也」云
云；禮即據此而定焉成焉。以其「活動」，故「禮之本」又具創生之能，且秉
此以屈伸合變，化生萬物，此即船山釋「分而爲天地」一段之義也；而禮亦
即據此而生焉行焉。

第三，「大一」乃「即超越即內在」者。此則承其論「禮之本」之爲「即存
有即活動」而來。以其「即存有即活動」，故其超越之存有，乃非隔絕，而復可
下貫，內在於人而爲「性」。人之性承其所自，則亦爲「即存有即活動」者，故
性亦具諸理，發用爲心而見爲諸德；禮即據此而生焉行焉，人亦據此復禮之工
夫而上達，故船山以人之性與心，皆爲禮之本也。至其詳，則容後再論。

第四，「大一」乃實體而非虛空也。此亦承船山本體論觀點而來者。蓋唯
其體爲實，故乃有禮之達用。至若佛老之「因虛生妄」（參見卷卅一，頁 14

下）、「賤體尙無」（卷七，頁 21 下），則皆船山所不滿者。故船山特以「語其實則謂之誠」，釋禮之本「大一」，以彰明其爲實體之義。

第五，爲船山本其「即氣言體」之思想，論釋「大一」之內容與活動。依船山之意，大一渾然之氣體，必發用而有氣體之神化，而暫顯爲乾、坤之二體（在此船山以天地象之），陰、陽之二用，進而有四時之運行，鬼神之屈伸往來；而乾坤（天地）、陰陽、四時、鬼神則皆爲大一之用之化，就其流行之實，則一氣而已。故船山雖未明言「禮本於氣」，然若依大一乃一渾然之氣體而言，則亦可謂「禮本於氣」也。且若依氣體之必發用流行，則亦可即其發用流行而言禮之本；此即船山亦言禮本於天、天理、天道、二氣五行……之故也。

以上五點，皆爲船山論大一（禮之本）一段所蘊涵之精義而爲先儒所未明言者，而其故則皆在船山獨特而圓融之本體思想——「即氣言體」也。

（二）禮本於天

此亦承經文而有者。船山釋「夫禮必本於天、殽於地」一段云：

> 本者，原其禮之所自出也。殽，設也。地載萬物，各得其所，禮之所取則也。《易》曰：禮卑，卑法地。列，猶參偶也。謂此理之屈伸變化，體物不遺，明則爲禮樂，幽則爲鬼神，參偶竝建而成用也。達者，有本而推行皆通之謂。示之，謂教民也。此上三節推上文之意，而言三代聖人所以必謹於禮，非徒恃爲撥亂反治之權，實以天道人情中和化育之德，皆於禮顯之，故與生死之故，鬼神之情狀，合其體撰，所以措之無不宜，施之無不正，雖當大道既隱之世，而天理不忘於人者藉此也。（卷九，頁 4）

此處可注意者，在船山以「理」之屈伸變化、參偶竝建釋「天」，引而申之，亦有以「天理」爲「禮之本」之義。實則依船山之本體論，屈伸變化、參偶竝建而成用之實者，乃「氣」而非「理」也。船山云：「有氣斯有理」（卷卅一，頁 13 下），「理」乃指「氣化之理」，亦即由氣化而化顯現之條理，是爲第二義以下之理，而非第一義統體之理，而船山實亦即此「氣化之理」以釋天，非「即理言天」也。

復次，船山本體論所謂「理」者，乃指客觀秩序之條理，凡氣化即有理，故云：「化育流行之所至，理必至之」（卷卅一，頁 10 下），並不問其善與不善，正與不正，故謂「天理」亦爲禮之本，猶是一泛指，若其實當謂「天理

之至正者」，故船山云：「禮原於天理之至正者」（卷十，頁 1 下）。夫云「理」有善有不善，正與不正，似較易解。然云「天理」之至正者，則似指「天理」亦有不正者，而不能無疑也。按此「天理」當爲「天之理」之意，天爲一指點本源之虛說。故云「天理之至正者」，其意實亦僅謂「理之至正者」也。而至正之理，在船山則謂之「道」，是故「天之道，順也。……理順則氣小順」（卷九，頁 3 下）唯至正之天理，亦即天道，乃爲禮之本，是以船山於《章句》中屢屢明言，禮本於天道自然，至若「禮爲天理人情之極至」（卷廿八，頁 1 下）云云，實皆指天之理之至正者，而虛說以「天理」也。

船山復於釋「大禮本於天，動而之地」一段云：

> 自其一理渾淪，闔焉闢焉，而清濁高下各奠其位，則天地固大一之所分矣。而闔闢之朕，初無二幾，清者升，則濁者自降，是大一之生眾理者，皆具於天，而地者其動之所成也。禮所自生，存中而發外，因用而成體。其用者天之德，其成而爲體，則效地之能，是本於天而動於地也。由是而事之序、時之宜、分藝之各效酬酢萬變而不窮，皆以行其中和自然之節，而爲仁之所自顯，斯一本而萬殊之實也。（卷九，頁 18 下）

此處可注意者有二點如下：

第一，大一之爲「一理渾淪」之實義爲何？據前文，禮本於大一。然船山於此似以「一理渾淪」釋大一，如此則頗生滋擾，亟需辨明。蓋依船山本體論，只可謂大一乃「一氣渾淪」耳，何以又謂「一理渾淪」耶？蓋此言「一理」者，乃偏就本體未發用時之存有而言。蓋「有氣斯有理」，凡氣化即有理，其理分化萬殊，而歸藏於一，故就此大一乃氣化萬殊之理之所歸藏，而謂「一理渾淪」，非即謂大一乃一理也。

第二，爲船山對經文「本於大一」，與「本於天」二者間，似有矛盾而實無之澄清。船山謂「是大一之生眾理者，皆具於天，而地者其動之所成也」，據此，再參以本節第一目之所論，則知天與地者，乃各象創生之乾陽，與終成之坤陰也，依船山「乾坤並建」之義，則二者並重殆無疑義，然若就其本末先後之次序，則必先有乾陽之生，而後乃有坤陰之成，故禮之成而爲定體，固是效法坤陰之凝成，即「地載萬物各得其所，禮之所取則也。《易》云：禮卑，卑法地。」然若論禮之所自生，則是本乾陽創生之德，亦即本天而非本地；於地但效其成之能耳。故禮之本，就其合體用而言則謂之「大一」，若單

就其分爲天地二體之用而言，則當謂之「天」，或「天之德」，或前引謂「天之德，……禮之蘊也」，此則謂「禮所自生，……本於天而動於地也」。

　　除以上隨經文而釋者外，船山又云：

　　　　禮原於天，而爲生人之本，性之藏而命之主也。（卷九，頁 19）

　　　　此章（〈禮運〉篇，第四章）承上三章而言禮之一本於天。（卷九，
　　　　頁 22）

此二則中之「天」，皆未與「地」對舉；故吾人尚須對「天」與「大一」之關係再予詳辨。蓋「天」在船山本體思想中，實具有二義。第一義乃指合體用而言，渾然一氣之本體，此亦船山言「天」最常有之義。第二義則指當解析此第一義之天時，所暫顯爲天地（乾坤）二體之「天」，然船山通常謂此暫顯之二體爲乾坤，而不直名爲「天地」。蓋「乾坤」乃一虛存之抽象概念，而「天地」則爲實象，故剋就本體之本無二分，實爲一氣而言，則言乾坤自是較爲恰當。據此，則船山論「禮之本」，亦宜以「天」爲此渾然一氣之名方是。然而船山於《章句》中，直以「大一」名之（見前），而以第二義之「天」，象此大一分解之下，與坤陰並建之乾陽；似其論本體之用語，殊不整齊，頗覺纏繞扞格也。實則此乃受著作體例所限，因隨釋經文而顯歧亂之貌耳，若其思想則自是圓融無礙，斐然成章也。故其於《章句》中，固以「大一」言禮之大本，而以「天」象乾陽之主，然亦僅見於順《禮記》原文而釋者。此外，船山所謂禮之本爲天者，亦如其本體論之有二義焉；其一乃以「天」指稱渾然一氣之本體，如《中庸》篇之論本體，是爲第一義之天也；其二則以「天地」對舉，指稱第一義之「天」所分立之二體，如〈孔子閒居〉篇論禮樂之原，是爲第二義之天也。而此處所引二則之言禮本於天，皆未將天與地對舉，則此天當指渾然一氣之本體，而與「大一」同義，當無疑矣。

（三）禮本於二氣五行、三才之德

　　船山於〈禮運〉篇篇題下釋云：

　　　　此篇言禮所以運天下，而使之各得其宜。而其所自運行者，爲二氣
　　　　五行三才之德所發揮，以見諸事業。故洋溢周流於人情事理之間而
　　　　莫不順也。（卷九，頁 1）

禮所自運行者，亦即禮之本也。惟言「本」者，乃靜態之表詮，較側重此本之「體」義；言「運」者，則爲動態之表詮，較側重此本之「用」義，實則

一也。又此之謂「二氣」者，乃指渾然一氣所化分之陰陽二氣，言二氣乃重其運用之義，若就其體則一氣耳，此亦可證船山論禮之本亦可即氣而言之也。復次，所謂三才之德，乃天、地、人三才之德也，亦即本小節所引「禮本於天，效於地」（見前）、「禮在性中而生乎人之心」（見第六目）也。

（四）禮本於道、天道、天德

船山云：

（1）形而上者，道也；禮之本也。形而下者，器也；道之撰也。（卷十，頁1）

（2）天之道，順也；……按天道人情乃一篇之大指。蓋所謂大道者，即天道之流行。……斯以爲禮之所自運而運行於天下者也。（卷九，頁3下）

（3）禮以承天之道，……而於天道之承，微禮之體。（卷九，頁12下）

（4）乃其節文等殺之不忒，則一本諸天道之自然。（卷九，頁13）

（5）先王之禮，法天以成乎分合之節，皆載至德，以與天道相稱也。間嘗論之，天地陰陽之撰，分合而已矣，不知其分則道無定體，不知其合則方體判立而變化不神。故君子之學，析之以極乎萬殊，而經緯相參，必會通以行其典禮，知分知合而後可窮神而知化。天之教，聖人之德，未有不妙其分合者也。（卷十，頁15）

（6）此上四節（〈禮運〉篇第四章「是故夫禮必本於天」——「故禮義也者，人之大端也」。）皆明禮本於天德，而道不虛行，非達天德者，不能體之。（卷九，頁19）

（7）禮所自立，原於天德，故非修德者，不足以治人情而符天道，依於仁而本立，成於樂而用行，斯修德之極至而後禮非虛行也。（卷九，頁19下～20）

（8）此章（〈禮運〉篇第四章）承上三章而言禮之一本於天，而惟體天德者，爲能備大順之實，以治政安君，而天人無不順焉。……學者由是而體察之，則天德王道體用合符之理，可不昧其要歸矣。（卷九，頁22）

按（1）之言禮本於道，乃暫將此渾淪一體之宇宙，形上形下對揚，則就形下而言，形上乃其本也。而形上者何？即流行不已、渾淪一氣之本體也，而船山於此乃偏就其化生流行而言，故曰道也，而此「道」，若就其偏指尚未貫諸

形下以前之一段，前亦可直名爲「天道」，故（2）～（5）四則皆言禮本於天道。天道者，乃偏就天之創生化用而言也，故引文多言「流行」、「運行」、「承」、「分合」諸語。而船山於（2）云：「天之道，順也」，夫順者，德也，故船山亦言禮本於大德，如後三則云云。而船山又云：「知仁勇，天德也；天德者，天之道。」（卷卅一，頁 19 下）則天德與天道亦一也，惟言道乃剋就天之化生流行而言，言天德者，乃視天之化生流行爲一道德活動，故其一變一合、一化一生，莫不有道德意義而顯爲諸德；而亦因此之故，此天道流行方爲實而不虛；實具生生不息之富美，而非旋起旋滅之空無也；如本節第一目引文，及以下第五目所云皆是，故禮亦可云：「本於天德」也。

（五）禮本於「誠」、「中」諸天德

前言禮亦可云本於天德，然天德者何也？船山於《章句》中最常言者有「誠」也、「信」也、「順」也、「中」也，茲述之如下：

1. 禮本於「誠」德

船山云：

> 誠者，實理也。體以是立，用以是當，忠信（人心固有而爲禮之本也）之原，而義理（禮之文也）之所自出也。（卷十，頁 10）

據此，則「誠」亦爲「禮之本」明矣。又前引船山釋「夫禮必本於大一」已云：「大，至也。至一者……語其實則謂之誠。」蓋言「誠」，乃剋就本體之眞實不妄而言，船山於〈中庸〉篇亦盛言此義：

> 實體，誠也。誠者，天之道也。（卷卅一，頁 4 下）

> 誠則無妄矣。凡妄之興，因虛故假。流動充滿皆其實有，妄奚從生哉？（卷卅一，頁 14 下）

> 〔（朱）注〕誠者，眞實無妄之謂。〔（船山）衍〕妄者，無本而動之謂，天理不實，人欲間之以動也。（卷卅一，頁 22）

蓋本之爲實體，乃船山所力申，並藉以嚴斥佛老之尚言空無，及陽明無善無惡之體也（參見卷卅一，頁 35 下～36）。故船山論本體，於「誠」之一義特爲鄭重，是以禮之本於天德，一言以蔽之，則「誠」而已矣！

2. 禮本於「信」、「順」德

船山亦以「信」、「順」言天之德，而爲禮之本，其言曰：

> 信者，實理：天之德，仁之藏也。仁者，順之體，故體信而順達矣。

（卷九，頁 21 下）

又於釋「夫禮本於大一」一段云：

其（大一）行焉皆得而不相悖害，則謂之順。（卷九，頁 18）

夫言「信」、言「順」，皆就大本之流行化生而言，而「信」又剋就「天理」之爲實以言之，「順」又剋就「大道」之行而無礙以言之，此其小異也。

3. 禮本於「中」德

前引船山釋「夫禮必本於大一」一段，即曾以「中」爲「大一」之同實異名，曰：「無所感而固存，四應而不倚，則謂之中」，此外船山又云：「中者，道之體」（卷卅一，頁 6 下），是以「中」亦可謂禮之本也，惟其義乃就此本之即爲「無所偏倚而無不存」之體，復又即爲「有所偏倚而仍無所乖戾」之用而言也。（卷卅一，頁 4）

以上敘述禮本於「誠」、「信」、「順」、「中」諸天德，實則天富涵萬理，亦即富涵萬德，不可舉而盡之也。上舉但爲船山於《章句》中所常道者，至於亦爲船山所重言之「無私（至誠無私）」（卷卅一，頁 3 下～4）、「健（天行健）」（卷廿七，頁 6）諸天德，實亦可引而申之爲「禮之本」也，惟船山於《章句》中並未明言耳。

（六）禮本於心、性

船山云：

（1）天下之物，莫不有自然之秩敍，以成材而利用，天之禮也。天以是生人而命之爲性，則禮在性中而生乎人之心矣。（卷十，頁 1 下）

（2）禮出於人性自然之節，故爲天下之同然。（卷十，頁 13）

（3）天之德，人之性，而禮之緼也。（卷九，頁 18）

（4）人心固有之退讓，禮所生也。（卷一，頁 4 下）

（5）敬信爲人心之所固有。（卷四，頁 27）

（6）禮非由天降，非由地出，而生於人心，盡其心以幾於復禮，則天則無不可見矣。（卷四八，頁 1）

上引數則，皆並論或分論禮本於人之心與性也。（1）據「天命之謂性」之天化論，而謂禮之本——其超越之形上根據——「天」，乃內在於人而爲「性」，「性」發用而爲「心」也。故禮之本，若就其與「天」對揚之形下根據而言，則爲「人」也。而禮本於人者何也？則爲「性」爲「心」也。惟其偏就天之

所命之存有而言，則曰「性」，偏就天之凝於虛靈知覺之中，以起道德創生活動而言，則曰「心」，故云：「禮在性中而生乎人之心矣。」

（七）禮本於「仁體」與「順」、「忠」、「信」諸德

1. 禮本於仁體順德

船山於前引釋「禮必本於大一」一段云：「其（大一）存於人而爲萬善之所自生，則謂之仁；其行焉皆得而不相悖害，則謂之順；天之德，人之性，而禮之縕也。」可知「仁」與「順」，亦可謂「禮之本」也。船山於《章句》中，即諄諄而言「敦仁以致順」、「本仁達順」（參見卷九，頁 19 下）之義：

> 仁者，順之體，體立於至足，舉而措之以盡其用，則仁之利溥矣，仁爲禮樂之合而天道人情之會也。……德，謂仁也，載禮之謂車，行禮之謂御（以上三句釋經文「天子以德爲車，以樂爲御」），……敦仁而行之以順，則天下無不順矣。大順斯大同矣，三代之英所以與大道之公而合德也。自此以下至章末皆以極言順德之美而贊仁用之大。大順而後禮非虛行，以承天道治人情而不匱也。……以大順之道接事應物，而無不咸得此順之效而樂之實，若其體則仁也。順者，以至仁而體人之情，人情得則雖危而不傾，政治而君安也。（卷九，頁 20 下～21）

若依船山「天之德」之語以言之，則「仁」與「順」亦可謂「性之德」、「心之德」矣。惟「順」乃偏就「本仁行禮而施之無不順」（卷九，頁 21 下～22）之大用而言，故曰「順德」；而仁則「爲萬善之所自生」，乃萬德之所歸藏，總攝全德而言，故曰「仁體」。而船山於《章句》中，亦特重言禮本於仁之義，如云：

> 刑，則也。謂仁藏於中，而禮顯其型則也。……仁讓有常者，大道之歸，而禮之本也。（卷九，頁 3）

> 禮以精義，而天德自然之符，以施之事物而成宜者，非仁不足以體之，故仁爲義本。順者樂之德也，樂爲順之用，而仁則其體也。……以上五節（〈禮運〉篇，第四章，五～九節）反復推原聖王修德以行禮之本，而極之於仁。蓋仁者，大一之縕，天地陰陽之和，人情大順之則，而爲禮之所自運，此一篇之樞要也。子曰：「人而不仁，如禮何？」明乎此，則三代之英所以治政安君，而後世習其儀者之流

於倍逆僭竊，其得失皆緣於此。所謂「道二，仁與不仁而已矣！」
（卷九，頁 20）

是以禮本於性德、心德，一言以蔽之，則直曰「仁」而已矣。

2. 禮本於「忠」、「信」諸德

船山釋經文「忠信，禮之本也；義理，禮之文也」云：

本心固有曰忠，用情不疑曰信。……固有其情而無所疑，則發之於
外，事皆得宜，而物理順矣。非己所固有而不信於心，則雖外託義
理而持之也不固。（卷十，頁 2）

此外，船山又云：

此章（〈禮器〉篇，第廿四章）言天理之存，為法用之本。忠信與禮
相為體而不可離，故待忠信以行，易所謂「顯諸仁」也。（卷十，頁
18 下）

禮，敬讓也；義，方直也。盡己曰忠，以實曰信；不妄曰誠，不貳
曰愨。禮義者，忠信誠愨之實；忠信誠愨者，禮義之本也。（卷四，
頁 27）

據此，則「忠信誠愨」亦皆人心固有之德，而為「禮之本」也。而言禮本於
「忠信誠愨」，亦如言禮本於「順」德，皆就仁體之大用以言之，而特重「盡
己」、「如實」、「不妄」、「不貳」之義耳。

二、禮之大本諸名義綜論

以上分別申述船山論禮之本之諸名義，茲綜合上述，將船山論禮之本總
結如下：

若就其合上下，統體用之形式以言之，則曰本於「大一」，本於「天」；
若就其內容，則即其實存，而曰本於「氣」；即其實體實德，而曰本於「誠」；
即其無所偏倚之德，而曰本於「中」。

若就其大用流行，分為天地二體，則曰本於「天」，就此天流行之實而言，
則曰本於「二氣五行」；就此天流行必現之客觀條件而言，則曰本於「天理」，
即其德曰本於「信」；就此天理之至正者而言，則曰本於「天道」，而即其德
曰本於「順」。

若就其合「誠」、「中」、「信」、「順」諸德而言，則曰本於「天德」。

若就其形上形下對揚，而籠統以名此形上，則曰本於「道」。

就其下貫，內在於人，則曰本於「性」，就其性之發用爲心，則曰本於「心」；就心性之具諸理，顯諸德，具感通潤澤之能，而爲一切道德創生之原，則曰本於「仁體」；而就此仁體之發用行無不順，則曰本於「順」德，就此仁體之大用必「盡己」（參見卷十，頁 18）、「如實」而言，則曰本於「忠信」之德。

就其統合天地心性而言，則曰本於「三才之德」也。

此外，吾人據本節所述，復可見出船山論禮之本之二點特色。首先，爲船山論禮之本，每有就其化生流行之大用而言之者，如言禮本於「二氣五行」，本於「天道」……等，此實與船山根本之思路——「崇本貫末」息息相關。夫崇本貫末者，乃即體致用，而全體在用。以其重用，故船山之論本體，乃即氣以言之，以顯發其化生流行之大用，故其論體之本，亦多偏就其化生流行以言之也。

其次，船山論禮之本，乃通貫天人以言之，此點於本節引文中已可見其大略。船山另有一段說明此意至爲明切：

> 此章（指〈禮運〉篇，第四章）承上三章而言禮之一本於天，而惟體天德者爲能備大順之實以治政安君而天人無不順焉，三代之英所由紹大道之公而繼天立極也。乃推求其本，則一言以蔽之曰「仁」。蓋此章之言「仁」，與《中庸》之言「誠」，一也。是禮之所自而運於天下，則「順」是也。故夫子答顏子問仁，而曰「復禮」，學者由是而體察之，則天德王道體用合符之理，可不昧其要歸矣。（卷九，頁 22）

此言「仁」（性之德）、「誠」（天之德）不二，皆爲禮之本，是船山論禮之本，乃通貫天人以言之，此亦其「崇本貫末」、「體用圓融」思想之現於禮學者也。

本節總論禮之本，名義繁富，恐語焉未詳，茲繪圖如左，以補名言之不足者：

附圖一：禮之本諸名義簡圖

第三節　禮之大本分論

　　此所謂禮者，乃一切制作之總稱也，而究其內容，則又可分門別類，而有禮樂刑政之屬也。而依船山之意，禮樂同原而互著，並爲節情以存天理者，故合論其本而爲一目。復進而論及制禮作樂之本，而又別爲一目。至若政刑者，所以輔禮樂而遏人欲也，故合爲一目，而論之於最後（參見卷十九，頁6下）。蓋因本節乃就此禮分科之內容而論其本，故曰「分論」也。

一、禮樂之本

　　船山論禮樂之本，或分而言之，或合而言之，茲分述如下：

（一）禮樂之本合論

　　船山云：

> 仁者，禮樂之實也。（卷三，頁12）

> 禮樂之實，中和之化，發見於法象，言不能及，默不能藏，所以達情昭德者，皆即此以爲用。其翔洽於音容之表，薰陶人心以相喻而相浹，使人情自順，至德自孚，事功之起，自鼓舞而不倦，則所謂仁也。《易》曰「顯諸仁，藏諸用」其是之謂也。身親行之，自感通而喻其理，故曰「知仁」。至教之顯，無非仁之發見，以移人性情，故曰「相示」。此與下篇「天有四時，地載神氣，無非教也」之旨，其理本一，故曰「明則有禮樂，幽則有鬼神」，在學者體驗而默識之爾。（卷廿八，頁4）

此二則論禮樂本於「仁」也，蓋與《論語》：「禮云禮云，玉帛云乎哉？樂云樂云，鐘鼓云乎哉？」、「人而不仁，如禮何？人而不仁，如樂何？」同意也。
船山又云：

> 此章（〈樂記〉第九章）推原禮樂之本，無間於幽明，流行不息而合同以行其敬愛，故先王因之以立人道。其言根極原本，於諸章之中特爲醇至，而即此驗之，明之禮樂，幽之鬼神，其體本一，則禮樂之興，一皆誠之不可揜，而前章所云「禮自外作」其爲詖妄亦不待辯而自明矣。（卷十九，，頁9）

> 精粗者，質文之謂，其體則愛敬之實也。……樂之本，禮之誠，皆天地中和之德。止其變，革其僞，稱中和之實而出之，則與天地之

德相依而不離矣。神明之德，天地之撰也，達之則盡誠合漠而可以
事鬼神矣。質文之體，中和之用也，凝之則因物昭敬而可以事人矣，
人神各得，則幽明合一之理，宣著流行而天地之藏顯矣。言禮樂一
本於誠而合天道也。（卷十九，頁 22）

此二則言禮樂一本於誠而合天道也，是以船山又云：

禮樂原本天地之德而興。（卷十九，頁 13）

以上共計五則論禮樂之本，於人則曰「仁」，於天則曰「誠」，於天之化則曰
「天道」、「天地之德」，其實一也。

　　復次，禮樂雖皆原天地之德以出，而爲教化修身之要，然兩者性質究竟
不同，故其於天地之承亦有別焉，是以船山釋「天尊地卑，⋯⋯天地之別也」
一段云：

此述《易・繫傳》所明乾坤之定位者，以推禮之所自秩也。陳，設
也。貴賤者，君臣事使之分義也。常，定體也。陽雖有靜，陰雖有
動，皆其化幾而非其常。陽健而動，陰順而靜，則其常體也。動者
功用著而大，靜者功用隱而小，君制臣從之義也。方，四維也。陽
生乎東而盛乎南，陰生乎西而盛乎北。東南相次，西北相沿，故曰
類聚。陰陽合以成物，而物各有陰陽之分，本天親上，本地親下，
形類殊而性命亦別。柔剛靜躁，明暗分焉，秩序之象也。天垂象而
吉凶昭，地成形而平陂立，常變之則也。故禮以法天地之體，而別
尊卑、辨大小，連其類、分其等，各正其性命，而吉凶常變莫不行
焉者，皆因天地自然之別而立也。（卷十九，頁 12～12 下）

又釋「地氣上齊⋯⋯天地之和也」一段云：

此引伸《易・繫傳》所明乾坤之化生六子，以變化於兩間而成萬物
者，以推樂之所自生也。齊，升也。乾坤既定而自然交感，地氣上
躋，自巽而離以說乎兌；天氣下降，自震而坎以終乎艮。六子之序
皆自下以上，而陽言下者，天本在上，降入於陰中以成震而後復上
也。陰陽，一爻之材也。天地，三爻之撰也。摩，循也，切也。蕩
與盪同，相搖動以入也。雷霆，震也。風雨，巽也。四時因乎日月，
日，離也。月，坎也。百化興者，《易》所謂乾道成男坤道成女，男
成女終，艮兌化行而生物也。凡此者皆乾坤之動幾升降，相乘以息，
相吹以氣，相擊應感，訢合變化以成兩間之和。故六子各效合而成

化，而樂之所自生，高下清濁遞爲君臣，互相倡和，摩盪鼓奮，動
煥變化，合以成章者，即此太和洋溢之幾不容已者爲之也。（卷十九，
頁 12 下～13）

蓋禮樂雖皆本於天地，然禮之所自秩，法天地之體，因天地自然之別而立；
樂之所自生，效天地之化，因大地自然之交感合和而生，此其大同小異也。
故船山云：「樂之必中節，而禮之必愼別，皆天地自然之理也。」（卷十九，
頁 13）而船山於此所論，皆係本其「乾坤並建參偶」之本體論觀點而來者，
蓋「明乾坤之定位者，以推禮之所自秩也」，即承其「並建」而言；而「乾坤
之化生六子，以變化於兩間而成萬物者，以推樂之所自生也」，則承其「參偶」
而言也。夫「並建」者，乾坤二體之分立，故云「別」也；「參偶」者，乾坤
二體之分而不隔，合同而化生，故云「和」也。此即船山云：「參偶並建而成
用也」（卷九，頁 4），亦即禮樂之所自立自生也。

（二）禮樂之本分論

船山云：

（1）天高地下，各定位也；萬物散殊，各成章也；體之不易，禮之象
也。天氣降，地氣升，交流以啓，化而不息，此天地之和也。萬
物生以相滋，尅以相成，合同而效天地之化，此萬物之和也。化
之交感，樂之機也。此自天地之化體而言，以明禮樂之原所自生
也。（卷十九，頁 11 下）

又其釋「樂著大始，而禮居成物。著不息者天也，著不動者地也」一段云：

（2）萬物之生，以感而始。樂之自無而有，亦因感而生；故與乾之知
大始者同其用。物有定體，性命各成。禮之因其成材，各爲位置，
亦以正萬物之性命而安其所；故與坤之作成物者同其功。此明禮
樂之原與乾坤合其撰者也。著，法象之昭示者也。乾知大始而統
乎成流行而不息，樂以之而自無之有者，終始相貫而成章。坤作
成物而正位居體凝而不動，禮以之而效其成材者，法制一定而不
易。此明禮樂之成與天地同其德也。（卷十九，頁 13 下）

引文（1）謂「體之不易，禮之象也……化之交感，樂之機也」。則禮之制，
乃原地成定體之大功；樂之興，乃原天化不息之大用。故曰「此自天地之化
體而言，以明禮樂之原所自生也」。實則天地者，乾坤之象也。天化不息，以
顯乾道創生之妙用；地成定體，以著坤道終成之神功。故引文（2）即直言「禮

樂之原，與乾坤合其撰者也」。

船山又釋「春作夏長，仁也；秋斂冬藏，義也。仁近於樂，義近於禮」云：

（3）仁義，體也；禮樂，用也。近者相依附之謂，仁義附禮樂而彰也。
　　　此自天地之德而言，以明禮樂之道所自凝也。（卷十九，頁12）

此則經文以四季之消息，爲天地之德。蓋春作夏長，乃象乾陽之創生，是爲
天道也，仁也；秋斂冬藏，乃象坤陰之凝成，是爲地道，義也。故船山直以
「仁義」爲天地之德，而爲禮樂之道所自凝，此與引文（2）以「乾知大始，
坤作成物，明禮樂之成與天地同其德」同義也。

船山又釋「樂者，敦和率神而從天；禮者，別宜居鬼而從地」云：

（4）率，循其用也。從，猶效也。居，奠其位也。神以生物而興人之
　　　志氣，天之化也。鬼者，物之成材而返其質者也。待奠於人而安
　　　其位，地之制也。此自天地之撰而言，以明禮樂之功用所自效也。
　　　（卷十九，頁12）

而釋「明則有禮樂，幽則有鬼神」則云：

（5）鬼神者，百物之精英，天地之化迹也。其精意之見於人事者，則
　　　爲禮樂。禮樂之所由自無而有，以極於盛，其爲功於兩間者，薰
　　　蒸翔洽，不言而化成，固不見不聞而體物不遺。是以禮樂鬼神，
　　　一而已矣。言其可見者則謂之明，言其不可見者則謂之幽，非二
　　　致也。此禮之節，樂之和，所以育萬物而位天地也。（卷十九，頁
　　　8下）

此二則可視爲引文（1）與（2）之引申。蓋彼處言及，禮制之行，乃法地成
定體之大功；而樂之興，乃原於天化不息之神用。若進而言之，天之化即氣
之伸（伸者，神也）以肇天下之有也；地之制，亦即氣之屈（屈者，鬼也）
以歸反其固有之藏也。故引文（4）以天地之撰「鬼神」，爲禮樂之功用所自
效，亦即引文（5）釋「明則有禮樂，幽則有鬼神」之義也。據此，則鬼神禮
樂一而已矣，而禮樂原本於天地矣。

以上五則討論禮樂之本，分別承自天與地。自天地之化體而言，禮原於
地之制，亦即坤作成物而生；樂原於天之化，亦即乾知大始而生。自天地之
德而言，禮之道近義，樂之道近仁，仁義附禮樂而彰也。自天地之撰而言，
則樂之功乃效神之伸，禮之用乃法鬼之屈；故幽則有鬼神，明則有禮樂也。
此即船山所謂「此理之屈伸變化，體物不遺，明則爲禮樂，幽則爲鬼神，參

偶並建而成用也。」（卷九，頁4）

以上所論禮樂之承於天地者，乃以分科之禮樂，與天（大一）化之乾坤（天與地）相對而言也，而此皆船山乾坤並建思想之顯發也。至若禮樂之同承於天地，而有小異者，則當如前「合論」所言，禮原天地之別，樂本天地之和也。又若以總體之禮而言，則應如第二節所論，為禮本於天而效於地也。

二、制禮作樂之本

船山於制禮作樂之本之言論，或獨言制禮之本，或與作樂合論其本，茲分別述之如下：

（一）制禮之本

船山釋經文「夫禮所以制，中也」云：

> 禮為天理人情之極至，斯無可過；而循之以行，自無不及也。所以然者，禮之所自制，因乎夫人性情之交，本有此喜怒哀樂大中適得之矩則而節文具焉，聖人因而顯之爾。則率是以行，自與所性之大中合符，而奚過不及之有哉！（卷廿八，頁1下）

釋〈禮運〉篇：「孔子曰：我欲觀夏道，是故之杞，……《坤乾》之義，《夏時》之等，吾以是觀之。」一段云：

> 於《夏時》、《坤乾》而得禮意者，所謂承天道以治人情也。……天之時，地之義，為先王制禮之本原。……義，精意。等，秩序也。……觀其承天治人通大道為公之意，而建之為禮。（卷九，頁4~4下）

論禮之「原本朔初」云：

> 大祥謂禮極文備，……禮變質為文，用今易古，以盡人之情，而合諸天道，雖極乎文之盛，而要不離朔初致敬之誠也。（卷九，頁7）

論〈喪服四制〉篇：「凡禮之大體，體天地，法四時，則陰陽，順人情，故謂之禮。訾之者，是不知禮之所由生也。」一段云：

> 大體，本大義以立體者。體者，與合撰而章其實也。四時以序言，陰陽以用言。訾之者，若老聃莊周之流，以禮為忠合之薄是也。（卷四十九，頁1）

以上四則，皆偏就制禮之道而論其本。則禮之所自制，因乎人性情之交，本於所性之大中而順乎人情。而所以性者，天也，故謂「承天治人」，「盡人之情而合諸天道」。及至文備，亦不離乎朔初致敬之誠也。故制禮本於天也，天

命而爲「性」也，即天之德而曰「誠」，即天之流行而曰「天道」，即性之德則曰「中」，其實一也，而亦皆同於禮之大本也。

（二）制禮作樂之本

船山釋經文「是故先王……可以有制於天下也。」云：

> 制，謂制禮作樂。……皆以寓其貴德行，賤藝事之心，斯以崇德興行，窮本著誠，而爲制禮作樂之本也。（卷十九，頁 23）

又云：

> 禮樂修之於身，而必根之於心，得其主以盡其實，立其制以成其質，此先王所以議道自己，建中和之極，而爲制禮作樂之本也。（卷十九，頁 10 下）

此二則皆論制禮作樂之本，而一則謂「窮本著誠」，一則謂「根之於心」，是「誠」與「心」爲制禮作樂之本也。此與前論制禮之本唯是一同也，且亦皆通貫天人以言之也。

三、立政制刑之本

（一）立政之本

船山論立政之本，見於其釋經文「是故，夫政必本於天，殽以降命；命降於社之謂殽地，降於祖廟之謂仁義，降於山川之謂興作，降於五祀之謂制度；此故聖人所以藏身之固也，故聖人參於天地，竝於鬼神，以治政也。」一段：

> 本者，本其道。殽者，效其法。降命者，播而旁及於鬼神之等，因以定人神之秩序也。承上文而言禮所以治政安君。故政之所自立，必原於禮之所自生。禮本於天，殽於地，列於鬼神，莫不有自然之理，而高卑奠位秩敘章焉。得其理以順其敘，則鬼神以之償，制度以之攷，仁義以之別矣。命者，天命自然之理，因之以制典禮者也。降者，由天而漸播之以差降者也。殽地者，天尊地卑，自然之道不亢地於天，而祭達於諸侯，所以效地之順也。由此攷之，則社即后土之祀，而漢人北郊方澤之邪說，亦不辨而知其誣矣。……命本於天，效於地。而天地之間，有興有作，以變化生成萬物，則惟山川之興雲雨，以承天地而起德業也。故因其理而制山川之祀，以通幽明。於是天子徧海內名山大川，諸侯祭其境內山川，而大夫不得祭。蓋有其土者，斯有興作之事，功相配而情相逮，故差等以之立也。……

> 聖人，謂在天子之位而制禮者。本天效地，別仁義，起興作，攷制
> 度，以儐鬼神，禮由是立。而凡人君所以治政安君，使上下交正而
> 遠於倍竊，亦即此而在焉。聖人所以藏身深固，不待刑罰而民自服
> 也。竝，列也。禮之既立，政即行焉。（卷九，頁 10～11）

又見於其釋「故聖人作則，必以天地爲本」一段：

> 作則，謂立政也。本者，原其禮之所自出。……四者（指經文：以
> 天地爲本，以陰陽爲端，以四時爲柄，以日月爲紀）所謂「本於天」
> 也。……此三者（指經文：月以爲量，鬼神以爲徒，五行以爲質）
> 所謂「殽於地」也。……本天殽地以爲道，而實著之禮以成用也。（卷
> 九，頁 15 下～16）

此外，船山論立政之本亦云：

> 先王本天道以治人情，故禮行政立而無不宜也。（卷九，頁 16 下）

> 以習知制度官禮之各有本原，而非以強天下，則不待告戒而禮自達
> 焉，是人情之所自治，必本於天地陰陽之精理，亦愈可見矣。（卷九，
> 頁 17 下）

以上四則論立政之本，茲析其要義如下：

第一，船山嘗云：「禮所以治政，而有禮之政，政即禮也。故或言政，或
言禮，其實一也。」（卷九，頁 10）是以論政之本，必原於禮之本，故曰政必
本於天。

第二，船山論立政之本，亦側重此本體化生流行之大用以言之，故多云
本於「道」、「天道」、「天地陰陽之精理」，若統而言之，即以天地對舉而言
「本於天，效於地」也；此亦船山「崇實重用」思想之發揚也。

（二）制刑之本

船山釋「凡制五刑，必即天論」一段云：

> 制，斷也。即，安也。天者，情理之極則也。……五刑之施，死者
> 不可復生，刑者不可復贖，不但以適於事之利害，而必推諸天理人
> 心之同然，審論至極而後刑焉，則刑之而不怨矣。（卷五，頁 22）

又論「凡聽五刑之訟」一段云：

> 原父子之親，立君臣之義者，謂刑名所加，必順名義。名義所當回
> 避者，雖法當其罪，不得以直行。名義所必正者，雖或可矜全，勿

容寬假也。意論者，以己意體驗犯者之意，而知其致罪之由也。輕
重之序，謂首從加減之等。淺深之量，謂均有犯而究其惡之所成，
害之所貽，或大或小，以分別定罪；若同爲稱兵作亂，而或輕狂妄
動，立取覆敗，則不必以謀反之律坐之之類也。悉其聰明，以觀色
察聲；致其忠愛，所謂求所以生之而不可得，然後殺之也。盡者，
盡其情也。五刑之法，死傷所繫，不容不愼，故先王之制斷刑者，
必以是（致其忠愛）爲行法之本也。（卷五，頁22下）

此二則皆先論五刑所以必愼之故，進而言斷刑行法之本，推其至極則曰「天」，
降而發爲「忠愛」之德，是制刑立法之本，乃可謂「本於天，而致其忠愛也」，
此所以愼五刑之施而遠怨矣。

　　據以上所述，則知立政制刑，皆一本於天也，承天道以治人情，此亦禮
之所由生也。

第三章 船山論禮之達用

第一節 禮重達用

　　船山思想崇本貫末，故其論禮，一則言禮必有本（體），一則又重禮之達用。夫體乃用之體，用乃體之用也。故禮之重達用，實乃禮之本之貫於末也。船山於《章句》中貫末而重達用之思想，主要見於幾方面：

一、特重章服之飾

　　船山嘗云：「禮者，固非徒儀文器服之謂，而儀文器服之僅存，猶足以維人心而端風俗，其又可忽乎哉！」（卷十四，頁8）可見船山於儀文器服之看重，而禮之大用，實亦見諸儀文器服也。而船山之於儀文器服，尤特重章服之飾也，蓋以章服乃辨人禽、明尊卑、別嫌疑、分雅俗者也，故其論〈玉藻〉云：

> 此篇備記冠服之等章，而交接容貌稱名之儀附之，以見世降禮壞，苟簡之習日移，而三代之法服幾無可傳焉。王者修明章服，以爲典禮之本，亦尚於此，攷而知之，非小補也。《易》曰：「黃帝堯舜垂衣裳而天下治，蓋取諸乾坤。」衣裳之義，繫於三極之道亦甚重矣。人之所以爲人而別於禽獸者，上下之等、君臣之分、男女之嫌、君子野人之辨，章服焉而已矣。否則君臣混處，男女雜糅；而君子之治野人也，抑無以建威而生其恭。故曰：「天尊地卑，乾坤定矣。方以類聚，物以群分，吉凶生矣。在天成象，在地成形，變化見矣。」衣裳者，乾坤之法象，人道之紀綱。寒而毛，暑而裸，於人亦便安

矣；而君子甚惡其便安者，唯其裂法象而乾坤且以毀也。習於禽獸便而安焉，乃以疑先王之法服繁重侈博，寒不足溫而暑不足清，則人道之僅存者，漸減濱盡而不亦悲乎！故益以知此篇之傳，非小補也。（卷十三，頁1）

又論〈深衣〉云：

夫一衣之制，又非朝祭之盛服，疑若瑣細而不足紀：乃其以飾威儀而應法象者，其用如此之大，不得而稍踰越也。故《易》曰：「黃帝堯舜垂衣裳而天下治，蓋取諸乾坤。」是天之經地之義，人之所以異於野人，而養其氣體，使椎鄙淫冶駤戾之氣，潛移默化而不自知，誠人道之切要也。自晉以後，袴褶袍鞾雜於朝祭之服，唐宋之主因陋塗飾而無能滌正。而深衣一制，獨賴此篇之存，故司馬程張諸大儒得以祖述而製之為服。至於朱子詳攷鄭氏古註之文，折衷至當，復古而為之式，俾學者得以躬被先王之法服。是知此篇之得不佚亡者，誠學者之大幸也。（卷卅九，頁1～1下）

夫先儒論〈玉藻〉與〈深衣〉，率多側重考證，鮮能揭發其奧義。而船山則獨具慧眼，以冠服儀文，乃飾威儀，應法象而繫人道之大者，而特重之。此即其思想貫末而重達用之故也。

二、禮不遺小、無微不謹

船山於〈喪服小記〉篇題下釋云：

小之為言詳也。禮不遺小，小者必察，而哀樂之文，乃以成章，故曾子曰：「慎終追遠」，謹於小而後為慎之至也。（卷十五，頁1）

又釋〈曲禮〉云：

曲者，詳盡委曲之意。此篇（曲禮）舉禮文之委曲，以詔人之無微而不謹，尤下學之先務。（卷一，頁1）

此外，船山又云：

儀物容貌之間，極乎至小而皆所性之德。體之而不遺，習於此則無不敬，安於敬則無不和，德涵於心，而形於外，天理之節文，皆仁之顯也。不知道者，視此為末而別求不學不慮者，以謂之「良知」，宜其終身而不見道之所藏也。（卷十二，頁5下）

學者勿以此篇（〈內則〉）為事迹之末，慎思明辨而篤行之，則經正

而庶民興，邪說之作，尚其有懲乎？（卷十二，頁1）

（養老之禮）所謂以其飲食忠養之也，事雖微而必謹，物有恒而不黷，后王降德以教士女者，斯爲至矣。讀者不可以其細而忽之也。（卷十二，頁14下）

此章（〈少儀〉篇，第十五章）所言皆淺近之事，而能慎乎此，則亦修身之切務，學者不可以其易而忽之也。（卷十七，頁6下）

以上數則，分別引自〈喪服小記〉、〈曲禮〉、〈內則〉、〈少儀〉諸篇，除〈喪服小記〉側重喪制外，餘皆爲論生活規範者；或就儀物客觀而言，或就飲食進退而言；而船山強調其事雖極微小，然皆爲所性之德，皆爲仁之顯發，不得以其細微易行而輕忽之也。由此亦可見船山之重貫末而達用也。

三、禮重名文器物與學行

（一）名位之可貴

船山論「名位之可貴」云：

禮雖不下於庶人，能者弗禁也。愚賤不能自勉於禮，而或存其實，或存其名。苟名存而實雖亡，猶愈於名實之皆亡，則存其名以俟能者可也。（卷廿一，頁6）

名者，人治之大者也。名〔註1〕生於實，而實必因名以顯。及其名之既定，則令共之義，詳要之職，冠履之分，皆依此而立。則實生名，而名亦生實，名實相待而不可偏廢者也。人之所以異於禽獸者，名而已矣。心能喻之，言不能別之，則義不達，而冥昧無有恒則。故夫子言爲政而以正名爲先，豈但爲衛輒言之哉。申不害、韓非之徒，亦附此以立說，顧流於纖刻，而忠厚誠樸之意不足以存，固君子之所不取。然懲其已甚，而槩以名爲刻覈淺薄之術，則亦不足以與於聖人經世之大用矣。（卷二，頁9～9下）

或曰：賢者之好修，非以邀榮而避罪也；待賞罰以勸沮，將無菲薄天下之士而導之於功名之塗與？有志之士脫屣而去之矣！曰：非也，賢者之不以寵辱爲心，謂不枉其道也；若夫貴賤之殊，天之所秩也，故職曰天職，祿曰天祿，而《易》稱之曰：「聖人之大寶曰位」。

〔註1〕「名」字原作「各」，蓋以形近而誤也。茲據上下文義校改之。

當有道之世而貧且賤焉，亦君子之恥矣。後世道之不明，嚴光、周黨、魏野、林逋之流，生值盛世而視爵祿如草芥，人君顧尊獎之以示天下，不已悖與？故科舉之法雖不合於古，而生當其時，遵一王之制以就君臣之義，亦道之宜也。或欲薄之而不就，其亦過矣。（卷五，頁20下〜21）

夫名位乃與實相對而言者，實爲本，而名與位爲末也。船山固謂「名實相待而不可廢」，然其所欲重者，猶在「名亦生實」一義，故其謂「存其名所以俟能者可也」、「有道之世而貧且賤焉，亦君子之恥矣」，又直以「名」爲人禽之辨者，此即見其論禮之貫末而重達用也。

（二）文之必要

船山論「文之必要」云：

德至於內，則文必備於外，禮器之所以必大備而無文不行也。（卷十，頁18下）

禮極於文，君子不以用物爲惜，要以備禮爲止。至於禮文無缺，則力崇節儉，以澹泊止爭而恤民，禮之所爲行而不匱也。（卷廿七，頁2下）

《論語·八佾》篇中，林放問「禮之本」，孔子答曰：「大哉問！禮，與其奢也，寧儉……」。船山固然贊成禮以居儉爲主（卷廿七，頁2下），[註2]然其尤重「無文不行」、「禮極於文」之義，故其論儉，亦多就禮文無缺之後而言。夫文備而後惜物，此實貫末而達用之精神也。

（三）器之必備

船山論「器之必備」云：

制禮作樂，皆以示天下後世者也。禮樂之有聲容，器也；而爲道之所顯。故盡其道必備其器，器不備則道隱，而德亦因之不立矣。（卷十，頁16）

禮器之大備，爲義理（按：依經文，此「義理」指禮之文也）之所必盡。（卷十，頁18下）

然形而上之道，即在形而下之器中，惟興於藝，以盡其條理，則即

〔註2〕船山云：「此章之旨，大要以居儉爲主……。」

> 此名物象數之中，義味無窮，自能不已於學，而道顯矣。（卷十八，
> 頁4）

夫器與道對言，道本器末，道體器用也，而前云「禮極於文」，此則以爲「文必備器」，蓋器者固爲道之所顯也，然器不備則道亦隱，所謂無其器則無其道也。故由備器以興其義，此亦禮之貫末而達用也。

（四）「由外」之可貴

船山論「由外」之可貴云：

> 好惡本性之所發，而吾性固有當然之節。唯不能於未發之時存其節而不失，則所知之物誘之以流；斯時也，大本已失，而唯反躬自修以治其末，則由外以養內，天理猶有存者。苟其不然，縱欲以蕩性，迷而不復而天理亡矣。（卷十九，頁5下）

船山固重存天理以遏人欲，然當大本已失時，則亦主反躬自修以治其末、由外以養內之道，此亦見其貫末重用也。

（五）重學尚行

船山論「重學尚行」云：

> 蓋孝友之德，生於心者，不學而能，不慮而知。而苟有其心，不能施之於行，則道不立而心亦漸向於衰矣。學以能之，慮以知之，乃以充此心之全體大用。雖有不逮者，習而安焉，則因事生心，而心亦油然以興矣，故曰「下學而上達」。學者能於此致慎以自勉，而治天下者修明之以立治教，則至道之行不出於此矣。世教衰，民不興行；其所謂賢知者又爲鹵莽滅裂之教以倡天下於苟簡，如近世王氏良知之說，導邪淫，墮名義，舉世狂和之而莫之能止。學者勿以此篇爲事迹之末，愼思明辨而篤行之，則經正而庶民興；邪說之作，尚其有懲乎？（卷十二，頁1）

船山此處首論心必施之於行，而良知良能仍須學之慮之，以充其全體大用，復論因事生心，下學上達，並進而駁斥陽明良知之說，亦皆重申其貫末而重達用之意也。此外，船山於此所駁斥陽明者，實非於其良知說之重心體創造一義，乃是不滿王學末流之「徒恃良知，而不重學問之積」，「不重道德事業之眞實開展」，亦即駁其忽末輕用之失也。〔註3〕船山之斥忽末輕用之論，實

〔註3〕參見曾昭旭先生《王船山哲學》，頁299～303。

亦爲其論禮重達用之一端也，此意當於下文續說，茲不贅。

四、斥忽末輕用之說

　　船山斥陽明之忽末輕用，《章句》中所見多有（如卷四二，頁 1～1 下、頁 11 下～12 下、頁 13 下），然其義不外如前引，茲不復舉。此外，忽末輕用之失，佛老亦並有之也，而船山對之亦毫不寬假，其闢佛之「謗識爲妄」云：

> 識其情實，乃識其善惡分別義類之覺體也，異端則謗識爲妄，而以
> 無物之空明爲知，此際辨之不可不嚴。（卷四二，頁 3 下）

又評老氏之「無爲」云：

> 日月運行，循環不舍，而光暉下逮，久而不渝；生成萬物，無有作
> 輟，而功用昭著；此二者皆天體無息之大端，君子之法天者，法此
> 而已。敬以成身，而不已其敬，則自彊不息之實也。蓋成身之理，
> 敬以踐形，取之人道而已足。唯其存敬之功，則法天之健，斯以爲
> 天人之合德，而非躐等希天，舍其必盡之物則以棄禮而妄託於無爲，
> 卒至辱身捐親，如異端之所爲也。（卷廿七，頁 6）

是知船山所以斥佛老陽明者，皆在其忽末輕用，而由此亦可見船山於貫末達用一義之鄭重也。

第二節　禮以立人道

　　夫船山所論禮者，乃天德王道之實也，其用大矣哉。其顯於歷史文化者，乃在於立人道以辨夷夏、別人禽也。然以受「注疏體」之著作形式所限，船山「禮以辨夷夏」之論，主要見於其「春秋學」，〔註 4〕而其禮學則盛發「禮以別人禽」一義，茲討論如下：

一、禮以別人禽

　　夫「人道」者，「立人之道」（卷十六，頁 2）也，亦即「人所以別於禽獸之道」（卷十五，頁 4 下）。而人禽之異如何？船山云：

> 人之所以異於禽獸者，禽獸有其體性而不全，人則戴髮列眉而盡其
> 文，手持足行而盡其用，耳聰目明而盡其才，性含仁義而盡其理，
> 健順五常之實全矣，全故大於萬物而與天地參。（卷廿四，頁 17）

〔註 4〕參見曾昭旭先生《王船山哲學》，頁 152～154。

按萬物莫不生養於天地，而無有大於人者（參見卷廿四，頁 17），皆在人全其健順五常之性，且秉此性之發用，以自盡其才，及裁成萬物，而參與天地造化之大功也。蓋「陰陽合散之際，無心而有理」（卷卅一，頁 14 下），故天地亦「無心而成化，徧育萬物而無所擇」（卷廿四，頁 17），而人道則爲「有其性，有其情，有其才，而能擇能執者」（卷卅一，頁 17 下），是以人能盡文盡用，盡才盡理，以創造一富涵道德秩序之美之禮樂世界，而有別於自然世界；人亦能興情達禮，文質彬彬而有進於禽獸也。故人禽之異，固可自其體性之全判之，然所以顯此體性之全與缺之實者，則又在禮之有無也。故船山亦直以「禮」爲「維繫人道，而別於禽獸」（卷三十，頁 11 下）者，且以「禮義」爲「人禽之大防也」（卷四三，頁 1）。而此義於船山釋「鸚鵡能言而不離飛鳥」一段，尤爲深切著明，其言曰：

> 天之生人，甘食悅色，幾與物同。仁義知信之心，人得其全，而物亦得其一曲。其爲人所獨有，而鳥獸之所必無者，禮而已矣。故禮者人道也，禮隱於心而不能著之於外，則仁義知信之心雖或偶發，亦因天機之乍動，與虎狼之父子，蜂蟻之君臣無別，而人道毀矣。（卷一，頁 4）

依船山之意，仁義知信之心（此心乃性之發用也），倘不能發之於外，且爲覺健有常，以成乎常儀常制之「定體」，〔註 5〕亦即所謂「禮」者，則其所現之用，不過因天機乍動，偶然而發，亦可隨時而化，機過便了，更無人文化成之以凝著爲美利豐功，則人道不顯不立，實不足以有別於禽獸也。故船山此段直謂「禮者，人道也」，而以爲人禽之別，視其較諸「仁義知信之心」爲重，此亦船山思想貫末而重達用之發揮也。

又船山以禮乃人禽之別，故人禽之有別，實始於人之有禮也，其論之曰：

> 上古五行之用未修，天之道未顯，人之情未得：至於後聖之作，因天之化，盡人之能，宮室衣食各創其制，人乃別於禽獸，而報本反始之情自油然以生，而各有所致，此禮之所自始。（卷九，頁 5）

夫聖王制禮，人道乃立，而人乃亦卓然有別於禽獸矣。而禮制之成，達於冠昏喪祭諸事，人道之立，顯於父子男女之情，故人禽之別，亦見諸冠昏喪祭，父子男女諸禮也，茲略述如後。

〔註 5〕「定體」一辭爲船山用語，其含義參見曾昭旭先生《王船山哲學》，頁 138，註 6。

船山釋經文「執摯以相見，敬章別也。……無別無義，禽獸之道也」云：

> 禮以章之，非禮而不合，則確然一本而父子親矣。仁不昧而後義生，
> 禮以行義者也。……無別則仁無自以生，而義亦不立矣。不言無禮
> 者，禮者禽獸之所本無，不待言也。禽獸之道者，謂知有母，不知
> 誰為其父，與禽獸同也。（卷十一，頁 17）

夫男女有別，乃有婚禮之作，禽獸無別無義，自亦無需此禮矣！此禮之達於
婚事，以彰男女之別，而人禽得辨矣。

船山又論「父子之親」云：

> 正名定分，無所苟也。君子之於子，敬之而不暱，所以別於野人禽
> 犢之愛也。（卷十二，頁 22）

> 厚於慈者，必薄於孝也。夫父子之親，其為天性之愛一也。而親始者
> 所以敦其本，逐愛者乃以流於私，而善惡分矣。人之常情，暱而驕，
> 待養而期報，則惟知有子而忘其親；禽獸餬衛其子，生死以之而不知
> 有父母，是蓋人禽之界，不但君子野人之別也。蓋人之用愛也易，而
> 用敬也難。謀利者多而顧義者少。則於子不患其不慈，而非果惻隱之
> 真心所發見也。記者以厚慈為惡之大，其於天理人欲之辨嚴矣。而近
> 世盱江羅氏論大學「如保赤子」之義，輕孝弟而重言慈，其滅裂天理，
> 驅斯人於禽獸之行，可勝罪哉。（卷三十，頁 7 下）

此二則論禮主敬以著於父子之親，而別於野人禽犢之愛也。夫父子之親，乃
天性自然，人禽之共也，而人之異於禽獸者，在人之順此天性自然之親愛，
進而正名定分，興敬以合愛也。夫興敬合愛者，「雖主於敬而真愛不忘；非
矜莊嚴厲以為敬也」，故乃非薄於天性之慈，實足以防其逐愛流私也。而船
山批評羅近溪以《大學》之「保赤子之慈」為「孩提愛敬（孝弟）之所自生
者」，[註6] 乃「輕孝弟而重言慈，其滅裂天理，驅斯人於禽獸之行，可勝罪
哉。」可謂森嚴至極，亦可見船山重禮教以嚴人禽之大防，其志殷切矣。

〔註 6〕《大學》原文作「孝者，所以事君也。弟者，所以事長也。慈者，所以使眾
也。〈康誥〉曰：『如保赤子』心誠求之，雖不中，不遠矣。未有學養子而后
嫁者也。」而羅近溪《明道錄》論之曰：「問《大學》宗旨。曰：孔子此書卻
被孟子一句道盡，所云『大人者不失其赤子之心者也』。夫孩提之愛親是孝，
孩提之敬兄是弟，未有學養子而嫁是慈，保赤子，又孩提愛敬之所自生者也。」
（廣文書局《近世漢籍叢刊》本，卷七，頁 1。按近溪《盱壇直詮》上卷，頁
4 下亦載此論，惟少「保赤子，又孩提愛敬之所自生者也」一句。）

再者，船山釋經文「故三年之喪，人道之至文者也」云：

> 文謂章飾人群，以別於禽獸也。（卷卅八，頁 3）

釋「親親，尊尊，長長，男女有別；人道之大者也」云：

> 人道，人所以別於禽獸之道也。四者惟人能喻而修之，故生而敘之
> 為倫，沒而為之制服，重輕降殺，各有差等，所以立人道之大也。
> （卷十五，頁 4 下）

論「問疾之數」一事云：

> ……古人於疾患生死之際，其尤重之如此，斯其所以盡人倫之至，
> 而後世嵇康之流，乃以不喜弔死問疾為高，其不化人類為禽獸者幾
> 希矣。（卷廿二，頁 18）

論「宗法制度」云：

> 人道者，立人之道，一本之誼，所以異於禽獸者也。蓋因尊尊親親，
> 而推其禮之所秩，義之所宜，以立大宗之法，然後上治下治之義，
> 雖在百世皆疏通而曲盡，則人之所以為人者，道畢修矣。（卷十六，
> 頁 2～2 下）

此四則乃論禮達於疾喪之事，宗法之制，以盡人倫，別禽獸，蓋皆仁至義盡，
為人道計慮深遠者也。至若冠、祭、射、御、朝、聘之禮，船山雖未一一言
明其立人道，別人禽之義，然其義實亦可推而得之，昭然無疑矣！

以上為船山論人禽之別之見諸昏喪、父子、男女者。此外，前謂後聖有
作，禮制初成，人乃始別於禽獸；然而禮者始諸飲食，故人禽之別，亦首於
飲食見之，故吾人於日常飲食之際，亦當自求所以異於禽獸也，是以船山釋
「毋嘬炙」云：

> 孟子曰：「人之所以異於禽獸者幾希！」言人無往而不嫌於禽獸也。
> 故甘食悅色，人之所與禽獸共者也。禽獸與人共而人之自異者鮮矣。
> 人之所異者何也？心理之安而從容以中其節也。一飲一食之際，無
> 所往而不求異於禽獸焉，亦君子立人道之大端也，蓋可忽乎哉！（卷
> 一，頁 18 下～19）

蓋此所謂「人之自異」者，乃指人心之自覺主動因天之化，順人之情，而創
制顯庸，以有別於禽獸也。而甘食悅色，人與禽獸所共也，人所以異者，即
在心安理得而從容以中節也，亦即本仁行禮以顯人道之莊嚴與尊貴也。

復次，船山釋「斂髮毋髢」云：

髮者，人之異於禽獸，古人重而必韜之，防損落也。（卷一，頁14）

又云：

無冠裳之飾，則禽獸而已矣。（卷四三，頁1下）

呼則前，叱則卻，禽獸之知聲也。一激一揚，一唱一和，歌謠之中，
五音存焉，眾庶之知音也。合其倫理，審其通變，以微其心政，唯
君子能之。（卷十九，頁4下）

夫禽獸有毛而無髮，裸身而無飾，知聲而無音樂，皆天生自然而已矣。人則
不然，冠裳斂髮，審音作樂，在在皆為釋回增美，而自異於禽獸也。

以上種種，蓋因船山論禮，特重達用，而無微不謹（見上節），故於任何
細文末節，如所引諸文中之「飲食」、「冠裳」、「斂髮」、「音樂」等等，皆以
為足以顯發人禽之異，故再三策勉吾人為學復禮，萬萬不可以其小而忽之，
以自趨於禽獸之途也。

二、孝親之禮

夫禮之辨人禽者，乃以立人道也。而人道之大，莫過於孝，蓋船山云：

孝者，生理之不昧者。在人為心，在天為理，故天地之間，四海之
內，古今之遙，幽明上下，治教政刑，因革損益，無非此理之著而
已矣。（卷廿四，頁15下）

又云：

孝弟者，德之本，禮之實。謹諸此以達乎眾禮之原，則天禮之節文，
皆生心而不容已矣。（卷一，頁9）

是知孝為立人道之大者，故云「謹諸此以達乎眾禮之原」，此乃《論語》所謂
「孝弟也者，其為仁之本與？」之意也，是以人倫雖廣，禮節雖多，壹皆始
於孝親矣，故云：「孝者，萬行之原也。」（卷十二，頁8）然孝之為道，乃無
時無在，無存無沒者，其禮富涵萬殊，本難以道盡，茲據船山論孝道之要，
分述如下：

（一）行孝之最高原則

船山論孝，時有勝義，最為其所鄭重，且可以為人子行孝之最高準則者，
不外「興教合愛」與「以道寧親」二點。其論孝子之「興敬合愛」云：

此節（指〈內則〉篇，「在父母舅姑之所」一節）所記以敬為主，或
且疑其敬有餘而愛不足者，然愛而不敬，非真愛也。人子之於親，

求以得其歡心者，誠切專至，則志氣壹而詳慎斂肅，自無往而或縱，故一堂之上，肅雝靜穆而和氣充盈。君子之孝，所由大異於禽鹿之呴呴者，恃此而已。（卷十二，頁5）

其論「君子抱孫不抱子」，以彰「以道寧親」之義云：

子之於父，本一體也。然君子之所貴於身者，性也，非形也。故忘性以厚愛其形者，小人之道也。子亦吾之委形而已矣……知其爲委形，則不暱愛以亂別，是故君子不抱子，而昭穆之別於此立焉。情之所不得黷，神之所不得依也。孫則再傳而固已別矣。生則抱之不嫌於私，沒則依之而不失其別。〔註7〕孝子之事親也以道，生所不得抱，死不得以爲尸，所以殊君子於小人，尊親之至也。以此爲教，後世猶有慈子以陷於惡者，則人道之不明久矣。（卷一，頁23下～24）

夫「興敬合愛」與「以道寧親」，其爲行孝之至要者，一也，惟「興敬合愛」者，乃偏就孝子愛親之實情以言之，而「以道寧親」者，乃偏就孝子事親之節文以言之，故分而論之也。蓋依船山之意，孝親之禮，乃必情文、理事互盡，始可謂盡孝也（參見卷三，頁6下、卷四二，頁13下），故其論實踐孝道之要，亦必合情事以言，而「興敬合愛」與「以道寧親」並舉也。船山此論實用心深切之至，夫所謂孝者，乃敬天順命，本仁安順者，故其行自亦當合諸天道人心之公理，而不得姁姁於私恩私情之報也。故船山一則謂「孝，順德也」（卷一，頁6下），次則謂「親之大惡弗從，孝也」（卷四，頁9下），又謂「尊親之至，不敢導欲以事之，故盡道以將敬，而不苟近其情以爲悅也。」（卷十，頁11）並論孔子之合葬其父母爲「以道寧親，而勿之有悔。」（卷三，頁5下）評《儀禮・喪服》篇之「慈母（即今所謂乳母）如母」，乃「伸私恩，妨公義，蓋東遷列國之失禮。」（卷七，頁11）進而直斥魯昭公喪慈母，乃「惟慈己而即爲母，則去禽獸不遠矣。」（卷七，頁11下）在在皆欲申明，孝必「嚴其性而非姑愛其形」，始足以伸其發自天理人性之敬也。

（二）事親之道

船山云：「君子之於其親，存沒一致，恒存於心。」（卷廿四，頁2下）又云：「心順則行順，存沒異而愛敬不忘，一也。」（卷廿五，頁2）是人子之事親乃終生不廢之業也。《論語・爲政》篇子爲樊遲論孝，其言曰：「生，事

〔註7〕「別」字原作「列」，蓋以形近而誤也，茲據上下文義校改之。

之以禮；死，葬之以禮，祭之以禮。」《禮記・祭統》篇亦云：「孝子之事親
也有三道焉：生則養，沒則喪，喪畢則祭。」（卷廿五，頁 2）而船山論事親
之道，亦可統於此三道以言之：

1. 事生之道

船山云：「孝自養親始」（卷廿四，頁 15），故茲先述養親之道。上節已明
船山重禮之貫末而達用，故其論養親之道，亦首在觀其順，而重申無微不謹
之義。蓋《禮記》〈曲禮〉、〈檀弓〉、〈內則〉、〈少儀〉諸篇所記事親之儀節，
「雖若細故，而非目不妄營，心不外馳，專志壹氣於其父母，則未有能中其
節者。循而爲之，毋有懈怠，而親愛綢繆孝思之發，將益日生，而惡可已矣。」
（卷十二，頁 5）所謂「專志壹氣」而中其節者，亦即敬而順也，人子能於養
親之際，無微不謹於敬順之道，則孝思將不匱矣。此亦足證上節所云船山重
禮「由外以養內」之義也。

至於人子事親諸事中，最所易知難行，且最易導致父子相離相怨之心者，
莫過於「諫親」一事。孟子云：「父子之間不責善，責善則離，離則不祥莫大
焉。」夫父子有親，人道之常也，然子之事親，貴在以道相寧，故父母有過
而不諫，豈其心所安者？然諫之而不離，其有道乎？船山論〈內則〉諫父母
「起敬起孝」之義，即在闡明此道也，其論之曰：

> 起者，更振作之意。恐以諫故分其孝敬之守，故更自警省而振作之
> 也。孝敬者，人子之常；諫之不從，事之變也。遇變而貞其常，初
> 未嘗藉是以感吾親，亦以自盡其所當爲而止。舜之事親於底豫者，
> 唯此爲耳。然而不如此，則先已自居於不孝，故曰：「道二，仁與不
> 仁而已矣。」（卷十二，頁 7）

船山於此點明，孝敬乃人子分內應盡之事，非冀於功報也，以此居心，則常
變不二，起孝起敬，庶幾可免於相離不祥，而自陷於不孝也。

此外，人子事親所最易輕忽，亦最難全盡者，厥爲「敬身以敬親」一事
乎！蓋天地之間，大無過於人者，而父母全而生之，故子女孝敬於父母，亦
當全而歸之也，故船山云：

> 萬物莫不生養於天地，而天地無心而成化，徧育萬物而無所擇，吾
> 之所以得爲人者父母也。故乾坤者，人物之父母，而父母者，人之
> 乾坤也。人之所以異於禽獸者，禽獸有其體性而不全，人則……健
> 順五常之實全矣。全故大於萬物而與天地參，則父母生我之德昊天

罔極，而忍自虧辱，以使父母所生之身，廢而不全，以同於禽獸乎？

人子能體此而不忘，孝之實也。（卷廿四，頁 17）

夫人之性，固天之所性，然人之形，則父母所生也，且船山云：「人生於父母，受形而性即具焉。」（卷廿四，頁 14）故在船山崇本貫末而重達用之思想下，性與形之於人，固有本末之分，然其價值則無分軒輊也。故船山乃特重「敬身以敬親」一義，而允爲「孝之極致」者也（卷三十，頁 7）。故其論「壹舉足而不敢忘父母」一段云：

徑、游、惡言，過之小者，猶恐辱身羞親，而必謹之，則乘危徼幸、汨利忘身，而與物競趨，入於禽獸之行，以自罹陷阱者，愈可知矣。

人禽之異，全缺之分，孝不孝之實，皆於此別焉。（卷廿四，頁 17 下）

此其發揚敬（誠）身以敬親，而立人道之大義，深切著明矣！且亦爲其論禮之貫末而重用之一例也。

2. 居喪之道

居喪之道，始於事死之禮，船山論人子處親之死云：

君子之自處其死也必正，而無偷安畏戀之情。處其親之死也，亦必正而不爲姑息狎暱之愛，是豈有所矯而然哉？君子之於身無不敬也，其於親亦無不敬也。死，命也；哀，情也。順命而極用其情，一之以敬，則並行不悖矣。既不爲細人之鄙褻哀瞀，而不恤理之所安，而亦非若異端之矯強張皇立異，而以求別於夫人之死也。知此者可與語死生之際，而事其親矣。（卷廿二，頁 1 下～2）

此段所論一皆出於至性，體天理人情之極至，足以安死慰生者也，而「死，命也；哀，情也。順命而極用其情，一之以敬，則並行不悖矣。」一段，尤爲精闢醇美，斯爲聖學異端、君子野人之大際也。

又船山以爲「孝莫大於慎終」，而論之曰：

內稱其情，色無僞也；外稱其服，服不虛也。喪以哀爲主，而有眞哀者，必有眞情。〔註 8〕若乘一往以自致，則但發氣爲哀，氣衰而哀竭矣！故孝莫大於慎終。（卷廿一，頁 3）

夫人子於親喪之際，哀亂摧折，若一致於其親，而他皆所不恤。乃其於尊卑之等、拜踊之節，猶若是其詳辨者，蓋親親尊尊之義，同

〔註 8〕「情」字原作「愼」，蓋以形近而誤也，茲據上下文義校改之。

於性而非由外鑠。故孝子盡性以事親，無所不致慎焉，而節文之宜，仁義並而不悖，非達於天德之全體者，固不足以知其深遠矣。夫豈僅恃其不學不慮之知能而直情徑行者所得與哉！直情徑行者，戎狄之道也。（卷廿一，頁 5 下）

曾子口：「慎終追遠」，謹於小而後爲慎之至也。（卷十五，頁 1）

是知船山所謂「慎終」者，乃內外交盡，禮不遺小，而主於哀敬並致也。由此亦可見船山論禮之崇本貫末，而重達用也。夫人子居喪而能哀敬並致，始可「志壹氣充，性盡而情順，故雖毀而不病。」否則或「志之不逮，情欲偷而強之哀，則氣餒形疲，強者病，弱者死矣」；或「過哀而病，殆於滅性。」前者「誠不足而滅裂以求名」，甚且「殄生絕祀」，固君子所恥，而難免不孝之罪也（分見卷三，頁 14～14 下；卷廿一，頁 9 下）；而後者哀痛太過以致傷身毀性，情固可憫，然亦船山所不與者也。（參見卷三，頁 22 下；卷四，頁 34 下）

3. 祭祖之道

船山云：「祭以愛敬之本」（卷廿四，頁 14），爲人子孫者，無不應以此自盡於祭祖之禮。故船山論「祭稱孝孫孝子，以其義稱也」云：

義，分義也。孝者，子孫之分義，不能孝則不足以爲子孫矣。……孝爲至德而自稱不謙者，以期盡其敬愛之善，而後可以事其祖考，不可讓於德之未至也。（卷十一，頁 20 下）

夫能「盡其敬愛之善」，則親「恒存於心」，而「見聞不爽，如遇其素」，否則「心與親離，則雖專壹志意，以臨齊祭，而恍惚無據，志氣必懈，於以求須臾之敬小不可得，而況冀其感孚乎？」（卷廿四，頁 2 下）故船山亦謂「唯孝子爲能饗親也」（卷廿四，頁 3 下）。而船山又云：

人之沒也，形陰於土，氣散於空，而神志之返於漠者，寓於兩間之氣以不喪其理。故從其情志所專壹者，而以情志通之，則理同而類應。蓋惟孝子慈孫本自祖考而來，則感召以其所本合之氣而自通。此皆理氣之固然，非若異端之所謂觀者，以妄想強合非類，而謂一切唯心之徒以惑世而誣民也。（卷廿四，頁 2）

船山之論祭義，實以其「即氣言體」爲本，其天化論鬼神觀爲據，其氣乃眞實不妄，而鬼神之合散往來亦眞實不妄也。故孝子秉其誠敬摯愛以饗親，而與天地鬼神感通無隔，自亦眞實不妄，而爲義深遠矣！

（三）孝有本末，且本末通貫

　　船山論孝之勝義，乃在一轉《禮記》「孝有等差」之說，而爲「孝有本末，且本末通貫」之義。夫本末者，乃就孝行而言也，船山釋「孝有三：小孝用力，中孝用勞，大孝不匱」，以發明此義云：

> 小孝，孝之見端；大孝，孝道之盡也。用力者，就其事而致其力也；用勞者，勤以盡其實也；不匱者，充其道於無窮也。三者備而孝道盡矣。……三者雖有大小之殊，至於不匱，而孝道乃盡。然慈愛忘勞（按即用力也），本也；修行備德，末也。敦其本而後可推以極其大，學者不可不察。（卷廿四，頁 16～16 下）

此言孝行之分小中大三類，小者爲本，中大爲末，爲人子者必三者皆備，而敦其本（小）以極其末（大），方可謂「盡孝」。是知此所謂「本末」者乃就行孝之事類而分，非即據以定其輕重高低而重大輕小也。故船山釋「曾子曰：孝有三。大孝尊親，其次弗辱，其下能養」一段云：

> 尊親者，人生於父母，受形而性即具焉，所性之德全，而天佑人助以有其尊榮，則亦以全吾親生我之理而已。弗辱者，富貴不可以強致，而道盡於己，不媿於天，不怍於人，使吾之生理常伸，要以不忝於所生也。能養者，所生之德，仁愛爲至，情之所通，甘苦憂樂在親者，皆我所喻而不容已於養也。三者理之當然，皆情之必然，即性之固然。反求諸人子之心，咸其所不得不盡，則三者一而已矣。言大言次言下者，自其事而言之爾，讀者當以意通之，勿重人爵而輕天性之愛也。（卷廿四，頁 14）

又云：

> 自第十三章（即上引）以下，皆雜引論孝之言，以終唯孝子爲能饗親之意。顧其言之大者，雖推及廣遠，而要皆因心以推體用一原之理，非謂孝子之德，必恢張廓大，立身揚名，而承志色養之爲末也。……後世不察於《孝經》顯親之說，乃以身名爲重，敬養爲輕，恣其汨沒名利之私心，而藉顯親以爲口實，乃至戕髮膚，躬葳行，苟求富貴利達，而自謂不獲於忠且盡其孝，禽行狌，人心滅，其禍烈矣。使察於此，其能伸邪說以自蓋其惡，而蠱惑天下乎？（卷廿四，頁 17 下～18）

此二段皆在申明「孝之本末通貫」之義。蓋尊親、弗辱、能養三者，皆人子

必盡之情理，為根於性而不容自已者，必唯全備而後可謂「盡孝」也。故其區分，亦不過就事而論，便於言詮耳。然後世不察，遂流生「以身名為重，敬養為輕」諸弊端，實捨本而亂末，無怪乎船山極力伐撻，不留餘地也。而船山此云：「三者一而已矣」，又云：「勿重人爵而輕天性之愛也」、「非謂孝子之德，必恢張廓大，立身揚名，而承志色養之為末也」，亦皆前所謂「敦其本而極其大」也。至其用心，乃在申其「本大末亦不小」之旨，而戒人子勿輕小而不為，非謂人子之於孝，真可截然劃分，而與時循序漸進也。此亦顯現船山論禮之貫末重小、體用一原也。

第三節　君子秉禮以修己應物

　　夫船山所謂禮者，乃承天之道，以治人之情者也，其用大矣哉。而其顯於個人一己者，乃在修身崇德，安人應物，而為修養工夫論之一課題也。本節即以君子之「秉禮」為重點，討論君子行禮之道，與君子行禮之效，以彰明君子秉禮以修己應物之實也。

一、君子行禮之道

　　船山所謂君子，乃「多聞識而不驕，敦善行道，不以難成而怠，則立於禮而德成矣。」（卷一，頁23）是知君子之必秉禮以行道也，故船山云：「君子貴乎循禮也」。（卷一，頁1下）船山又云：「禮之為用，廣大深遠……推本躬行為脩德凝道之原。」（卷廿八，頁4下）又云：「君子聞道（禮也）而學焉，期於行也。」（卷廿一，頁14下）是知君子於禮，又特重修行，尚踐履也。

　　夫君子之行禮，其有道乎？船山云：

　　　故君子修身務本，而後可以學禮。（卷一，頁3）

　　　君子之修己應物，敬以為本，禮（禮文也）以為用，則外不失人，
　　　內不失己，而事物之變無逆於心，然後人道立，而不失乎所由生之
　　　理。（卷廿七，頁5下）

是知君子行禮之道，首貴「主敬務本」也。故船山謂〈曲禮〉首章之「〈曲禮〉曰：毋不敬，儼若思，安定辭。安民哉！」乃「君子行禮反躬自盡之要」，又論其為「原本正心修身之道，以為禮之本，而聖學之功，舉不外於此。蓋一篇之統宗，全經之體要備矣。」（卷一，頁1下）其於「主敬」之義，慎重至矣。是以《章句》中，君子主敬修身之論，所在多是，如其云：

恒一於敬，不間於幽明。（卷四，頁 22）

君子言貌，非徒欲示人以無失，而純於敬者，自無過之可議也。（卷
卅二，頁 1 下）

敬盡於己，則人自敬信之。（卷卅二，頁 1 下）

篤敬以厚其終。（卷卅二，頁 1 下）

坊民之本，立敬以作則。（卷卅二，頁 3）

又如其釋「君子莊敬自強」一則云：

莊敬則志嚴，志嚴攝氣，氣以充體，斯日強矣。安肆而偷，則耳目
墮，筋骸弛，終日之間，如無所措手足，而憪憪以待盡。故敬者，
王者以之祈天永命，君子以之修身立命，學者能體驗而有得焉，則
近世儒者，竊道士胎息之說以言學，其陋見矣。（卷卅二，頁 2 下）

其論「故君子戒慎不失色於人」一則云：

惟常存戒慎，則心恒為主於內，而順應乎事物，則凡所酬酢，皆適
如其哀樂剛柔之節，人不得以窺其失矣。（卷一，頁 26）

夫敬則其神恭肅凝斂，其心審慎專一，言默進退，莫不中節，故為君子行禮
之首務也，此於前節論孝親之禮一目，亦可窺其端倪也。

其次，船山又云：

學者去私循理，以為行禮之本。（卷一，頁 2）

節情去私為禮之本。（卷一，頁 2 下）

私欲不行，義立而禮行矣。（卷一，頁 2）

私意不行而天理以見矣。（卷一，頁 2）

是知行禮之本，亦在去私循理。夫主敬與去私實相承而言，主敬乃存理之學，
去私乃遏欲之事，而船山云：

先存理而次遏欲者，聖學所以異於異端而有本也，……本立而用斯
行矣。（卷一，頁 2 下）

是知行禮之要，首在主敬，次為去私。亦可云首在存養，其次在省察，此即
船山所云：

遏人欲所以存天理，而惟存天理者，乃可以遏人欲，是存養為聖學
之本，而省察其加功，固有主輔之分也。（卷卅一，頁 3 下）

故主敬與去私，存養與省察，雖有本末主輔之分，然亦相互為功也，所以船

山又云：

> 惟存養而後可以省察，惟致中而後可以致和。用者，用其體也。惟
> 省察而後存養不失，惟致和而後中無不致。體者，用之體也。（卷卅
> 一，頁 4 下）

由此亦可見船山論禮之本末通貫、體用圓融之義也。（參見第三章）

其次，船山以爲主敬行禮，最需有恒，而處變如常，故其言曰：

> 君子造次不違禮。（卷四，頁 1 下）

> 君子之於敬，無斯須之或亂也。（卷卅二，頁 2）

> 君子於禍患毀謗、恥辱之至，無規避之術，惟盡其誠敬而已。蓋處
> 變而惟不失其敬也。（卷卅二，頁 2）

而主敬行禮如何斯可恒久不怠、常變不二耶？船山論「誰謂由也而不知禮
乎？」云：

> 事豫則治，治則敏，敏則心力有餘，而得以自盡。故欲盡其忠信者，
> 必豫以爲之基，敏以竭其才，斯以恒而可久也。（卷十，頁 19 下）

是知豫與敏，乃行禮有恒之要也。夫豫則有蓄，故臨事每能從容不迫；敏則
當機，故處變亦能自盡其才，如此則主敬行禮，率皆天性自然之發用而不容
自已者，故能恒常不渝也。

再者，行禮亦要多學，而學禮亦須有道，故船山論「學禮」云：

> 忠信之人以學禮，則情與文稱，而文皆載道。非其人，則雖備儀文，
> 情不及物矣。（卷十，頁 18 下）

> 敏爲學禮者之先務。蓋敏者，盡己之實，而義理之叢叢者，由此而
> 生，乃初學入德之門也。（卷十，頁 18 下）

又釋「禮，聞來學，不聞往教」云：

> 有自修之心則來學，而因以教之，若未能有自修之志，而強往教之，
> 則雖教亡益。故君子修身務本，而後可以學禮。（卷一，頁 3）

是知學禮首重有本務實，亦即忠信而敏也。船山又論孔門二三子之學孔子「拱
而尙右」一事云：

> 聖人喜怒哀樂之節，篤實於中，自見於外，故動容中禮而造次無違。
> 二三子雖嗜學，而不得其性情之所自著，固有忘己而獨徇乎教者，
> 即此而見聖人無隱，而學者欲從末由，即凡動靜云爲之間無非是也。

（卷三，頁 18）

且評學者之學孔子用殷禮爲「徒得其迹者也」（卷三，頁 18），蓋學而無本，則但得其禮文形迹，而禮意盡失也。此亦可與第二章所論禮必有本互證也。

二、君子行禮之效

君子行禮以修己應物，而其實效究爲何耶？船山云：

> 事待禮以成。蓋情達理得則分定，人和事敘而功成矣。（卷廿八，頁2下）

> 物得禮以成，禮行而物皆得宜也。蓋物無定制，以人之好惡爲則，違其所惡而成其所好，則人心安之而用無不宜矣。（卷廿八，頁2下）

> 人之好惡無恒，而事物之得失無據，非禮以爲天則，則雖有欲善之心，而非過即不及，事不可得而治矣。（卷廿八，頁3）

是知禮行則情達分定，事物得成，而可全竟善心之功也。故君子之行禮也，乃具成全心物，貫通本末之效也。是以船山釋「道德仁義，非禮不成。教訓正俗，非禮不備。」一段云：

> 在理曰道，在心曰德。仁者愛之體，義者心之制。禮以顯其用，而道德仁義乃成乎事矣。設科以督正之曰教，啓釋其所未通曰訓。教訓斯民以正其俗者，以爲善去惡爲大綱，而非示之以禮，則不能隨事而授之秩敘以備乎善也。（卷一，頁3）

此實君子行禮成全心物，貫通本末之具體落實也，由此可見君子行禮自具成全道德教化之功也。且亦因此之故，船山乃謂君子「有禮則心泰而行亨，無禮則心歉而行競也。」（卷一，頁3）而吾人由船山論君子行禮之成全心物、道德教化，亦可確知其論禮之必本末通貫也。

其次，船山云：

> 人心固有之德，藏於中而推行之，斯爲禮。（卷廿四，頁9）

> 恭敬辭讓，人性固有之德，而禮以宣著其節文，以見之行者也。（卷廿六，頁3）

又其論「敬而不中禮，謂之野；恭而不中禮，謂之給；勇而不中禮，謂之逆，……給奪慈仁」一段云：

> 野者，迫束無文之意。……給者，便捷足用而無實也。……逆者，不順事理。……奪者，本有是心而因之喪失之謂。野給逆三者，皆

德之累，而野與逆，其失易見，惟給近於敏，似習於禮者之爲，而
志氣外流，交物不以其誠，則雖有慈仁之心，且喪失之矣。是其爲
害最大，故特申言之。（卷廿八，頁 1～1 下）

是知吾人心性固有之德，皆賴禮以行之也，而禮乃具成全諸德之美之功也。而
吾人心性之德，一言以蔽之，則「仁」而已矣，故船山云：「復禮則仁矣，故可
教可學者，無如禮也。」（卷十二，頁 23）此亦《論語》孔子答顏淵問仁曰「克
己復禮爲仁」之義也。是以禮亦具成全諸德之效，而君子克己復禮則仁矣。

此處尚可自反面言之者，則君子行禮，亦可有閑邪止惡之功也。夫邪惡
不善者，皆在滅天埋以窮人欲，所謂「心存乎所嗜之物，則物之形不舍於心，
而心殉之不知有己，而唯見其物，是失其所以爲人者，而化爲所嗜之物」（卷
十九，頁 6）也。而行禮則在「存天理，遏人欲」也（見前），故船山云：「脩
己治人之實，禮而已矣。性之所由失者，習遷之也。坊習之流，則反歸於善，
而情欲之發，皆合乎天理自然之則矣。」（卷三十，頁 1）此即言禮以防習歸
善，而修己應物也。

復次，禮又具變化氣質之效。船山云：「禮以爲閑，則人無不可用之材，
而皆變化其氣質之偏。」（卷九，頁 12）其釋「故所貴於勇敢者，貴其敢行禮
義也」云：

勇敢有行義者，皆必以禮爲貴，則恃力襲義而矜獨行者，無不變化
氣質以勉於禮矣。（卷四八，頁 3 下）

是知禮實具變化氣質之功也。夫所謂「勇」者，並非性德之義，而但指一偏
倚之氣質耳。依船山之意，唯大本之中體，始富「凝聚保合之氣象」，而「無
所偏倚」也；至其發用陰陽五行之氣，而化生天地萬物，則莫不有所偏倚也。
而吾人「與生而具」之氣質，亦莫不有所偏倚也。然亦因此之故，謂人之氣
質爲「有所偏倚」，乃「非爲不美之辭也」，其義但在點明一一個別之存在，
其氣質、才性皆有特殊偏向之眞實現象耳（是故船山於此雖亦如宋儒言變化
氣質，然並不如宋儒於義理之性外，別立一氣質之性而賤之也。）而人之可
貴者，要在變化氣質，使其「有所偏倚而無所乖戾」（以上參見卷卅一，頁 4、
23），進而成全此一偏倚之氣質，爲吾人德性表現之原則，勇者成其勇，仁者
成其仁，而智者成其智也。至其所以變化者，秉禮以閑邪存誠耳，是故君子
秉禮以修己應物也。

夫禮之於君子，其用廣大深微，上文不過述其大要耳。首曰君子秉禮以

成全心物，或具體言之曰：成全道德教化也。次就道德一端，論君子秉禮以成全諸德，而復禮爲仁；並自反面言之，謂君子秉禮亦可閑邪存誠，防習歸善也。最後，則論君子秉禮以變化氣質，成就德性修養。上舉雖分爲數端而言，然合而言之，不過修己應物耳。故君子行禮，則「外諧而內無怨」，斯即船山所謂「內外交養之道」（卷十，頁 1 下）也。

第四節　聖王制禮以治人用物

一、唯聖王爲能制禮

夫船山論禮者，乃以承天道以治人情也，其用大矣哉！其顯於國家社會者，乃在治人用物之教化意義也。船山以爲天化成物以待用，〔註9〕人具七情以待治，而唯禮可以治之用之。故其言曰：

> 禮達分定，而人無不專致於上之情，無不可效用於上之材，合小康
> 之世而爲大同者，惟有禮以治其情也。（卷九，頁 12 下）

> 禮所爲，即事物而著其典則，以各適其用也。（卷十，頁 1）

是知人情萬物，皆待禮之治而成其用也。蓋船山謂「禮者，以達情者也。禮立則情當其節，利物而合義也。」（卷九，頁 13）是知唯禮可以治人用物，而聖王制禮亦以人情爲田，以萬物爲資也，故曰：「王道以人情爲極，情深而文明」（卷廿八，頁 2）也。

而依船山之意，惟聖王爲能制禮也，故其言曰：「天理之節文，察乎人之身心，惟君體之以爲德，斯亦備乎禮器也。」（卷十，頁 2）又曰：「財物皆造物之產。其義之所宜，質文多寡，惟先王能達之，精於其義而盡之，以與生物之理相稱，斯大禮之制，建諸天地而不悖矣。」（卷十，頁 13）夫聖王乃德位並至者，故唯聖王爲能制禮也。此意可分就德與位二者言之。

船山云：

> 禮原於天而爲生人之本，性之藏而命之主也。得之者生，失之者死，
> 天下國家以之而正。惟聖人知天人之合於斯而不可斯須去，所爲繼
> 天而育物也。（卷九，頁 19）

> 禮所自立，原於天德，故非修德者，不足以治人情而符天道。依於

〔註9〕參見曾昭旭先生《王船山哲學》，頁 388。

仁而本立，成於樂而用行。斯修德之極至，而後禮非虛行也。（卷九，頁 19 下～20）

是知「禮本於天德」，而「非達於天德者，不能體之」也（卷九，頁 19），故非修德至極之聖人，不足以當之也。故船山論「毋輕議禮」云：「誠不至，德不盛，道不凝，徒測義理以議損益之文，必無當也。」（卷十，頁 19）即見其論制禮者，必實有其德也。

此外，船山釋「此聖人所以藏身之固也」云：「聖人，謂在天子之位而制禮者。」（卷九，頁 11），又釋「丘也小人，不足以知禮」云：「小人，無位之稱，非天子不議禮。」（卷廿七，頁 1 下）此見其論制禮者，亦必實有其位。依船山之意，位之與德，乃必結合以言之，有其位則亦應有其德，故其言曰：「聖人之大寶曰位，天尊地卑，上下定而精理奠焉，故位之所在，德之所及。」（卷九，頁 8 下）然事實或儘有不然者，如此，則應以德為重也，故船山曰：

> 三代王者，本天治人，因心制法，體其德，用其道，皆以信諸心之獨至而無疑者為治教一世之定理，而見天下之物莫不以此為至極，故吉凶典禮容音象數，咸於此準焉。非務為矯革，以侈受命之符緣飾以塗天下之耳目。故曰：「雖有其位，苟無其德，不敢作禮樂焉。」（卷三，頁 7）

蓋禮本天效地，出於人心，故唯盡其心而實有其德者，始能作禮樂也。夫謂德位並至，乃重其本末通貫，內外交至也，然若僅能取一，則自當以德為先，此亦見船山崇禮之本也。

而人君如何修德以制禮耶？則在「志至焉」也，船山云：

> 人君以四海萬民為一體，經綸密運，邇不泄，遠不忘，志之至也。乃於其所志之中，道全德備，通乎情理而咸盡。故自其得好惡之正者，則至乎詩矣；自其盡節文之宜者，則至乎禮矣；自其調萬物之和者，則至乎樂矣；自其極惻怛之隱者，則至乎哀矣。凡此四者之德，並行互致，交攝於所志之中無不盡善。凡先王敦詩陳禮作樂飾哀之大用，傳為至教者，其事雖賾，而大本所由，和同敦化者，皆自此而出。程子所謂「有關雎麟趾之精意，而後《周官》之法度可行」，此之謂也。……蓋志之至者，盡心者也。盡心則盡性，故情有異用，而所性之德，含容周徧，此天德王道之樞，大本之所自立，

而達道由之以行者也。存於中而未發，固不可得而見聞矣；乃函之
為志，而御氣以周乎群，動天地之間，物之所宜，事之所成，經綸
盡變而不遺，則與父母於子存注周密而使各得其所之道同，抑所謂
「能盡其性，則能盡人物之性」者也。（卷廿九，頁 1 下～2）

此志、詩、禮、樂、哀之所至，即《禮記・孔子閒居》篇所謂「五至也」，人
君能致五至，則「凱弟君子，民之父母」也，而其根極則在「志至焉」也，
亦即盡心也，故人君能盡心則能盡一己之性，進而盡人物之性，以參天地之
化育也。

二、聖王制禮之道

　　船山云：「先王制禮以治人，皆原本於內外交盡之盛德。」（卷十，頁 2）
所謂「內外交盡」者，亦即「有本有文」也。船山於釋「先王之立禮也，有
本有文」云：「立，猶制也。本藏於中，文著於事。凡文皆有本，而載本以成
乎文也。」（卷十，頁 2）並進而釋「忠信，禮之本也。義理，禮之文也」云：
「本心固有曰忠，用情不疑曰信。處事得宜曰義，因物不逆曰理。固有其情，
而無所疑，則發之於外，事皆得宜，而物理順矣。」（卷十，頁 2）此可謂制
禮之總則也。蓋禮有本乃能運行天下，而措之無所不宜（其義見第二章），有
文乃能成其治人之大功也，而唯聖王為能制之也。船山論聖王制禮之道，一
曰「緣義以起」，為論禮所以立制之質，亦即禮所以自建者也，此可謂制禮之
精神原則也。一曰「慎以致稱」，為論禮所以立義之道，而禮器所由大備者也，
此可謂制禮之技術原則也。以下則進而論述之。

（一）禮以義起

　　夫禮為常儀常制之定體，其所據以立制者究為何耶？船山云：

（1）義立而禮行矣。（卷一，頁 2）

（2）義者，禮之精意。（卷九，頁 3）

（3）禮義者，因義制禮，而禮各有義也。（卷九，頁 16）

（4）義者，人心之宜，禮之所自建者也。存於中則為義，天之則也；
　　　施於行則為禮，動之文也。（卷九，頁 19）

（5）種之者，義為禮本，猶種之生苗也。（此釋「陳義以種之（禮）」）
　　　（卷九，頁 19 下）

（6）義者，禮之質。禮者，義之實也。（卷九，頁 2 下）

（7）義爲禮之制柄也，禮爲義之章序也。（卷九，頁 19 下）

（8）禮爲義之實，而禮抑緣義以起，義禮合一而不可離，故必陳義以
　　　爲德也。（卷九，頁 20 下）

（9）禮者，義之文，義者，禮之幹。（卷四三，頁 1）

（10）禮由義立，而義於禮成。（卷四八，頁 1）

以上十則資料，皆爲論禮與義者，可分爲二類：前五則乃論義爲制禮時賴以
抉斷之權度；是知聖王之制禮也，必緣義而起。後五則，則論義禮合一，禮
非義不精，義非禮不成。此亦船山崇本貫末、本末不二思想之顯發也。

　　惟引文（5）謂「義爲禮本」一語，猶待辨明。蓋此所謂「本」者，乃內
在之本質、骨幹之意，而非指禮之根據、本源也，亦即《論語・衛靈公》篇
「君子義以爲質，禮以行之」之意。夫義與禮之本原，當如第二章所論爲「天」、
「仁」等也，而義者，則爲仁發用而欲凝成禮之權度也。故船山云：

　　　義由學而精，而受則於仁，故必講學存仁，而義禮乃堅固也。（卷九，
　　　頁 20）

　　　禮以精義，而天德自然之符，以施之事物而咸宜者，非仁不足以體
　　　之，故仁爲義本。（卷九，頁 20）

　　　仁不昧而後義生，禮以行義者也。（卷十一，頁 17）

據此，則仁、義、禮三者之關係可知矣！仁與禮義乃本末通貫者也；仁藏諸
中而爲體，禮緣義起而顯諸用，禮義非仁不固，仁非禮義不顯也。而禮與義，
又互爲表裏相依者也；禮由義立，義由禮成。是知聖王之制禮也，必本仁緣
義以起，本仁，故曰「原本朔初以起義」（卷九，頁 7）；〔註10〕緣義，故曰「講
學以精義也」（卷九，頁 19 下），要皆在能「精義而不執」（卷十五，頁 13
下），以免「穿鑿而失其義矣」（卷十二，頁 10 下）。

　　又禮緣義起，則失義禮亦亡矣，故船山論「僭」爲亡禮之大端云：

　　　非僭而不能由禮者有矣，未有僭而能合乎禮者也。飾其所本無而爲
　　　之文，則誠意自不足以相及，而望其達乎先王承天治人之精意，不
　　　可得已！禮之所由亡，僭爲其大端也。（卷九，頁 8）

夫僭則禮之義盡失，仁亦無由感通以成用也，是知禮之不可僭，而必因義以
立也。

〔註10〕又參見本文第二章第三節「二、制禮作樂之本」。

（二）慎以致稱

前文已云聖王制禮，有本有文，且「文皆載本，而本必盡文，故禮器由是大備。」（卷十，頁 2）又謂禮必緣義以起，則此當進而討論義之所以立，而禮器所由大備之道也。船山云：

> 順天之生，協地之宜，盡人之能，用物之利，不吝其所得爲，不強其所不能，以體義理（禮之文）而達忠信（禮之本），則幽可順於鬼神，明可合於人心矣。此禮器之所由備也。（卷十，頁 2 下）

> 禮有制，用有恒，人心素定而不足爲憂，則雖有所減也而終不廢，蓋順天地民物之數以爲大常，義理得而忠信不匱也。（卷十，頁 3）

是知聖王之因義制禮，皆斟酌的天理人情事宜物變而生，而後禮器乃可大備也。若歸納其要，則有五焉：曰「時」，曰「順」，曰「體」，曰「宜」，曰「稱」也。此義見於船山釋「禮，時爲大，順次之，體次之，宜次久，稱次之」：

> 禮，謂制禮之道；時，乘天之時也；順，因天之經也；體，以心體而知之也；宜，緣情事之必然而起義也；稱，量其所可爲與其所得爲也。時者，刱非常之原，故尤爲重大，稱因乎在己之分，審量易知，故最爲次。（卷十，頁 3）

然依船山之意，時、順、體、宜，稱五者，所以有「大」、「次」與「最次」之分者，乃因五者或乘天時，或順乎人情物理，或因乎一己，故順其次序，由天而人物而一己以言之耳。故船山續曰：「然五者，因事各當皆求其稱，亦非有先後緩急之差也。」（卷十，頁 3）是船山雖順《禮記》原文而謂制禮之道有五，然其特重者，實在「稱」也。故其言曰：

> 酌於五者以制禮，則義理各得而禮器大備矣。……立義有五，而及其行之，適乎事理之用，則皆稱而已矣。（卷十，頁 4）

> （禮）非故爲豐殺，皆求其稱而已也。（卷十，頁 6 下）

> 昧於尊卑貴賤之等，而不求其稱，雖進退儀文之可觀，惡足以爲知禮乎？（卷十，頁 8 下）

若然，則「稱」之爲義如何？前引船山釋「稱」云「量其所可爲，與其所得爲也」，以「稱其財力之可爲」（卷十，頁 4）與「稱其分之得爲」（卷十，頁 4）二者之得兼訓釋之，乃隨順經文，就其狹義而釋之也。依船山之意，則所謂「稱」者，實當於「時、順、體、宜」亦求其稱，亦即於天地民物、人

情物理皆當其求稱也。此可謂爲「稱」之廣義也。故船山嘗謂：

> 三代之王者，率乎人心之實然，求其宜稱以制爲典禮，雖有損益，其致一乎。非出於二代之私意以爲沿革，故天下樂用而不違。素可以爲青，其質一也。因者，不離乎造者之質也。（卷十，頁10）

又釋「禮也者，反本修古，不忘其初者也」云：

> 本，質也；古，事之所自始。皆禮之初也。極乎器之大備，皆以求稱乎此，未有忘之者也。（卷十，頁12）

即皆就「稱」之廣義以言之也。

船山又云：「稱之爲道……皆以求盡乎其誠。」（卷十，頁10）是知制禮務求其稱，方可謂盡其誠也，稱之爲義大矣哉！然聖王制禮何以皆能致稱耶？船山云：

> 慎則……而無不稱矣。（卷十，頁8）

又云：

> 言稱，而原之於慎……蓋濫而擾者，固爲侈肆不謹之大；隘而失禮者，任其私意而不求盡乎義理之當然，則亦不知慎也。（卷十，頁8）

是知聖王制禮，力求其慎。必慎以致稱，而後可免於侈濫隘失，而後禮乃可達於天下也。

三、祭祀之禮

船山論聖王制禮以治人用物，而禮之制又以祭爲最重大。船山云「禮莫重於祭祀」（卷廿四，頁1），又云「祭爲禮之尤重」（卷九，頁17），且論之曰：

> 祭以合幽明，親本始。（卷廿五，頁1）

> （致反始、致鬼神、致和用、致義、致讓）五者，五禮之大綱而祭爲備之。（卷廿四，頁9下）

> 祭以報本崇孝，而爲大順之德，故於天下之理無所不順，是以先王之制祭禮，推盡其義以事其親，而十倫（按即：事鬼神之道、君臣之義、父子之倫、貴賤之等、親疏之殺、爵賞之施、夫婦之別、政事之均、長幼之序、上下之際等）備矣。（卷廿五，頁6下）

是知船山以祭爲全備禮之大義也。且依船山之意，聖王制禮，其「精意所存，不能徧喻於愚賤，故……特以祭爲禮之尤重加之意焉。」（卷九，頁17）夫「祭祀之義修，而制度官禮之良法美意，皆函於此也」（卷九，頁17），故能修明

祭禮，則庶民「潛移默喻以習知制度官禮之各有本原，而非以強天下，則不待告戒而禮自達焉」（卷九，頁 17 下），則人情自治，萬物咸宜也。是知聖王之制祭禮，其寓意深遠，功效廣大也，無怪乎船山於宗法之廢，與禘祀之不行，深致其慨嘆矣。蓋宗以下治統族，所以禘其祖之所自出；而禘之為言諦也，所以諦審淵源而大報本始者也。二者相為表裏，聖王制之以導民於崇本報始，尊天敬祖，而確乎人道之立，以別於禽獸也。茲以宗法廢而致禘不可行，聖王制禮以肇修人紀之美意，遂亦隱而不彰，斯乃船山之所以慨嘆者也（參見卷十六，頁 1～1 下）。

復次，祭之所以能合幽明，親本始，而備全禮義者，則又在祭祀之禮，乃實可因人之秉其誠敬惻怛之心，而與天地鬼神相感通也，是實有其情理，而非徒具形式耳。然則人所以能與鬼神相感通者，其故安在？〔註11〕船山於釋〈祭法〉篇「大凡生於天地之間者，皆曰命，其萬物死皆曰折，人死曰鬼」一段云：

> 人之與物，皆受天地之命以生。天地無心而物各自得命，無異也。乃自人之生而人道立，則以人道紹天道，而異於草木之無知，禽獸之無恒。故惟人能自立命，而神之存於精氣者，獨立於天地之間，而與天通理。是故，萬物之死，氣上升，精下降，折絕而失其合體，不能自成以有所歸。惟人之死，則魂升魄降，而神未頓失其故，依於陰陽之良能以為歸，斯謂之鬼，鬼之為言歸也。形氣雖亡，而神有所歸，則可以孝子慈孫誠敬惻怛之心合漠而致之。是以尊祖祀先之禮行焉，五代聖人所不能變也。（卷廿三，頁 3 下）

據此，則鬼者，乃指其神之有所歸也，是知鬼神不二也。夫人之生也，有氣有神，而神之存於精氣者，乃人能自立命，以別於草木禽獸，而與天合一也。是知船山所謂神，乃直指宇宙本體，而人承之以為性者也（惟此性為能發用以凝為禮，而確立人道以紹天道，此為人所獨有，而上合於天者也）。當人之生也，神即命而內在於人為性，俟人之死也，復又回歸本體，合於漠而不失其故。故人之祭也，秉其性而發為誠敬惻怛之心，即可上達宇宙本體（所謂「神」者），與之感通合一。簡言之，祭而誠其心，即可與天地鬼神相感通也。

〔註11〕此實已涉及船山之鬼神觀也。然此處旨在探討船山論祭祀之禮，故於其鬼神觀不擬深論，或容於他文另論也。又錢穆〈中國思想史中之鬼神觀〉（收在所著《靈魂與心》，臺北：聯經出版公司，民國 68 年）一文中有「王船山的鬼神觀」一節，可供參考。

故船山亦云：

> 人之沒也，形陰於土，氣散於空，而神志之返於漠者，寓於兩間之
> 氣以不喪其埋。故從其情志所專壹者，而以情志通之，則理同而類
> 應。蓋惟孝子慈孫，本自祖考而來，則感召以其所本合之氣而自通。
> 此皆埋氣之固然，非若異端之所謂觀者，以妄想強合非類，而謂一
> 切唯心之徒以惑世而誣民也。（卷廿四，頁2）

此即自人性之必發爲誠敬惻怛之心，而專壹其情志，以上通於鬼神而言也。

又船山釋〈祭義〉篇「子曰：氣也者，神之盛也；魄也者，鬼之盛也；
合鬼與神，教之至也」一段云：

> 氣魄者，生人之大用，麗體以凝。夫子以鬼神之德可以心喻，而不能
> 名言其實，故就生人之氣魄而言之，聚而盛則爲人：當其未聚與其已
> 散，希微流動於天地之間，則謂之鬼神，故即人而可以知鬼神矣。然
> 此自陰陽之既分者而言，若陰陽之所自分，則實一氣之屈伸，而非有
> 兩體。伸而未有定體以向於長者爲氣，屈而已有定體以向於消者爲
> 魄。是氣長而凝爲魄，魄消而歸於氣，氣魄之殊，一屈伸往來而已。
> 合鬼與神者，謂合鬼神於人也。人之所以生，即鬼神之盛，則體驗於
> 身，而鬼神在我矣。故誠明而鬼神之理著，仁孝而鬼神之幾通。由此
> 以立教，則窮本知化，而教之密藏於是而極矣。（卷廿四，頁10）

此言人之氣魄與鬼神，乃一氣（誠體之渾然一氣）之屈伸往來，人備鬼
神之理，故曰「體驗於身而鬼神在我矣」，是故即人之誠敬惻怛，即可與鬼神
相感通，而曰「合鬼神於人」，此所以鬼神之理與祭祀之道眞實不妄也，故船
山亦云：

> 聖人因其（鬼神）實有，而制爲祭祀之禮，以垂大法，正天神地祇人
> 鬼之號，使天下各修其祀事，而百眾萬民雖不能知其所以然，而莫不
> 畏服，則亦足以驗人心之同然爲天理之誠然者矣。（卷廿四，頁11）

以上略論鬼神與人實爲一氣之屈伸往來，而人之性於祭祀之時必發用爲
誠敬惻怛之心，上達於誠體，而與鬼神相感通，故祭祀之道乃眞實不妄，而
非故弄玄虛也。然唯誠明而鬼神之理乃著，仁孝而鬼神之幾乃通，故「唯孝
子爲能饗親也」，〔註12〕是知祭祀之道，當以人爲主矣，故船山論〈祭義〉篇
「古者天子諸侯必有公桑蠶室」一節云：

〔註12〕《禮記·祭義篇》。

唯鬼神之德，誠而不妄，故耕藉養牲親愼之事，必躬盡力以將其孝
敬，先王所爲深信而不敢忘，有以夫。抑祭服乃子孫之所服，非以
薦之祖考，而必盛必虔如此者，感神之道，以人爲主。不自慢易，
而後容氣充盛，足以合漠。異端唯不知此，草衣木食，凋耗其氣魄，
而謂之用齊（齋）。疲敝衰羸，且將與陰爲野土者爲類，亦惡足通神
明而俾之居歆乎！先王備物致飾之道，大矣哉！（卷廿四，頁 13）

「以人爲主」，故有齋戒之道，以聚其氣魄，養其神志、致其誠敬，而孚於鬼
神也，此乃齋之實義也，亦聖學異端所以大別者也。所謂齋戒以致其誠敬，
而與鬼神相感通者，乃謂此致敬於鬼神之誠，與神體相感通，故誠心思存，
乃若聞若見矣，非謂即有一眞實現形之鬼神也。然流俗不察，遂流於諂媚之
私，而祭義頓失，此亦船山所深以爲悲者也，船山即因〈郊特牲〉篇「故君
子三日齋必見其所祭者」而論之曰：

見其所祭者，所謂僾然肅然愾然，若聞其聲，若見其容也。蓋古之
君子，其祭也以仁事天，以孝事親。天者人之所自生，祖者己之所
自出。氣之所受，理自通焉，故若聞若見，誠至而不爽。非能於類
之不親者，強求而輒見之也。後人因是不察，遂謂苟竭其諂媚之私，
鬼神皆可昭現。愚者爲妖夢病目所惑，往往據爲實有，其去狂病也
無幾。其黠者又以釋氏唯心之說爲之文致，違天理，蕩人心，以引
天下爲狂妄。祖禰之神，血食頓絕，殫財力以媚無本之鬼，亦可悲
矣。（卷十一，頁 21 下）

以上引船山所論，以明祭祀乃實能合幽明、親本始，以備全禮之大義也，
故特爲聖王所重，而爲之制宜，以昭民之誠，而禮自達於天下也。

第四章　船山論禮之本末通貫

第一節　禮必本末通貫

　　船山思想不僅崇本貫末，且亦爲本末通貫、體用圓融者也，故其論禮，除前此二章所論之大本、達用外，亦力主禮必本末通貫也。如其論〈禮運〉與〈禮器〉之關係云：

　　　　本之大故用之廣，其理一也。故張子曰：禮運云者，語其達也；禮器云者，語其成也。達與成，體用之道，〔註1〕合體與用，大人之事備矣。（卷九，頁1）

　　　　形而上者道也，禮之本也。形而下者器也，道之撰也。禮所爲，即事物而著其典則，以各適其用也。此篇詳論禮制之品節，盡人情而合天理者，一因於道之固然，而非故爲之損益，與〈禮運〉一篇相爲表裏，蓋一家之言也。運之者體也，而用行焉；成乎器者用也，而要以用其體。（卷十，頁1）

又其論〈仲尼燕居〉與〈孔子閒居〉云：

　　　　此篇（〈仲尼燕居〉）與上篇（〈孔子閒居〉）相爲表裏。上篇言其用之大，而此篇言其體之微。學者參觀而有得焉，則體用同原之理亦可見矣。（卷廿九，頁1）

要皆在強調其體用圓融、同原互著之義也。

〔註1〕「之道」二字據《張載集》增補，詳見第二章附註2。

復次，船山論〈學記〉與〈大學〉之關係，亦重其本末通貫也，其言曰：

> 此篇之義，與〈大學〉相爲表裏。〈大學〉以發明其所學之道，推之大，析之密，自宋以來，爲學者之所服習。而此篇所論親師敬業，爲入學之事，故或以爲末，而未及其本。然玩其旨趣，一皆格物致知之實功，爲大學始教之切務。則抑未可以爲末而忽之也。此之不講，乃有凌躐鹵莽，以談性命而詭於佛老者，爲正學之大蠹。固君子所深懼也已。（卷十八，頁1）

而其論〈坊記〉、〈表記〉與〈緇衣〉之關係亦然，其於〈坊記〉篇首云：

> 此篇與〈表記〉相爲表裏。坊者治人之道，表者脩己之道。脩己治人之實，禮而已矣。性之所由失者，習遷之也。坊習之流，則反歸於善，而情欲之發，皆合乎天理自然之則矣。（卷三十，頁1）

於〈表記〉篇首則云：

> 凡爲坊者，必先立表以爲之則，表雖無與於坊，而爲坊之所自出，是坊末而表本也。以禮坊民，民猶踰之：既不可以坊爲無益而廢之，亦不可更峻其坊而束民以不堪；則惟反躬自治，以正其表，斯正己之盡而物可得而正矣。（卷卅二，頁1）

於〈緇衣〉篇首又云：

> 〈緇衣〉者，蓋〈表記〉之下篇，……此篇所述，則以好惡言行爲大旨。蓋好惡者，仁之端；言行者，義之實。君子之居仁由義，以正己而物正者於此焉，愼之則不待刑賞，而民自從矣。〈坊記〉以下至此三篇，本末相資，脈絡相因，文義相肖，蓋共爲一書，而雜〈中庸〉於〈坊記〉之後，則傳者亂之爾。（卷卅三，頁1）

亦皆藉以託其本末通貫之意也。按「文義相肖」與「本末相資」，其義同也，故船山論禮與《五經》之關係，則直以「法象（文）與精意（義）」論之曰：

> 《五經》者，禮之精意；而禮者，《五經》之法象也。故不通於《五經》之微言，不知禮之所自起；而非秉禮以爲實，則難〔註2〕達於性情之旨，審於治亂之故，而高者馳於玄虛，卑者趨於功利。此過不及者之所以鮮能知味而道不行也。後世唯橫渠張子能深得此理以立教，而學者憚其難爲，無有能繼之者，於是而良知之説起焉，決

〔註2〕「難」字原作「雖」，曾昭旭先生以爲係形近而譌，乃據上下文之意校改之，見曾昭旭先生《王船山哲學》，頁138。

　　裂藩維，以恣其無忌憚之詖行，而聖教泯。學者誠有志於修己治人
　　之道，不可不於此而加之意也。（卷廿六，頁 1）
蓋亦在明本末通貫，互爲體用之義也。

　　船山論禮之必本末通貫，於前二章論禮與政之體用合一、教與政之本末相
因、存養省察之互著其功、聖王制禮之德位並重、禮義合一……等，實已透露
消息，然其最主要之論點，則在天道人情不二與心物交盡，以下即分別論之。

第二節　天道人情不二

　　船山云：「禮以承天之道，……禮以治人之情，……於天道之承，徵禮之
體；人情之治，著禮之用；則本末功效之間，亦已別矣。」（卷九，頁 12 下）
船山雖謂天道、人情有本末之別，然亦以爲「天道人情合一」（卷九，頁 17
下）而「無異致」（卷九，頁 12 下）也。故其論「飲食男女人之大欲存焉，
死亡貧苦人之大惡存焉」一節云：

　　欲惡藏於心而善惡隱，人情亦至變矣。乃先王齊之以禮，既不拂人
　　之情，而於飲食男女之事，使各獲其應得；其於死亡貧苦之故，又
　　有以體恤而矜全之。至於非所欲而欲，非所惡而惡，則雖飾情以希
　　求，而終不可得。則變詐不饉，而人皆顯白其情以歸於大同矣。此
　　先王所以治人之情，不待刑罰而天下國家自正也。乃其節文等殺之
　　不忒，則一本諸天道之自然，故治人之情，而即以承天之道，其致
　　一也。（卷九，頁 13）

禮所以爲安君治政之大用，即以本天道以善治人情也。依船山之意，天道人
情本是一原，故治人之情，即以承天之道也，船山云：

　　人之有情，皆性所發。生之機而性之所受，則天地陰陽鬼神五行之
　　靈，所降於形而充之以爲用者。是人情天道，從其原而言之，合一
　　不間，而治人之情即以承天之道，固不得歧本末而二之矣。（卷九，
　　頁 13 下）

又釋「故聖人之作則，必以天地爲本，……人情以爲田」一段云：

　　受天地之中以生，而備陰陽、四時、日月、五行、鬼神之理，故先
　　王立政，制爲禮，以達人情，即以合天德，體用一原，而功效不爽
　　也。（卷九，頁 16）

由此可見船山論禮之本末通貫也，亦可知禮即在通貫天道與人情二端，而本末成乎一體，以全其大用也。然天道與人情所以能本末通貫，而現為大用者，則必以人之一端為發動者也，故船山釋「故人者，天地之心也」一節云：

心者，形氣之靈，理之所自顯也。……天地之理，剛柔順健，升降交和，其同異翕闢，訢合之際，觸感而靈，則神發而理著焉。此天地之心，人之所凝以為性，而首出乎萬物者也。……萬物之生，莫不資於天地之大德與五行之化氣。而物之生也，非天地訢合靈善之至，故於五行之端，偏至而不均。惟人則繼之者無不善，而五行之氣以均，而得其秀焉。故其生也，於五行之化質，皆遇其故，以不昧其實，食而審其味，聽而辨於聲，視而喻其色，物莫能並焉。則天地之理，因人以顯，而以發越天地五行之光輝，使其全體大用之無不著也。心凝為性，性動為情，情行於氣味聲色之間，而好惡分焉。則人之情與天之道相承，終始而不二，具可知矣。（卷九，頁 15～15 下）

天地之中，唯人於五行之端為均至獨秀，而能不昧於所遇；亦唯人之性為天地之心所凝，而全備陰陽四時五行鬼神之理。故惟人獨具良能，可直承天之道，發為人之情，以顯發天地之理，彰著天地五行之全體大用，而為他物所不得與也。由以上所述，吾人可知，天地間唯人之性能合天道與人情，以成乎禮之大用也。又復可知，人之有情，率皆原於天道之自然也。故聖王制禮必通其理以治其情，而情無不得，道無不顯也，故船山云：「天道人情，凝於仁，著於禮。本仁行禮，而施之無不順，皆其實然之德也。」（卷九，頁 21 下）

船山除謂天道人情不二、天道人情合　之外，另或云「天德王道，體用合符」（卷九，頁 22），或云「天德王道，初無二理」（卷十，頁 7 下），其意皆同，皆謂禮之通貫天人也。而其謂惟人能成乎禮之大用，則其論禮之通貫天人，實又較重人也。而究實言之，則即較重人情、人欲之可貴也。故其一則謂天道人情不二，一則亦謂「形色備則天性寓矣」（卷四，頁 10）。以其重形色一如天性，故論〈曲禮上〉篇「燕食之禮」云：

記曰：禮始於飲食。又曰：飲食男女，人之大欲存焉。天理之節文，不舍人欲而別自為體。盡其宜，中其節，則理也，弗之覺察而任之焉，則欲也，亦存乎心之敬肆而已矣。（卷一，頁 18）

又論〈哀公問〉大昏一章云：

哀公雖喜於聞所未聞，而終以昏姻為男女之欲，而繼嗣為其後起。

不知人情之動，即天地生物之理，褻之則從欲而流，重之則生生之
德即此而在。蓋天理人欲同行異情，順天地之化而禮之節文自然行
乎其中，非人欲之必妄而終遠乎天理。此君子之道所以大中至正而
不遠乎人也。（卷廿七，頁4）

此即見船山特重人情、人欲之可貴也。而亦惟重視人情、人欲，不以之為必
妄而終遠天理，始能重視禮之通貫天人之大用矣，故云：「禮之既定，有如天
降地設然者。然天經地義，皆即人情，而顯盡人情之實，則亦無非天則矣。」
（卷卅五，頁5）此非體天德人情之至者，何能言之？

　　復次，亦因船山重視人情、人欲之可貴，與禮之通貫天人之大用，故乃
又力主大同小康之不容軒輊也，其論曰：

三代聖人所以必謹於禮，非徒恃為撥亂反治之權，實以天道人情中和
化育之德，皆於禮顯之，故與生死之故、鬼神之情狀，合其體撰，所
以措之無不宜，施之無不正，雖當大道既隱之世，而天理不忘於人者
藉此也。夫既合撰天地而為生死與俱之禮，則自有生民以來，洋溢充
滿於兩間，而為生人之紀。大同之世未之有減，而三代亦莫之增也。
則三代之英與大道之公，又豈容軒輊於其間哉！（卷九，頁4）

夫船山所謂大同者，乃「上下同於禮之意也」（卷九，頁2），所謂小康者，乃
「民不康（按即安於禮意也），而上康之，異於大同」（卷九，頁3）者也。二
者雖異，然禮意自然流行之大同，與有賴聖人修明禮意以安之之小康，則皆
為有禮之世，亦皆以禮齊天下人情而共合於道者也。故小康之繼世為功，有
其不可廢者也，是以船山乃反覆申明三代制禮之精英，而論之曰：

自火化熟食以來，人情所至則王道開焉。故導其美利，防其險詐，
誠先王合天順人之大用，而為意深遠，非徒具其文而無其實。……
後之行禮者，苟修文具，而又或踰越之，則不能承天之祜，而天下
國家無由而正矣。其曰「禮始於飲食」，則見人情之不容已；其曰「承
天之祜」，則見天道之不可誣。自生民以來莫之或易者，亦既深切著
明矣。後之為注疏者，不能涵泳以得其旨趣，而立大同小康抑揚之
論，以流於老莊之說，王氏、陳氏遂疑其非先聖之格言，〔註3〕其

〔註3〕王氏，石梁王應麟也。其謂「以五帝之世為大同，以禹湯文武成王周公為小
　　　康，有老氏意。」又陳氏者，陳澔也。其言曰：「此篇記帝王禮樂之因革，及
　　　陰陽造化流通之理，疑出於子游門人之所記，間有格言。而篇首大同小康之

亦未之察矣。（卷九，頁 7 下）

「人情所至，則王道開焉」，斯見船山之重視人情、人欲，與特重禮之通貫天人，可謂至極也，無怪乎其於大同小康抑揚之論，大不以爲然也。

　　以上乃船山論禮之通貫天人者，然船山論禮之本末通貫，實不僅於通貫天人，乃是要天、人（性、情）、物三者一貫也，故下節即進而論禮之通貫心與物者也。

第三節　心物交盡

　　船山論禮之本末通貫，其於人與物之間，則重在論心物（內外）交盡（善）。如其論「是以君子恭敬撙節退讓以明禮」云：

> 禮著於儀文度數，而非有恭敬之心、撙節之度、退讓之容，則禮意不顯。君子知禮之無往不重，而必著明其大用，使人皆喻其生心而不容已，故內外交敬，俾禮意得因儀文以著，而禮達乎天下矣。（卷一，頁 3 下）

此言禮意與禮文互著，蓋即明內外交盡之意也。又如論〈檀弓上〉篇「子路曰：吾聞諸夫子，喪禮，與其哀不足而禮有餘也，不若禮不足而哀有餘也。祭禮，與其敬不足而禮有餘也，不若禮不足而敬有餘也。」一章云：

> 夫子疾時之徒飾儀文而無哀敬之實，故爲此言。然人能盡其哀敬之實，則禮之以節文，其哀敬者自無不足，非禮爲外而哀敬爲內，可略外以專致於內也。（卷三，頁 21）

是知船山論禮之必內外交盡，乃確然不移也。船山於釋「無本不立，無文不行」言之甚詳，其論之曰：

> 非己所固有而不信於心，則雖外託義理而持之也不固。既固有而信諸心矣，苟不度事物之當然，使內外合符而不爽，則亦不足以達其忠信也。文皆載本，而本必盡文，故禮器由是大備，蓋亦……內外交善之意。（卷十，頁 2）

蓋即物可知心，因心而用物，內外交徵而禮無不達也，故船山一則贊「禮之以多爲貴，以其外心者也」，以申其「文皆載本」之意，一則亦贊「禮之以少

說，則非夫子之言也。」又曰：「……小小安康之世，不如大道大同之世也。」以上俱引自元陳澔《禮記集說》（世界書局，民國 51 年），頁 120～121。

爲貴者，以其內心者也」，以明其「無本不立」之意。其先論「禮之以多爲貴者」曰：

> 外心，謂游心觀物以極德之著也。……蓋天下之物與君子之德，其理一也。德之盛者，發見於物，而物皆其德之象。誠外其心以觀其發，凡萬物之所自揚詡，條理不昧，極乎博大者，無非至仁大義之所顯，則備其德者，用其物不可得而殺也。君子於德之發而見百昌眾美之榮，皆以勸成吾德之盛，斯樂用之而不厭矣。（卷十，頁6下）

復又論「禮之以少爲貴者」曰：

> 內心，謂潛心內觀，以體德之所自凝，與物之所自生也。……天下之生，莫非德之所產。而德之產物，自無而有，其用之密緻精粹希微，不可以形象求。故德之至者，天下之物已成乎形者，皆不足以象之。誠內其心以觀其所藏，則固不待物以增之。反其始以居其約，不可得而豐也。君子於獨知之地，而喻乎洗心藏密之妙，慎以持之而不逐於形器之粗大，……所謂無本不立也。（卷十，頁7）

夫禮「無本不立」，「文皆載本，本必盡文」，即見禮之質文相因，內外交盡，本末不二也。

　　然依船山崇本貫末之思路而言，其所特爲加意者，實在「貫末」一義。故其論禮之心物交盡，實亦特重「文皆載本」、「無文不行」一意。此於第三章「船山論禮之達用」，已略見端倪，茲再略引數則以證之也。船山云：

> 禮者，人心之所共安，百姓之所與能者也，既盡其質，又備其文，以利導人情，使之相長而非有所強於天下，故極其盛美而非過也。（卷廿七，頁2）

此即文以載本，而見百昌眾美之榮，以著盛德之意也。船山又云：

> 爲禮必當其物與其所，而後可以言禮。蓋物與所，各因其心之所安，而苟不得當，則雖有綢繆惻怛之心，而居之不寧，反爲之消沮。（卷三，頁15下）

蓋不當其物與所，則仁心即無由眞實感通於外，則亦不成其爲仁矣，故船山云：

> 禮樂之有聲容，器也，而爲道之所顯。故盡其道必備其器，器不備則道隱，而德亦因之不立矣。（卷十，頁16）

是知船山於物之鄭重，實亦所以崇本也，蓋「物之表裏精粗，皆載天之義」（卷

十，頁 13 下），而「儀文之具，皆以反盡其心之實」（卷十，頁 15 下），非爲虛設者也，故禮必心物交盡以全其功也。

復次，船山釋〈禮器〉篇「無節於內，觀物弗之察也。欲察物而不由禮，弗之得矣」一段云：

> 節，喜怒哀樂自然之準也。萬物之理，切乎人用者，人心皆固有其則，以飭吾喜怒哀樂之用。苟昧其節，則好惡偏而不足以盡物理之當然矣。節之所著，則禮是已。故欲察物者，必反求諸心，因其本然之節，以率由乎禮，乃使物之情理畢著而唯吾之用。不然，逐物而察之，不切於吾身，而又奚以用乎？此人性之蘊與物理之宜，同原而互著，禮所爲率性體物而不可離也。（卷十，頁 12 下）

此固在申論前所謂「禮之心物交盡」之意，然其最可注意者，乃在「盡性成物」一意。蓋前節已云「天道人情同原而合一不間」，此處復言「人性之蘊與物理之宜，同原而互著」，於是知人性一方得五行之全與秀，爲天地之心而與天合一，一方又能秉其固有之則，以飭其喜怒哀樂之用，而與人情物理交徵不二。故又可知船山論禮之本末不二，實乃通貫天、人（性、情）、物三者，天道人情與人性物理，壹皆同原互著，而禮行乎其間，以成乎盡性成物，盡心知天之大功也。此可謂船山論禮之本末通貫之全義也。前爲說明故，暫分二節，茲復論其統合，以見禮之通達本末內外、天人心物，其爲用大矣哉！而禮之建立乃生人之急者，其愈明矣。

第五章　結論：船山論禮之涵義與價值

　　船山注〈禮運〉篇「夫禮，先王以承天之道，以治人之情」曰：「按天道人情乃一篇之大指」（卷九，頁 3 下），實則〈禮運〉此言，亦可視爲船山論禮之涵義之註腳也，故船山於同篇之他處繼而又論曰：

> 禮以承天之道，……禮以治人之情，……天道人情雖無異致，而於
> 「天道之承」徵禮之體，「人情之治」著禮之用，則本末功效之間，
> 亦已別矣。（卷九，頁 12 下）

此言禮有體有用，體用之間雖有先後本末之別，但無二致，實可謂船山論禮此一概念之圓（廣）義也。本論文即承此圓義，分解其要，而別爲前此之三章：首爲船山論禮之大本，以徵其論禮之體；次爲船山論禮之達用，以著其論禮之用；末則爲船山論禮之本末通貫，以明其論禮之體與用，雖有先後本末之別，然實無二致，乃體用並重者也。

　　復次，依船山崇本貫末，即氣言體之思想特色而言，其所特重者，尤在貫末一端，故其論禮亦特重其用。夫《論語》每以仁、禮並提，吾人今亦可謂仁爲體，禮爲用。而雖曰體用圓融，仁、禮並重；然就分解之概念而言，禮實較偏於用義（此亦船山思想所以特重「禮」之故）。故船山論禮之涵義，若就道德學之分位而言，則亦可謂即用言禮，且此亦可由船山論禮之特重其達用而證之也。此義當可與船山論禮之圓（廣）義相對，而爲船山論禮之偏（狹）義也，而禮之偏（狹）義，若依船山之意，實亦可名之爲「人之禮」也。

　　夫船山有所謂「天之禮」也，而「人之禮」即據此引申而來。依船山之意，禮以承天之道，而徵禮之體。所謂天道，亦即宇宙創生萬物之正理也，而宇宙依天理所創生之天下萬物，則「莫不有自然之秩敘，以成材而利用」

也，此即船山所謂「天之禮」也。人承天之命而爲性，「則禮在性中而生乎人之心」，聖王據以創制顯庸，化成天下，使人「行乎表而威儀即以定命，謹於內而莊敬成乎節文，暢於四肢，發於事業，歷乎事變而不失」（以上諸引文並見卷十，頁 1 下）之禮，則亦可相對於「天之禮」而言「人之禮」矣。此「人之禮」，可謂爲顯體之大用者，亦即前文所謂偏（狹）義之禮也；而「天之禮」則可謂爲用之體也。合此一體一用之「天之禮」與「人之禮」，而通貫不二，即是前文所謂禮之圓（廣）義也。

再者，船山所論禮之圓（廣）義，實具有九重涵義也。首先，就宇宙之依天道正理，以創生大卜萬物，以成材利用之「天之禮」而言，即可知禮涵「理」與「體」二義。蓋天下萬物即爲宇宙所創生、凝成之一一個體（定體），故有「體」義；而創生活動，乃依天道正理以成，故有「理」義也。進而言之，宇宙依天道正理以行其創生活動，莫不有序有別，得宜中節，故天之禮之「理」義，實亦可分化爲「序」、「別」、「宜」、「節」諸義也。而人承此天之禮制爲人之禮，要在主敬以實踐履行，而報本反始也，故人之禮，除上述「理」、「序」、「別」、「宜」、「節」、「體」諸義外，猶具「敬」、「履」與「報」三義也。而此九義，固爲《禮記》所本有，[註1] 然實與船山禮學思想相貫通，如：

　　△《禮記》云：「禮也者，理也。」船山則注云：「事物始終循用之條理。」
　　（卷廿八，頁 4）

　　△《禮記》云：「禮者，天地之序也。」船山則注云：「（天地）……以序
　　別群品，其理命於人而爲性情，則中和之體具，而禮樂由是以興。」（卷
　　十九，頁 9 下）

　　△《禮記》云：「禮者，天地之別也。」船山則注云：「禮以法天地之體，
　　而別尊卑。」（卷十九，頁 12 下）

　　△《禮記》云：「禮從宜。」（卷一，頁 2）船山則論〈禮運〉，亦謂「禮
　　所以運天下，而使之各得其宜。」（卷九，頁 1）

　　△《禮記》云：「禮節民心」，而船山則注云：「先王憂人失其性，而制爲
　　禮樂以爲之節。」（卷十九，頁 6 下）

　　△《禮記》云：「禮也者，猶體也。」船山則注云：「性以禮爲體，生以形

〔註 1〕　參見高明先生〈原禮〉（收入《禮學新探》，臺北：學生書局，民國 67 年），
　　　　　並參見羅宗濤先生〈禮記述要〉（收入高明先生主編《群經述要》，臺北：黎
　　　　　明公司，民國 68 年）第一小節：「禮的意義」。

為體，有定體而用無不宜，其理一也。」（卷十，頁9）

△《禮記》云：「祭之日，君牽牲，穆答君，卿大夫序從。既入廟門，麗于碑，卿大夫袒，而毛牛尚耳，鸞刀以刲，取膟膋，乃退。燭祭，祭腥而退，敬之至也。」船山則注云：「合君臣於廟中，莫敢不躬親以致敬，敬之至也。王者合萬民之敬以事天，合廟中之敬以事祖考，分雖殊而理則一，要其所以萃人心之渙，而莫敢不敬者。」（卷廿四，頁8）且船山又云：「禮，敬讓也。」（卷四，頁27）「禮以將其愛敬也」。（卷一，頁16）

△《禮記》云：「言而履之，禮也。」船山則注云：「踐其所言也」。（卷廿八，頁5）

△《禮記》云：「禮也者，報也。」船山則云：「凡禮皆報也」。（卷十九，頁21）

　　由以上例證，可知《禮記》所固有之禮之九義，實皆為船山論禮之圓（廣）義所涵攝也。

　　此外，船山所論禮之偏（狹）義，亦可再就其內容析出多重涵義。夫禮之偏（狹）義，乃偏指與「體」相對而言之「用」，是即用以言之禮。而具此意義之所謂「禮」，實仍為一統稱。究其實，則具有政、刑、教、學、樂……及與上述並列之「禮」等種種分殊之科別，各為總體之用之一端。而此為一端之用之禮，復亦有諸多名義，如謂禮之系統制度為「禮制」，又如構成禮制之儀文度數等具體內容，則謂之「禮器」、「禮儀」、「禮文」……等，至如以禮為教以化民成俗，則謂之「禮教」也。

　　於此，尚需附帶一提者，乃總體之禮所涵之種種分殊科別，彼此間乃是分而不隔，迴環相扣者。如船山論「政與教」云：

　　蓋王者之治天下，不外乎政教之二端。語其本末，則教本也，政末也。語其先後，則政立而後教可施焉。（卷五，頁17下）

此言政教相因也。

　　再者，船山論「政與禮」之關係云：

　　禮所以治政，而有禮之政，政即禮也。故或言政，或言禮，其實一也。（卷九，頁10）

> 禮，體也；政，用也。體用合一，而皆承天以治人。（卷九，頁 11
> 下）

此二則言禮政合一也。

> 先王立政，制爲禮，以達人情。（卷九，頁 16）
>
> 先王本天道以治人情，故禮行政立而無不宜也。（卷九，頁 16 下）
>
> 政雖有科條禁告之繁，皆本禮樂而推行之。（卷廿八，頁 5）

此三則言「禮與政」亦如「政與教」，有先後本末之分。

> 禮爲治亂之原，而無物不有，無事不著，故極其用之極致，雖非愚
> 賤之所可與，而先王推其躬行之實以務民義，必舉夫人所可知可能，
> 而不可斯須離者，立爲大綱，以使民率由之而政理興焉，則益可無
> 疑於政與禮之有殊用矣。（卷廿八，頁 5 下）

此則言政與禮之有殊用也，而其意要在禮行政立也，故合以上六則，則知政
與禮亦如政與教，雖有本末先後之分，然實體用合一，本末不二也。

> 船山又論禮與刑云：
>
> 刑之與禮，相爲出入。（卷五，頁 23 下）
>
> 出乎禮則入乎刑。（卷九，頁 3）
>
> 中人以下者，不能自彊於禮，徇情而淫泆，徇形而從欲，故爲之刑
> 法禁制以輔禮而行，蓋因人情之下流不得已，而以維禮之窮者也。（卷
> 三十，頁 1 下）
>
> 刑所以濟禮之窮也。（卷四八，頁 4）

此謂刑以濟禮，亦即坊表相爲表裏之意也，然究竟禮爲本，刑爲輔，故船山
亦云：「齊民以禮而不以刑」（卷九，頁 10）、「先王憂人失其性，而制爲禮樂，
以爲之節，又以政刑輔之，所以遏人欲之橫流而存其天理也。」（卷十九，頁
6 下）

　　復次，船山釋「故聖人曰禮樂云」：

> 一動一靜，互用以成化，故禮必得樂以和，樂依禮以節，聖人必合
> 言之。（卷十九，頁 13 下）

是知禮樂乃相須而成用也。又釋〈學記〉云：

> 先王以禮齊民，學爲之首，則繫學於禮，道莫重焉。（卷十八，頁 1）

是知「學」乃先王以禮齊民之首也。以上分別敘述船山論政與教、政與禮、

禮與刑、禮與樂、禮與學等之關係，可知此各顯一端之用之分殊科別，確爲環環相扣，分而不隔者，且盡皆統於總體之用之禮也。

　　以上爲船山論禮所富涵之多面意義，總結言之，船山論禮可有圓偏廣狹之分：

　　第一：禮之圓（廣）義：所謂禮，乃必有體有用，且體用圓融、本末通貫者，此乃船山論禮最完整、圓融之意義，亦即本論文論述之重點。而禮之圓（廣）義，又可就其內容析爲「理」、「序」、「別」、「宜」、「節」、「體」、「敬」、「履」、「報」等九義。

　　第二：禮之偏（狹）義：乃分解禮之圓融義，而即總體之用以言之者也，亦即船山所特重者也。此已見諸本文第三章、第四章所論，茲不贅言。而表此總體之用之偏（狹）義之禮，乃富涵政、刑、教、學、禮、樂等種種分殊之科別，且彼此乃分而不隔，環環相扣者也。而列爲此分殊科別中之一目之禮，亦即單顯一端之用之禮，乃又爲更狹義之禮也。而此更狹義之單顯一端之用之禮，就其內容，則又有禮教、禮制及構成禮制之禮文、禮儀、禮器……等禮之名義也。

　　以上即船山論禮之涵義，以名義甚多，故文字敘說，頗覺纏繞，茲再繪一簡圖表之如下：

附圖二：船山論禮之涵義簡圖

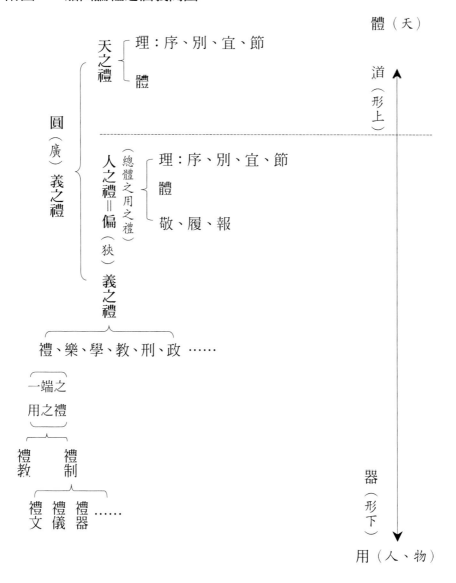

最後，當一述船山論禮之價值。船山云：「禮之不可已而爲治亂之大司」（卷九，頁 11 下），「禮之所自設，深遠普徧而爲生人之急者（卷九，頁 18），又釋「夫禮，先王以承天之道，以治人之情，故失之者死，得之者生」云：「失之而生，幸而免爾，此甚言禮之爲急也。」（卷九，頁 3 下）是知船山論禮乃有恒常之價值者也。而禮具恒常價值之根據，固在禮之大本，故船山繼而言曰：「蓋所謂大道者，即天道之流行；而人情之治忽，則同異康危之所自分。

斯以爲禮之所自運而運行於天下者也。」（卷九，頁 3 下）然依船山論禮之崇本貫末，本末通貫而言，則「用」與「末」，亦即單提偏（狹）義之禮，亦具恒常之價值也。蓋誠如第四章所言，「文皆載本，本必盡文」，而「無本不立，無文不行」也，是知禮之達用亦如禮之大本（體），具有恒常之價值也。惟船山亦言聖王創制顯庸之質文通變、斟酌損益，皆當承天之道（參見第二章第三節「二、制禮作樂之本」），而「緣義以立」、「愼以致稱」（參見第三章第四節「二、聖王制禮之道」），是益可知禮乃可易而不可無，並體用本末皆具恒常之價值也，而依船山特重用之禮學思想而言，則亦可單提禮之用，亦即偏（狹）義之禮，而謂其具有恒常之價值也。此點或可言爲船山論禮之最大特色，而與其崇本貫用之思想交互輝映也。

　　以上爲船山論禮之涵義與價值，而可視爲船山禮學之總結也。夫吾人所處之今世，可謂禮壞樂崩而本末俱失：或執著於僵化之形式儀文，而失落其誠敬惻怛之心；或缺乏適當之儀文禮節，而無以節欲輸誠。是以人之慾望日益烈，人之情感日益冷，而疏離與空虛遂爲當代人心之一大病痛也。是故「制禮作樂」實爲當代之急務；而船山崇本貫末、本末不二之禮學，於當代「制禮作樂」之大業，又實深具參考價值與典範意義也。

重要參考書目

一

1. 鄭玄注、孔穎達正義,《禮記注疏》,藝文印書館影《十三經注疏》本。
2. 朱熹,《儀禮經傳通解》,臺灣商務印書館(收入《四庫全書珍本》十集)。
3. 陳澔,《禮記集說》,世界書局。
4. 王夫之,《禮記章句》,自由出版社影上海太平洋書店排印本(收入《船山遺書全集》第五、六冊)。
5. 孫希旦,《禮記集解》,文史哲出版社。
6. 王夢鷗,《禮記校證》,藝文印書館。
7. 王夢鷗,《禮記今註今譯》,臺灣商務印書館。
8. 高明,《禮學新探》,學生書局。
9. 周何,《儒家的理想國 —— 禮記》,時報出版公司(收入《中國歷代經典寶庫》)。
10. 陳美圓,《張載之禮學》,政大中研所碩士論文。
11. 朱熹,《四書章句集註》,鵝湖出版社。
12. 王夫之,《讀四書大全說》,自由出版社影上海太平洋書店排印本(收入《船山遺書全集》第十二、十三冊)。
13. 王邦雄等,《論語義理疏解》,鵝湖出版社。
14. 曾昭旭,《論語的人格世界》,尚友出版社。
15. 王邦雄等,《孟子義理疏解》,鵝湖出版社。
16. 皮錫瑞,《經學歷史》,河洛出版社。
17. 本田成之,《中國經學史》,廣文書局。
18. 馬宗霍,《中國經學史》,臺灣商務印書館。
19. 熊十力,《讀經示要》,明文書局。
20. 劉百閔,《經子肄言》,遠東圖書公司。

21. 高明主編,《群經述要》,黎明文化公司。

二、

1. 張載,《張載集》,里仁書局。

2. 王夫之,《張子正蒙注》,自由出版社影上海太平洋書店排印本（收入《船山遺書全集》第十七冊）。

3. 王孝魚編,《船山學譜》,廣文出版社。

4. 張西堂,《王船山學譜》,自由出版社（收入《船山遺書全集》第二十二冊）。

5. 徐世昌等,《清儒學案》,燕京文化事業公司。

6. 梁啓超,《清代學術概論》,臺灣中華書局。

7. 梁啓超,《中國近三百年學術史》,臺灣中華書局。

8. 唐君毅,《中國哲學原論導論篇》,學生書局。

9. 唐君毅,《中國哲學原論原性篇》,學生書局。

10. 唐君毅,《中國哲學原論原道篇》,學生書局。

11. 唐君毅,《中國哲學原論原教篇》,學生書局。

12. 唐君毅,《人文精神之重建》,學生書局。

13. 唐君毅,《文化意識與道德理性》,學生書局。

14. 唐君毅,《哲學概論》,學生書局。

15. 牟宗三,《中國哲學之特質》,學生書局。

16. 牟宗三,《政道與治道》,廣文書局。

17. 牟宗三,《歷史哲學》,學生書局。

18. 牟宗三,《道德的理想主義》,學生書局。

19. 牟宗三,《心體與性體》,學生書局。

20. 徐復觀,《中國思想史論集》,學生書局。

21. 錢穆,《中國思想史》,華岡出版公司。

22. 錢穆,《中國學術通義》,學生書局。

23. 錢穆,《中國學術思想史論叢（八）》,東大圖書公司。

24. 錢穆,《宋明理學概述》,學生書局。

25. 錢穆,《中國近三百年學術史》,臺灣商務印書館。

26. 錢穆,《靈魂與心》,聯經出版公司。

27. 蔣維喬,《中國近三百年哲學史》,中華書局。

28. 侯外廬,《近代中國思想學說史》,生活書店。

29. 勞思光,《中國哲學史》,三民書局。

30. 蕭天石編，《船山學術研究集》，自由出版社（收入《船山遺書全集》第二十二冊）。

31. 戴君仁，《梅園論學集》，臺灣開明書店。

32. 曾昭旭，《王船山哲學》，遠景出版社。

33. 曾昭旭，《性情與文化》，時報出版公司。

34. 曾昭旭，《道德與道德實踐》，漢光文化公司。

35. 許冠三，《王船山的致知論》，香港中文大學出版社。

36. 戴景賢，《王船山之道器論》，臺大中研所博士論文。

37. 陳忠成，《王船山研究》，臺大中研所博士論文。

三

1. 王敔，〈大行府君行述〉，王夫之八世孫，王德蘭手抄本。

2. 劉茂華，〈王夫之先生學術思想繫年〉，《新亞學報》五卷 1 期，民國 49 年。

3. 王夢鷗，〈禮記思想試探〉，《政大學報》4 期，民國 50 年。

4. 黃繼持，〈王船山「理」「勢」思想申論〉，《壽羅香林教授論文集》（香港萬有圖書公司），民國 59 年。

5. 傅士真，〈從歷史觀點略論船山的學術思想〉，《臺北商專學報》2 期，民國 62。

6. 周世輔，〈王船山哲學思想述要〉，《湖南文獻》三卷 1 期，民國 64 年。

7. 甲凱，〈王船山的實有歷史哲學〉，《湖南文獻》四卷 2 期，民國 65 年。

8. 陳忠成，〈王船山之家學〉，《湖南文獻》四卷 4 期，民國 65 年。

9. 梁啟超，〈王船山的學術思想評述〉，《湖南文獻》五卷 3 期（轉載），民國 66 年。

10. 何佑森，〈清代漢宋之爭平議〉，《臺大文史哲學報》27 期，民國 67 年。

11. 周何，〈禮記導讀〉，《國學導讀叢編》，康橋出版公司，民國 68 年。

12. 陳忠成，〈從格物窮理與志道強禮之分野看朱子與船山在若干修為見解上之異同〉，《孔孟學報》41 期。

13. 何佑森，〈近代思想史上關於體用問題的爭論〉，《中研院國際漢學會議論文集》，民國 70 年。

14. 高明，〈朱子的禮學〉，《輔仁學誌》11 期，民國 71 年。

15. 黃俊郎，〈小戴禮記之喪禮理論研究〉，《中華學苑》27 期，民國 72 年。

16. 古清美，〈談陳乾初與黃梨洲辯論的幾個問題〉，《幼獅學誌》十七卷 3 期，民國 72 年。

17. 曾昭旭，〈儒家哲學的時代意義〉，《鵝湖月刊》110 期，民國 73 年。